冷戦期
日韓安全保障関係の
形成

崔 慶原
Choi Kyungwon

慶應義塾大学出版会

目　次

序章――朝鮮半島の分断体制と日本

一　東アジア秩序変動のなかの日本と韓国

近年、中国の台頭を受け、東アジアは国際秩序の変動に直面している。北朝鮮の軍事挑発、中朝接近、北朝鮮の新体制の行方などが注目されているが、それらは中国の台頭抜きには論じられない。なかでも二〇一〇年には、北朝鮮の軍事挑発を非難する日韓米と、その北朝鮮の立場を支える中国との対立構図が鮮明に表れた。韓国は、韓国海軍哨戒艦「天安」の沈没事件(三月二六日)や延坪島砲撃事件(一一月二三日)を受け、国連安保理決議の採択を試みたが、拒否権を持つ中国が同調しなかったために実現しなかった。それどころか、中国は沈没事件に対する国際共同調査団の調査が行われているなかでも、金正日総書記の訪中を受け入れて韓国を当惑させたのである。

北朝鮮の軍事挑発と中国の出方に懸念を抱いた韓国は、危機対応の過程で日米との関係強化を図るようになった。中国の台頭や北朝鮮情勢に不安を抱いた日本も、韓国との安全保障協力に関心を示し、海上自衛官が米韓共同軍事演習（二〇一〇年七月）にオブザーバーとして参加した。またその後、同年一二月には韓国軍が日米共同統合演習にオブザーバーとして参加するようになり、日韓米の防衛協力を制度化する動きが現れ始めたのである。

このような情勢を背景に、翌年の二〇一一年一月一〇日に開かれた日韓防衛相会談では、両国間の安全保障協力の制度的基盤づくりに関する議論が交わされ、「物品役務相互提供協定（ACSA）」と「軍事情報包括保護協定（ＧＳＯＭＩＡ）」の締結に向けた議論が開始された(1)。続いて同月一五日に開かれた日韓外相会談では、防衛相会談の成果を確認しつつ、できるところから着実に進展を図るために対話を促進していくことで合意した(2)。東アジアの秩序変動のなかで日韓は米国との同盟を基盤としながら、両国が協力を必要としている分野を見出し、協力の可能性を探り始めたのである。北朝鮮情勢や台頭する中国の強硬な出方が懸念されるなか、日韓両国の外交・防衛レベルで、安全保障協力の必要性が強く認識されていたことは特筆すべきである。

しかし、二〇一二年六月、それまで締結に向けて準備されてきていた「軍事情報包括保護協定」は韓国国内の反発に直面し、韓国政府は締結の延期を要請せざるを得なかった。日本との間で過去の歴史に関する「和解」が成立していない状況で軍事協力に踏み出すことに世論の抵抗が強かったのである(3)。それだけでなく、政界の野党を中心とした革新系は日韓米の安全保障協力が制度化され、緊密化されれば、中国を刺激するようになり、「新しい冷戦」を招いてしまうとの懸念を表明した(4)。

同協定の締結をめぐって中国を意識した発言が頻発したことは、韓国の抱える安全保障上の脆弱性を見事に表したと言えよう。韓国は安全保障上、日米と深い関係にあるが、経済的には中国に大きく依存している。また、北朝鮮の核問題や将来の南北統一を視野に入れた場合、中国との協力を重視しなければならない。それは中国が朝鮮戦争を終わらせた停戦協定の署名者であり、北朝鮮の同盟国として朝鮮半島問題に深くかかわっている「当事者」であるからである。北朝鮮の軍事挑発への対応や黄海での米韓共同軍事演習に対する中国の反発は、日韓安全保障協力の促進要因としての中国の存在感を一層高めた。これらの一連の出来事は、朝鮮半島の安定が、北朝鮮の軍事挑発に対する抑止力の確保の観点からだけでなく、平和的な秩序の構築という、より大きな枠組みの中で議論される必要があることを示している。韓国が抱える安保上の脆弱性を乗り越え、日韓協力の新たな領域を創出するためには、東アジアを視野に入れた戦略を共有する必要があると思われる。

中国の大国化と関連してもう一つ注目したいのは、二〇一三年六月以降相次いで開かれた米中、米韓、中韓首脳会談が示唆した東アジア秩序の変動である。特に、米中首脳会談で両首脳は北朝鮮の非核化が米中の共同の目標であり、協力の重要な領域であることに合意した。米中ともに北朝鮮を核武装国として認めないという認識を共有したのである。(5) 米中の共同行動が注目を集めるようになったが、六者会合の再開を主張する中国と、先に核放棄に対する北朝鮮の行動を求める米国の政策対立から分かるように、両国は具体的な政策合意までには至っていない。しかし両国が北朝鮮の非核化という政策目標を共有したことの意味は大きい。中国の大国化が韓国の中国重視外交に影響を及ぼしており、それは韓国の対日姿勢と無関係ではないからである。

中国の大国化がもたらした東アジアにおける今日の秩序変動は、一九七〇年代初頭の米中接近前後の地域秩序変動を所与とした日本と韓国の外交および両国の協力関係の構築について分析する意義を一層高めている。日韓を取り巻く東アジア地域秩序からみれば、両国は様々な共通課題を抱えているからである。本書では冷戦期において「日韓安全保障関係」がどのように形成され、新たな展開をみせたのかを重視するが、それは米中間のパワーポリティクスの変動と無関係ではない。この「日韓安全保障関係」は、米国との同盟を介して構造的に生まれた協力ではなく、日韓双方の情勢分析や政策攻防、調整を経て形作られたものとして設定する。韓国政府が日本政府に対して協力を要請し、日本政府がそれに対応するなかで生まれたものである。それがどのような構成要素を持っていたのか、それ自体の展開がどのような政治力学によるものであるかに注目する。いま一つ重視したいのは、地域秩序構築をめぐる国際関係である。朝鮮半島の平和的秩序構築は南北朝鮮と米中との関係国会議で行う枠組みに則って進めることが六者会合の共同声明（二〇〇五年九月一九日）(6)で確認されているが、この枠組みの適用が政策構想として本格的に登場した時期は、本書が分析対象とする一九七〇年代中盤である。本書で扱う六〇年代末から七〇年代中盤までは、日韓安全保障協力のあり方や地域秩序構築への貢献を模索する「原型」が作られた時期である。

本書の目的は、一九六〇年代末から七〇年代中盤までの秩序変動期に、日本と韓国がどのように安全保障協力を模索していったのかを解明することである。この時期は、一九六八年一月の青瓦台（韓国大統領官邸）襲撃事件を頂点とする北朝鮮の軍事挑発（武装遊撃闘争）による「安保危機」から、一九七一―七二年の米中接近を経て、一九七五年四月のサイゴン陥落に至る東アジアにおける冷戦秩序の変容期である。六八年の北朝鮮の軍事挑発による「安保危機」の際、日韓両国は安全保障上の考慮から米国との同盟を基盤として協力可能な領域を見出していた。その一方で、中国との関係改善を図るなど、「緊張緩和外交」を通じて外交の外延を拡大するようになり、既存の外交関係が変容した。その後の七五年の「安保危機」、すなわちサイゴン陥落を受けた朝鮮半島の不安定化に対する日韓両国の情勢認識と対応に変化が生じた。この安全保障上の要請と緊張緩和の要請という異なる政治的立場の折り合いの中で、日韓両国の安全保障協力は模索され、また新たな展開をみせるようになったのである。そこには、「協力か、対立か」という従来の二分法的な分析(7)では解明できない複雑な利害の調整があった。したがって本書は、秩序変動を所与として日韓両国が政治的利害の対立を孕みつつも、安全保障領域における協力関係をどのように構築したのか、それはいかなる政治過程を通じて変質したのかに焦点を当てる。

二　これまでの研究動向について

先行研究の多くは、米国を介した日韓米三国関係のなかで、日韓の安全保障関係を分析している。アジアにおける米国の軍事コミットメントを中心とする、「ハブ・アンド・スポーク（hub and spoke）」体制のなかで、米韓同盟と日米同盟それぞれの制度化が進展したものの、日韓の間で直接的な安保協力は行われなかったからであろう(8)。先行研究は、以下のように大きく三つに分けることができる。

第一に、戦後日韓関係のダイナミズムを理論的観点で分析した研究である。日韓間の協力と軋轢がどういう条件下で現れたのかをモデルを提示して説明している。ヴィクター・D・チャ（Victor D. Cha）は、同盟理論に変形を加えた「擬似同盟モデル（Quasi-Alliance model）」を提示し、日韓関係の変化は、敵対国からの脅威ではなく、共通の同盟国である米国の政策変化によって左右されてきたと主張する。すなわち、米国のコミットメントが弱く、日本と韓国が対称的な「見捨てられ」の懸念を抱く場合には、相互の協力は増加する。その半面、米国に対する「見捨てられ」の懸念が日韓の間で非対称的である場合には、軋轢が生じるという(9)。それまでの日韓関係の研究がトピック中心の事例研究であっただけに、理論的な枠組みを設定した戦後日韓関係の分析であり、画期的であると評価された。

しかし、米国のコミットメントの低下のみが日韓の協力をもたらしたという説明は、米国の積極的な介入政策のなかで日韓関係が好転した側面を無視し、モデルとの整合性だけを追求して従属変数を都合よく操作してしまったという批判に直面した[10]。実際に、米国の積極的な介入政策のなかで日韓関係が好転したという分析も出され、チャの結論に反駁している[11]。Tae-Ryong Yoonは、米国のコミットメントの変化によって日韓関係のすべてを説明するチャの「擬似同盟モデル」は、公共財論（public goods logic）にほかならないと指摘した。安全保障を米国に依存している日本と韓国が米国のコミットメントの変化に反応をみせるのは、ある意味当然なことであるという指摘である。より重要なのは、米国の政策変化が日韓関係に与える影響が多様なことであり、それらが相互に矛盾している場合もあるとされる。そこで、彼は共同脅威の増減と米国のコミットメントの強弱を同時に考慮した「純脅威理論（net threat theory）」を提示して日韓の同盟行動を分析した。「純脅威」とは、共同脅威から米国のコミットメントを抜いた残りの脅威を指す。すなわち、共同脅威が増加しても、それを相殺する米国のコミットメントが強化されれば、「純脅威」は高くないので日韓両国の協力インセンティブは低下する。Yoonは、この「純脅威」の増減が日韓両国の協力と軋轢をもたらす要因だと主張している[12]。本書で分析している「安保危機」への対応については、「共同脅威」が増加したことを受け、日韓の間に協力が生まれたと分析している。

しかし、チャの研究が明示的ではないにせよ、脅威の増減を前提にしていることを考えれば[13]、「純脅威論」は「擬似同盟モデル」とそれほど異なるものではない。二つの研究は、日韓が協力と軋轢を繰り返してきたことを説明しているものの、その法則性を解明するにとどまり、時代背景や政治的条件による安全保障関係の変化という視点を欠いている。安保危機への対応について、「純脅威論」は脅威増加によって協力の契機が生まれたと分析しているが、日韓両国の脅威認識や外交の方向性が異なり、それゆえにその対応の手段や方法をめぐって軋轢が起きたという側面を看過している。

特に、一九七〇年代初頭には米中接近を受けて日韓両国が外交面での新たな可能性の追求と既存の安全保障関係を両立、均衡させせながら新しい国際秩序において関係を調整したことに注目する必要がある。そこには、「協力か、対立か」という従来の二分法的な分析では解明できない複雑な利害の対立があったと言える。言いかえれば、反復されるパターンの法則性を説明するにとどまらず、その調整の過程でみられる変化のプロセスに焦点を当てる必要がある。(14)

第二に、韓国の安全保障をめぐる日米「役割分担」の観点で分析した研究である。倉田秀也は、韓国防衛と日米「分業」構造化という観点から、一九七〇年在韓米軍削減問題と韓国の防衛産業育成への日本の協力を分析している。ニクソン・ドクトリン以降、在韓米軍削減が公式化されるなかで、「戦時」における軍事的支援は米国が、「平時」における韓国の国防の「自助」は日本が支援する、というある種の役割分担が形成されたと指摘している。(15)また、日韓安保協力体制づくりのための米国の政策的努力に焦点を当てた外交史研究もある。劉仙姫は、沖縄返還問題から在韓米軍削減に至る過程を追跡し、米国が日韓安保協力体制づくりを通してアジア戦略を補強するようになったと分析している。(16)加えて日韓米三国関係を、安全保障上の共同利益を持つ「三角同盟安全保障関係」と定義し、それぞれが負担すべき「安保公約と防衛分担」をめぐって相互作用をしてきたという分析もある。(17)

これらの研究は、米国を中心とする地域的コミットメントの全体像を描いた研究として日韓米三国関係の分析に新しい示唆を与えている。「冷戦帝国」(18)である米国が日本と韓国に対する外部侵略に対抗する代わりに、帝国内の国家が安全の対価を支払うという分業構造が形成されるようになったからである。その意味で韓国の安全保障に対する日米間分業の構造化は、日韓米の三国関係を理解するためには重要である。しかし、その役割分担問題について各国がどのような立場をとり、政策を進めたのかに関する裏付けが弱いと考えられる。米国が規定した側面だけでなく、逆に日本と韓国がその分業構造を規定し、構成した側面についても分析が必要であろう。すなわち、米国による「圧力」や助言だけでなく、日韓両国間の相互作用の中で協力がどのように進められたのか、また対立はどのように調整されたのかについて、日韓の実際のやり取りの中で読み取る必要がある。

第三に、大国間のパワーポリティクスの変化が朝鮮半島の分断を固定化する力学として作用したことを明らかにしている[19]。洪錫律も、米中接近以後の朝鮮半島の緊張緩和が分断の内在化をもたらしたと分析し[20]、韓国社会の変化までその分析視野を広げている。二つの研究は六〇年代から七〇年代における東アジアの秩序変動と朝鮮半島問題をみるうえで重要な示唆を与えている。しかしこれらの分析では日韓が秩序変動をどのように受け止め、関係を調整したのかまでは分析が及んでいない。分析の焦点を米中接近と南北朝鮮問題に合わせているからであろう。そこで洪錫律は米中以外の日本や旧ソ連の朝鮮半島政策に焦点を当てた研究の必要性に言及している[21]。

三　安全保障問題をめぐる日韓の相互作用

以上の先行研究を踏まえ、本書では以下の三つに重点を置いて分析を進める。

第一に、安全保障上の要請と緊張緩和の要請という政治外交的な立場、すなわち異なる次元の利害対立の調整の産物としての「韓国条項」である。「韓国条項」は、「佐藤・ニクソン共同声明」（一九六九年）で謳われたもので、韓国の安全保障に対して日本が初めて関心を示した発言として注目される。しかし、七〇年代初頭の冷戦秩序の変動を受けて、日本は「韓国条項」の修正を試みるようになった。それが韓国の反発を呼び、両国の安保摩擦の原因になったとされる[22]。すなわち日本政府は緊張緩和外交の展開のためのフリーハンドを確保する目的で、「韓国条項」を修正したが、それが日韓関係の悪化につながったという分析である。

このように「韓国条項」の修正問題は日韓関係の協力と摩擦のパターンを分析する際に重視されてきた。七一年七月のニクソン・ショック以降、自主外交に動いていた日本政府が「韓国条項」を修正して対中国関係改善と対北朝鮮関係改善に乗り出したが、一九七五年の「安保危機」を受けて「韓国条項」を再認識したことによって、日韓安全保障関係は緊張緩和期以前の状態に戻ったのだという[23]。

しかし、「韓国条項」の修正を試みた日本政府の動きは、果たして成功したのか、そしてそれが韓国との関係にどのような変化を与えたのかについては、さらなる検討が必要であろう。なぜなら、これらの分析においては、米国政府と韓国政府が日本政府の動きをどう受け止め、対応したのかに対する検討が抜け落ちているからである。

本書が明らかにするように、「韓国条項」を修正しようとした日本政府の動きは、自主外交という政治的衝動、すなわち対中外交において米国に遅れを取ったことからくる「焦り」の表れだったが[24]、軍事・安全保障の側面からは依然として非対称的な日米同盟への悪影響を恐れ、具体的な政策の実現にまでは至らなかった。結局、日本政府の試みは、日本国内向けの政治的レトリックにとどまった側面が強い。そうだとすれば、この時期「韓国条項」の修正によって日韓の安全保障関係が変化したというのは、表面的な分析に過ぎない。

近年の調査・研究は、「韓国条項」が、朝鮮戦争時の在日米軍出動の産物である「吉田・アチソン交換公文」（一九五一年）と日米安保改定時の密約「朝鮮議事録」（the Korean minute of 1960）を引き継ぐものであり、日本と極東の安全を担保する日米安保体制の中心的取り決めであったことを明らかにした[25]。朝鮮半島情勢認識をめぐる各国の「温度差」は確かに存在したが、それにもかかわらず、米国を媒介とした日韓米安保体制が日本と韓国の安全保障の根幹であるとの認識は、日韓米の間で各種協議を通じてむしろ強く共有されたはずである。したがって、「韓国条項」の修正の試みを検討する際に着目すべきは、日本の政界での政治的発言よりも、日米、米韓および日韓間の外交安保協議でのやり取りであることになる。

本書では、「韓国条項」が沖縄返還問題をめぐる日韓米の利害を調整するなかで生まれた側面が強いとの観点から、七〇年代初頭における同条項の修正をめぐる各国の対応を検討する。これまでの研究が同条項の修正を日中国交正常化に伴う「台湾条項」形骸化と同様の文脈で分析してきたのに対し、本書では二つの条項の差別化がどのように図られたのかに注意を払う。

第二に、秩序変動のなかで次第に相対化しつつあった日韓安全保障関係の変化である。南北朝鮮関係が事実上の「体制間競争」に移行するなかで、日本政府は南北間の体制競争における韓国の勝利に貢献するという「戦略的思考」の下で、対韓経済協力を推進した。その一方で日朝貿易の阻止を求める韓国に対して、韓国の戦力増強に協力するためにも民間部門が北朝鮮と取引することを阻止できないという立場を取り始めた。それまでの政策に微妙な変化が加えられた結果、七五年四月のサイゴン陥落後の「安保危機」への対応において変化が生じたと思われる。韓国は北朝鮮の脅威に対抗しようとしたのに対し、日本は韓国が南ベトナムのように内部崩壊した場合起こりうる混乱というリスクを避けるべきものとして認識していた。

その原因は、対中観のずれに求めることができる。日本は中国が北朝鮮の軍事行動を抑制しており、北朝鮮による侵略の危険性はないという立場を取っていた。それに対し、韓国は北朝鮮が中国の黙認下で奇襲的な単独軍事行動を起こし、韓国の中部地方を占領した後に、中国が停戦を呼びかける可能性を想定していた。中国は停戦協定の署名国であるため、朝鮮有事の際、情勢を安定化させる役割が求められているからであった。しかも米中接近後の東アジアの冷戦構造の変化を背景に中国との国交正常化を実現した日本と、外交努力を傾けたにもかかわらず、中国との関係改善に失敗した韓国の脅威認識と、それに基づく安全保障政策は容易に収斂しなかったのである。さらに、ベトナム戦争終結に関する認識のずれもあった。韓国はベトナムでの共産革命の成功が北朝鮮の金日成主席を刺激する可能性に注目していたのに対し、日本はそれを南ベトナム政権そのものの崩壊として捉え、朝鮮半島に飛び火する可能性は低いとみていた。日韓の間では、日朝経済交流が争点となったが、日本では北朝鮮との経済交流を中断するなどの政治決断はなされなかった。南北平和共存の観点から日朝国交正常化を最終的な目標としていた日本は、北朝鮮との接触チャンネルの維持を重視していたからである。

　第三に、地域秩序の構築をめぐる国際関係である。朝鮮半島における安定的な秩序構築をめぐっては、米中や日本、韓国の間で「共有された信念」が存在していたと思われる。しかし、韓国の安全を確保しながら、関係諸国の政治的な合意を見出すのはそれほど簡単ではなかった。北朝鮮は朝鮮半島における平和体制の構築のために米朝交渉を提案し、中国はそれを後押しする形で米国に北朝鮮との接触を促した。これに対して米国と韓国は、韓国を除外した会談には応じない方針を明確にし、南北朝鮮と米中が参加する、いわゆる「キッシンジャー構想」を提案した。本書では、この様々な構想とともに、これまでほとんど知られることのなかった、日本の「米朝直接交渉案」(一九七五年)に注目したい。それは、朝鮮半島問題をめぐる米中協力が停滞し、南北対話が途切れた状況下で、北朝鮮を孤立させないことを重視しながら、まず米朝間で対話を先行させ、後に韓国を加えるという二段階からなる構想である。日本が地域の新秩序構築を目指して冷戦構造および地域秩序の構築にどのように関わろうとしたのかを示すものとして興味深い。この構想はどのような状況下で生まれ、「安保危機」への対応に影響を与えたのか、それは日韓安全保障関係にどのような新しい課題を突き付けたのかに注目する。

四　分析の視座——分断体制下の「安保危機」

本書が分析対象としている六〇年代末から七〇年代中盤までの時期は、一九六八年一月の韓国の大統領府襲撃事件を頂点とする北朝鮮の軍事挑発による「安保危機」から、一九七一―七二年の米中接近を経て、一九七五年四月のサイゴン陥落後の「安保危機」に至る東アジアにおける冷戦秩序の変容期である。朝鮮半島をめぐる地域秩序の変動や個別的、具体的な脅威の性質などに注目して、本書は日韓両国の認識ギャップ、政策的対立、それらの調整過程を通じて形成された「日韓安全保障関係」に焦点を当てる。両国がどのように協力の接点をつくり出したのかという相互作用の過程を重視して、安全保障協力の様々な可能性がどのように検討され、最終的に「安保経済協力」に落ち着いたのかを明らかにする。また、その過程で形成された両国の安全保障関係が国際秩序の変容を受け、どのように展開していったのかを明らかにするのが本書の狙いである。

両国が安全保障協力を模索する前提となったのは、朝鮮半島の分断体制である。分断体制とは、朝鮮戦争以降の同盟関係の形成を通して、この地域に相互抑止体制が形成され、それまでの流動的な分断状況が体制へと制度化されたことを意味する。(26) 周知のように、冷戦初期において、内戦的な契機を持ったアジア冷戦は、ヨーロッパ冷戦ほど戦争が不可能ではなかった。ドイツとは異なって、冷戦の中心舞台から遠く離れた東アジアでは局地的な戦争が可能であり、統一戦争は必ずしも世界戦争を意味しなかったのである。しかし、朝鮮戦争を経て、一九五三年一〇月の米韓相互防衛条約、また一九六一年七月のソ朝および中朝の間で友好協力相互援助条約が相次いで締結され、戦争が不可能な体制が作り出されたのである。

しかしながら、戦争が不可能であることは、必ずしも平和が可能であることを意味しなかった。全面戦争とは質的に異なる「間接侵略[27]」が北朝鮮によって引き起こされたからである。小此木政夫が説くように、分断体制の確立がかえって戦争に至らない範囲での局地的な武力挑発や破壊活動などの低強度紛争を可能にする、「分断体制の逆説[28]」が生じたのである。一方、北朝鮮の挑発に対して米韓は反撃を試みたが、それは容易なことではなかった。全面戦争へ拡大する懸念のゆえに効果的な反撃ができなくなったからである。分断体制は米韓の行動を制約し、報復攻撃を不可能にしたのである。

本書がこの分断体制下で発生した「安保危機」に注目する理由は、危機の本質、すなわち前述した「分断体制の逆説」こそが、日韓両国の危機対応と安保協力の性格を特徴付けたと考えるからである。六〇年代末、両国は米韓同盟と在韓米軍の駐留によって全面戦争に対する抑止力が確保されていることを前提に、「間接侵略」を新たな脅威として特定することによって、協力可能な領域を見出そうとしたのである。

七〇年代初頭の米中接近によって、この分断体制は新たな局面を迎えるようになった。分断体制の制度化をもたらした相互抑止体制に、米中の協調体制が結びつくようになった。米中の共同行動が注目されるなか、日韓両国は、米国との同盟を基盤とする安保協力の可能性を模索しながら、それぞれ中国との関係改善を試みるなど、外交の外延を拡大しようとした。安全保障上の要請と緊張緩和の要請という、相反する政治外交的な立場がより鮮明に現れるようになったのである。本書では、この分断体制を取り巻く地域秩序の変動と二つの政治外交的立場の調整過程を通して、日韓両国の安全保障関係の形成と質的変化を究明する。

五　本書の構成および資料について

各章で扱った主な内容と問いは、以下のとおりである。第一章では、一九六八年の「安保危機」に対する対応を分析対象とする。日本は、韓国の「安保危機」をどのように認識していたのか、また韓国は日本に協力を要請することで、どのような安全保障関係を築こうとしたのかに焦点を当てた。韓国は北朝鮮の間接侵略に対抗するために、日本に対して警察装備の増強を要請した。両国の間で安保協力のあらゆる可能性が検討され、最終的に「安保経済協力」に落ち着いたことを明らかにする。

第二章では、一九六九年沖縄返還交渉の過程で成立した「韓国条項」を安全保障上の要請と緊張緩和の要請との調整の産物として分析する。従来の研究で「韓国条項」は、日韓の冷戦的な「協力」の産物として語られることが多かった。しかし、米国の冷戦戦略に歩調を合わせつつ、東アジアにおける冷戦的秩序の維持のために努力していた韓国と、冷戦構造の変容という立場で沖縄返還を推進していた日本の立場は容易に収斂しなかった。沖縄返還交渉の過程を東アジア地域の安全保障という観点から捉え直し、「韓国条項」は協力の産物というより、むしろ安保政策をめぐる複雑な利害調整の産物であったことを論じる。

第三章では、在韓米軍削減に際して、韓国が日本に対して「四つのプロジェクト」という重工業育成政策をめぐる協力を要請したことが両国の「安保経済協力」に与えた影響を分析する。当初韓国の計画が日本との協議を経て実現する過程でどのように変容していったのかにも注目する。

第四章では、米中接近により、東アジア冷戦秩序が変動する中で、日韓それぞれが安全保障政策を見直し始めたことに焦点を当てる。また、北朝鮮との交流を進めていた日本は、それを牽制する米国と韓国をどのような論理で説得したのか、その一方で韓国との関係をどのように調整したのかを明らかにする。従来の研究では、米中接近がもたらした地域秩序の変動により、日韓の協力が後退したと分析されているが、本書では朝鮮半島の紛争に対する日本の「巻き込まれ」の懸念が弱まったことが、北朝鮮との体制競争を本格化した韓国との協力を深化させた側面があったことを明らかにしている。

第五章では、朝鮮半島における平和共存秩序がどのように模索されたのかに焦点を当てる。一九七五年四月のサイゴン陥落後の「安保危機」のなかで地域秩序を模索した日韓両国の対応を分析対象とする。特に、日本の「米朝直接交渉」(一九七五年)案に注目した。それは、南北対話が途切れた状況下で、北朝鮮を孤立させないことを前提に、米朝間での対話を先行させ、後に韓国を協議の場に加えるという二段階からなる構想である。これらの分析を通して、日本が地域の新秩序構築を目指して冷戦構造および地域秩序の構築にどのように関わろうとしたのかを論じる。

本書は日韓の安全保障関係に関する歴史研究である。それゆえ韓国と日本の外交文書および同時期の米国の外交文書に主として依拠している。韓国は二〇一四年現在、一九八三年までの外交文書を公開している。そこで、外務部外交史料館に所蔵されている日韓関係と米国や中国との関係に関する外交文書を利用した。また、韓国の大統領記録館および国家記録院に所蔵されている経済企画院をはじめとする政府の公文書を通して、日韓経済協力問題をめぐる協議を明らかにすることができた。

また、日本の外交文書については、外務省に対する情報公開請求によって開示された公文書や、二〇一〇年六月以降に公開された日韓定期閣僚会議を中心とした日韓関係の公文書を利用した。

他方、米国の外交文書については、ジョンソン大統領図書館、ニクソン大統領図書館、そしてフォード大統領図書館に所蔵されている公文書およびワシントンのナショナルアーカイブ（The National Archives II）に所蔵されている公文書を利用した。さらに、公刊文書として国務省が編纂した *Foreign Relations of the United States* (*FRUS*) のほか、柏書房の『アメリカ合衆国対日政策文書集成』、また The National Security Archive が出版したマイクロ・フィッシュや電子データを活用した。

（1）日本防衛省「日韓防衛相会談の結果概要」二〇一一年一月一〇日〈http://www.mod.go.jp/j/press/youjin/2011/01/10_gaiyou.html〉。

（2）日本外務省「前原外務大臣の韓国訪問（概要）」二〇一一年一月一五日〈http://www.mofa.go.jp/mofaj/kaidan/g_maehara/korea1101_ga.html〉。

（3）『東亜日報』二〇一二年七月七日。

（4）韓国国会国防委員会会議録「第二号、韓・日情報保護協定懸案報告」（二〇一二年七月一二日）、韓国国会事務処。

（5）『朝日新聞』二〇一三年六月九日。『朝鮮日報』二〇一三年六月一五日。

（6）第四項目に「直接の当事者は、適当な話合いの場で、朝鮮半島における恒久的な平和体制について協議する」と謳っている。日本外務省「第四回六者会合に関する共同声明」二〇〇五年九月一九日〈http://www.mofa.go.jp/mofaj/area/n_korea/6kaigo/ks_050919.html〉。朝鮮半島の平和体制樹立との関連については、倉田秀也「南北首脳会談後の平和体制樹立問題」、小此木政夫編『危機の朝鮮半島』（慶應義塾大学出版会、二〇〇六年）六二～六三頁を参照。

（7）ヴィクター・D・チャ（倉田秀也訳）『米日韓　反目を超えた提携』（有斐閣、二〇〇三年）（Victor D. Cha, *Alignment Despite Antagonism: The United States-Korea-Japan Security Triangle*, Stanford University Press, 1999）。

（8）小此木政夫「日韓関係の新しい地平――『体制摩擦』から『意識共有』へ」、小此木政夫・張達重編『戦後日韓関係の展開』（慶應義塾大学出版会、二〇〇五年）三頁。

（9）チャ『米日韓　反目を超えた提携』。歴史的な観点で東アジア安全保障体制の再調整を試みた米国の役割に注目しながら、日韓両国の協力と摩擦を分析した研究としては、李庭植（小此木政夫・古田博司訳）『戦後日韓関係史』（中央公論社、一九八九年）がある（Chong-Sik Lee, *Japan and korea: The Political Dimention*, Standford: Hoover Institution Press, Standford University, 1985）。

(10) 中戸祐夫「日米韓安保トライアングル研究の最前線—理論的地域研究への模索」『宇都宮大学国際学部研究論集』第一九号、五四頁、二〇〇五年。浅羽祐樹「国際関係論と地域研究の狭間」『国際政治』第一五一号、二〇〇八年三月、一六六頁。

(11) 禹承芝「冷戦期韓国—日本協力のパズル—不介入仮説対介入—連合政治仮説」『韓国政治学会会報』第三七集、三号、二〇〇三年。しかし、この論文では一九七四〜七七年に対する分析が抜け落ちている。チャの研究と同様に事例選択のバイアスがかかっていると指摘せざるを得ない。中戸祐夫、前掲論文。浅羽祐樹、前掲論文。

(12) Tae-Ryong Yoon, *Fragile Cooperation: Net Threat Theory and Japan-Korea-U.S. Relations*, Ph. D. diss., Columbia University, 2006.

(13) 小此木政夫「書評」『書斎の窓』(有斐閣、二〇〇三年一〇月号)五九頁。

(14) ギャディスは、米国の政治学のあり方に疑問を提示し、歴史的アプローチの弁証を展開する中で、理論の簡潔性や倹約性より複雑性に、独立変数と従属変数の形式的峻別よりその相互依存性に、反復されるパターンの法則性より巨視的な変化のプロセスに焦点を当てる歴史的アプローチの方がより「理論的」で「科学的」であると主張する。John Lewis Gaddis, "History, Theory, and Common Ground", *International Security*, Vol.22, No.1, 1997, 李鍾元「歴史から見た国際政治学」、日本国際政治学会編『日本の国際政治学—歴史の中の国際政治』(有斐閣、二〇〇九年)七〜八頁。

(15) 倉田秀也「韓国の国防産業育成と日米韓関係—『韓国条項』後の安全保障関係の再調整」、小此木政夫・文正仁編『戦後日韓関係の展開』(慶應義塾大学出版会、二〇〇五年)。倉田秀也「朴正煕『自主国防論』と日米『韓国条項』—『総力安保体制』の国際政治経済」、小此木政夫・文正仁編『市場・国家・国際体制』(慶應義塾大学出版会、二〇〇一年)。

(16) 劉仙姫『朴正煕の対日・対米外交』(ミネルヴァ書房、二〇一二年)。劉仙姫「転換期における日米韓関係—プエブロ事件から沖縄返還まで(一)」『法学論叢』第一五八巻、第三号、二〇〇五年、劉「転換期における日米韓関係—プエブロ事件から沖縄返還まで(二)」『法学論叢』第一五八巻、第四号、二〇〇五年、劉「一九七〇年の駐韓米軍削減決定をめぐる日米韓関係(一)」『法学論叢』第一五九巻、第四号、二〇〇六年、劉「一九七〇年の駐韓米軍削減決定をめぐる日米韓関係(二)」『法学論叢』第一五九巻、第五号、二〇〇六年。

(17) 朴善源「冷戦期韓米日関係に対する体系理論的分析」、韓国政治外交史学会『韓国政治外交史論叢』第二三集、第一号、二〇〇一年。

(18) 赤木完爾・斎藤祐介訳『歴史としての冷戦—力と平和の追求』(慶應義塾大学出版会、二〇〇四年)(John L. Gaddis, *We Now

Know: Rethinking Cold War History, New York: Oxford University Press, 1997）四一六～四六四頁。

（19）李東俊『未完の平和―米中和解と朝鮮問題の変容一九六九～一九七五年』（法政大学出版局、二〇一〇年）。

（20）洪錫律『分断のヒステリー――公開文書でみる米中関係と朝鮮半島』（ソウル：チャンビ、二〇一二年）。

（21）同右、二六頁。

（22）チャ『米日韓　反目を超えた提携』一一八～一二二頁。

（23）このような分析は、既存の研究で一貫して行われている。李庭植『戦後日韓関係史』、チャ、同右、Tae-Ryong Yoon, *Fragile Cooperation: Net Threat Theory and Japan-Korea-U.S. Relations*, 辛貞和『日本の対北政策』（ソウル：オルム、二〇〇四年）、劉仙姫『朴正熙の対日・対米外交』。

（24）牛場信彦『外交の瞬間―私の履歴書』（日本経済新聞社、一九八四年）一四三～一四四頁。

（25）日本外務省調査チーム「いわゆる『密約』問題に関する調査報告書」二〇一〇年三月五日、一〇～一三頁。

（26）小此木政夫「武力挑発の政治学―朝鮮分断体制の現段階」『現代の理論』春号ｖｏｌ．27（日本評論社、二〇一一年四月）一三八～一三九頁。

（27）間接侵略（indirect aggression, indirect invasion）とは、外国の教唆、または干渉により引き起こされる大規模な内乱、騒擾を指す。真邉正行編『防衛用語辞典』（国書刊行会、二〇〇〇年）五二頁。服部実『防衛学概論』（原書房、一九八〇年）六一～六二頁。本書では、北朝鮮が韓国社会で不安を醸成し、攪乱工作を行う目的で武装ゲリラを浸透させて非正規戦を行っていたことに注目する。全面戦争を想定した軍事行動と区別する意味で「間接侵略」という用語を用いる。

（28）小此木政夫「武力挑発の政治学―朝鮮分断体制の現段階」一三九頁。

第一章——分断体制下の「安保危機」への対応（一九六八年）

一九六〇年代中盤から増加し続けた北朝鮮の武装遊撃闘争は、六八年一月二一日、青瓦台〔韓国の大統領府〕襲撃事件で頂点に達した。従来の全面戦争の脅威とは異なる「間接侵略」(1)という新たな脅威が現れたのである。日韓米三国は、韓国の安全保障を確保するために安全保障協力を模索したが、その過程と結果がその後の日韓安全保障関係を左右する契機になったと思われる。

危機対応をめぐって米韓の間では、「間接侵略」の際に米韓相互防衛条約が作動しうるかどうかを議論していた。また、米国は日本に対し、日韓の経済協力だけでは不十分であり、韓国の安全保障問題により直接的で有意義な努力を払うべきだと促した。このような背景のもとで日韓は、どのような安全保障協力ができるかをめぐって議論を展開し、協力可能な領域を見出すようになった。

本章では、一九六八年の「安保危機」への対応過程で日韓の安全保障関係が形成され、それが後に「安保経済協力」と呼ばれる日韓安保協力の原型になったことを明らかにする。「安保経済協力」とは、韓国の安全保障に寄与する目的で行われた日本の経済協力を指す。韓国側による協力要請と日本側のそれへの対応の間で政策調整を通じて形づくられたものである。[2] 本章では、日韓両国が特定の安全保障上の脅威に対し、当初は協力可能な安全保障領域を見出したものの、最終的には、緊急の経済案件に切り替えて協力することになった点を取り上げる。

従来の研究は、日韓の安保協力を促した米国の働きかけに分析の焦点を当てている。[3] また北朝鮮という共通の脅威が日韓の安保協力を促したという分析にとどまっている。[4] いずれの研究においても危機対応の過程で現れた日韓の安保協力の模索にまでは関心が払われていない。これに対し、本章では、日韓協力のあり方をめぐる議論に焦点を当て、「間接侵略」という特定の脅威に対応する過程の中に日韓両国の安全保障協力の実体が現れていたことに注目した。

本章では第一に、一九六〇年代の北朝鮮による「南朝鮮革命」論の帰結として発生した一九六八年「安保危機」の本質を検討する。分断体制下の朝鮮半島において、「間接侵略」という新たな脅威がどのように受け止められたのかに注目する。第二に、北朝鮮の「間接侵略」への対応という問題が、日本と韓国、そして米国との間でどのように議論されていたのかを、そして第三に、安全保障協力をめぐる日韓の議論がどのように調整されたのかに注目し、日韓安保協力のあり方をめぐる政治過程が、両国の安全保障関係の出発点として作用したことを明らかにする。

一　「間接侵略」という新たな脅威

（1）「南朝鮮革命」論の転換

一九六八年一月二一日、北朝鮮武装ゲリラにより韓国の大統領府である青瓦台が襲撃される事件が起きた。これに対し、国連軍司令官は北朝鮮の挑発に抗議しようと軍事停戦委員会の開催を要請した。ところが、その二日後の二三日には、北朝鮮の元山港付近で情報収集を行っていた米艦プエブロ号が北朝鮮海軍により拿捕される事件が起きた。この二つの事件により朝鮮半島における軍事的緊張が一気に高まったのである。

両事件とも決して偶然の出来事ではなく、一九六〇年代初めから北朝鮮が「南朝鮮革命」を通して統一を実現するために体系的に準備した軍事化の結果であった。一九六二年一二月の朝鮮労働党中央委員会では「人民経済の上で一部の制約を受けるにしても、まず国防力を強化しなければならない」という基本方針の下、工業化の推進と国防力の強化を並進させる新しい方針が採択された。(5) それ以降、一九六〇年代半ばまで「南朝鮮革命」を後方から支える軍事的大衆動員体制を目標に「国防建設と経済建設の並進路線」が採択され、全軍の幹部化・軍隊の現代化・全人民の武装化・全国土の要塞化という内容の「四大軍事路線」が定着したのである。

北朝鮮において革命基盤の醸成を進めると同時に、統一戦術の理論的完成が試みられた。一九六四年二月の朝鮮労働党中央委員会第四期第八回総会で行った演説で、金日成首相は「わが国の革命が勝利するためには、三つの革命勢力がよく準備されなければなりません。その第一は、北朝鮮の革命勢力であり、第二は、南朝鮮の革命勢力であり、第三は、国際革命勢力であります(6)」と述べ、いわゆる「三大革命力量」論という新しい統一戦術を打ち出したのである。さらに、金日成はこの三つの関係についてこう述べていた。

南朝鮮で、革命勢力が準備されなければ、革命が勝利しえないことをわれわれはすでに体験しています。祖国解放戦争のとき、南朝鮮の人民が敵の後方で暴動をおこし、人民軍の進撃に呼応してたたかっていたならば、……祖国統一の問題をすでに解決していたでしょう。……問題の中心は、南朝鮮人民自身が革命をなしとげるために闘争の炎を高めることにあります。もちろん、南朝鮮人民が、革命的に立ち上がるとしても、北朝鮮人民が積極的にかれらを援助しなければ、アメリカ帝国主義とその手先を成功裏にうちたおすことはできないでしょう。……朝鮮革命は、世界革命の一環であります。世界の革命勢力がより強化され、南朝鮮でのアメリカ帝国主義侵略者の地盤は一層弱まるであろうし、朝鮮革命の勝利はより早く実現されるでしょう。(7)

要するに、韓国内の「革命力量」に期待をかけながら、それを支援し、強化する力として北朝鮮の革命力量とキューバやベトナムにおける反米武装闘争、つまり国際革命力量の重要性を取り上げていた。朝鮮戦争の停戦以降、全面戦争による統一を図ることができない状況の中で、南朝鮮革命による統一達成という新たな道が模索されていたのである。

しかし、一九六六年半ばから北朝鮮の対南政策は、さらに戦術的変化を遂げ、武装遊撃闘争へと変化していく。〈表1-1〉が示しているように、北朝鮮による挑発の件数は一九六七年から大幅に増加し、一九六八年には最高点に達した。それは日韓条約反対闘争の高揚にもかかわらず、韓国内には金日成が期待したような「革命力量」の成熟も、「武装蜂起」も発生しなかったからであろう。(8) したがって、北朝鮮の武装ゲリラの浸透は、韓国内の革命力量にそれ以上期待をかけることができなくなったことを受けての対応であったのである。武装遊撃闘争増

〈表１－１〉北朝鮮による軍事挑発発生件数の推移

		1965年	1966年	1967年	1968年	1969年
発生回数	軍事境界線	42	37	445	542	99
	韓国内	17	13	121	219	39
交戦回数	軍事境界線	23	19	122	236	55
	韓国内	6	11	96	120	22

出所）Report of the United Nations Command to the United Nations, *Department of State Bulletin,* June 9, 1969, p.497.

加の背後には、六〇年代はじめから推進された北朝鮮内部の工業化と軍事化を基盤とした、武力で統一を図ろうとする統一戦術の転換があったのである。

このような変化は、国際的な革命情勢、すなわちベトナム情勢の変化に鼓舞された側面が大きい。金日成は、一九六六年一〇月初旬の朝鮮労働党代表者会で「南朝鮮解放」を遅らせてはならないと強調し、「米帝国主義は世界人民の第一の闘争対象である。広汎な反帝勢力を動員して、米帝国主義に反する闘争に集中させることは、社会主義諸国と共産党・労働者党の第一の任務である」と述べ、ベトナムの反米闘争を支援するための「国際的な反帝共同行動」を呼びかけた。さらに金日成は、「大きい国と小さい国を問わず、世界のすべての戦線で米帝国主義に打撃を与え、その力を分散させるべきである」(9)とも主張した。

実際、一九六六年一〇月中旬から、北朝鮮は北ベトナムに戦闘機操縦士を派兵するとともに、韓国軍に対し先制攻撃を加え始めた(10)。また、一九六七年七月頃には毎日のように軍事境界線付近で戦闘が発生し、地理山と太百山、蔚山地域を中心にゲリラ浸透が活発に行われた(11)。これは「朝鮮式ベトコン」の活動開始にほかならなかった。北朝鮮はベトナム戦争における民族解放戦線の活動に反米武装闘争のモデルを見出したのである(12)。

このような状況のなか、一九六八年一月の韓国大統領府への襲撃をはじめ、大規模なゲリラ部隊浸透が続き、「南朝鮮革命」路線は頂点を迎えるようになっていた。また、北朝鮮はプエブロ号を拿捕することで、泥沼化したベトナム戦で苦しむ米国に圧力をかけたのである。駐朝ハンガリー大使館の電文によれば、この時、北朝鮮は戦争遂行に必要な装備の準備を終えていた。ベトナム情勢の悪化のゆえに、米国は韓国で第二戦線を作ろうとしていないだろう、という情勢分析の下で軍事挑発を敢行していたのである。(13)

プエブロ号拿捕後、在日米軍が元山沖付近に移動すると、北朝鮮はソ連に緊急の軍事援助を要請した。一月三一日、金日成首相は、コスイギン（A.N. Kosygin）首相に公式書簡を送り、すべての責任は帝国主義的なジョンソン（Lyndon B. Johnson）米政権にあると指摘し、ソ朝友好協力相互援助条約に基づいて対抗すると述べた。そして、米軍の展開を受けて、有事の際に軍事とそのほかの利用可能なすべての即刻の援助を要請した。北朝鮮国内では米軍の攻撃に備え、元山周辺地域のみならず、平壌市内と工場などからの疎開を始めていた。(14)

これに対し、ソ連は北朝鮮の支援要請を明確に拒否した。それどころか、むしろ同盟条約によって北朝鮮が引き起こす戦争に巻き込まれるのを警戒した。金日成の書簡を受け取ったコスイギン首相は、金日成をモスクワに招待し、戦争反対の立場を明確に伝えて北朝鮮を抑制しようとした。なぜなら、ソ連共産党政治局は、金日成がソ連共産党を通さず直接政府に書簡を送ったのは、両政府間の同盟条約に基づいてソ連を巻き込もうとしているためだと判断したからである。(15) 二月二六日、金日成の代わりにソ連を訪問した金昌鳳副首相兼民族防衛相と会談したブレジネフ（L.I. Brezhnev）ソ連共産党書記長は、戦争開始への反対を明言した。さらに、金日成への返信においても、両国間の同盟条約は防御的なものであると前置きした上で、世界全体が戦争に対して抵抗している時期に軍事行動を起こすことは大問題になりかねないと指摘した。そして、プエブロ号に関しても、時間が経つにつれ不利になるだろうと述べ、乗組員らを早急に帰すように求めた。(16) このようにソ連は、危機のエスカレートを防ぎ、軍事的衝突を避けるために北朝鮮の態度変化を促したのである。また、米国に対しては、拿捕事件に介入していなかったことを表明し、状況を鎮静化させて緊張が高まるのを防いでいることを明らかにした。つまり、全面戦争に発展しかねないとの懸念を抱いたソ連指導部は、北朝鮮を抑制する一方で、米国に自国の立場を明言することによって、誤認による緊張を避けようとしたのである[17]。

ソ連の批判と反対を受け、北朝鮮外務省は「朝鮮半島の平和的統一を望む」という声明を発するとともに、米国に対しては謝罪を求める一方、逮捕された北朝鮮のゲリラとプエブロ号の乗組員を交換することを提案した。そして三月一日、金日成は駐朝ソ連大使に、軍事行動を起こす意図は持っていないと伝えざるを得なかった[18]。この時期、北朝鮮が全面戦争を視野にプエブロ号拿捕に乗り出したとは考えにくい。プエブロ号の拿捕以降、第七艦隊を含む米軍が元山沖に集中していた状態で、全面戦争に出ることはほぼ不可能であっただろう。

その後も軍事境界線付近での南北間の交戦と北朝鮮のゲリラの浸透は続いた。北爆停止と次期大統領選の不出馬を宣言した「ジョンソン声明」（一九六八年三月三一日）は、同盟国である日本と韓国には「ジョンソン・ショック」として受け止められたが[19]、北朝鮮は米軍のパワーを分散させた成果とみなし、南朝鮮革命の勝利を確信したに違いない。北朝鮮は韓国における活動拠点を構築するために、八月には済州島に、一一月には江原道の蔚珍・三陟に一二〇名の大規模ゲリラを浸透させた。全面戦争に至ることはなかったものの、北朝鮮の武装ゲリラの浸透は続けられたのである。

（2）脅威の二元化

一九六七年以前、つまり北朝鮮の挑発が急激に増加するまでは、韓国さえ北朝鮮の挑発を深刻に受け止めていなかった。一九六六年一一月一〇日、韓国国会国防委員会での国防部に対する国政監査では北朝鮮の挑発は第二戦線を開くための前哨戦ではないかという質疑があった。それに対し、金聖恩国防長官は、韓国軍のベトナム派兵を牽制するためであり、「再侵略の前兆」ではないと答えた[20]。米国においては、ボンスティール（Charles H. Bonesteel）国連軍司令官が、北朝鮮は攻撃的な政策に転じたと分析していたが、バンディ（William P. Bundy）国務次官補は、一九六七年四月の選挙を妨害するためのものでしかないと捉えていた[21]。

その後、北朝鮮の挑発が次第に増加するにつれ、北朝鮮が北ベトナムをモデルに韓国国内でのゲリラ戦を遂行するための拠点を確保し、最終的には戦争を遂行する目標を立てているという認識へ変化していった[22]。ところが、米国政府内では全面戦争の可能性に対して意見が割れた。軍事境界線での北朝鮮の攻撃が全面戦争にまで拡大する可能性は低いという見解が根強く存在していたのである[23]。なぜなら、中国とソ連が北朝鮮によるゲリラ工作を支持しているかどうかについて確実な判断ができなかったからである。米国中央情報局（ＣＩＡ）は、中ソ両国からの支援がないなかで北朝鮮が単独で全面戦争を引き起こす能力はないとみなしていたのである[24]。

したがって、この時期米国が重視したことは、間接侵略にどのように対応するかであった。韓国は、軍事境界線や海岸を警備している正規軍ではなく警察をゲリラ掃討に当たらせていたが、米国はこのような韓国の対応に賛同していた。ところが、ポーター（William J. Porter）駐韓米国大使によれば、装備が不完全な韓国警察が訓練されかつ戦闘装備を備えた北朝鮮ゲリラと山岳で実際に戦闘となった場合、韓国側により多くの犠牲者が出てしまい、政府の能力に対し韓国民の疑惑を増幅させる恐れがあった。そこで、ポーター大使は韓国に対する緊急援助として警察力の強化に必要な装備支援をあげた。[25]

一方、韓国の朴正煕大統領は、米軍のベトナム戦争への過剰な介入が韓国有事への米軍の支援を困難にすると懸念していた。ベトナム情勢と並行する形で増加した北朝鮮の挑発は、米国のパワーに対する不安を抱かせるに十分であったのである。また、金日成はこのような情勢を見据えたうえで挑発を敢行しており、ゲリラ浸透は全面攻撃のための準備であると捉えていた。それゆえ、米国側に対し、北朝鮮の勢いを抑え込むには、北朝鮮軍が停戦協定に違反した際、対抗措置を講じるべきであると主張し始めた。[26]言いかえれば、北朝鮮の局地的挑発が全面戦争まで発展しないうちに、封じ込めるべきだという主張であった。

このような状況のなかで発生した一九六八年一月末の青瓦台襲撃事件とプエブロ号拿捕事件は、北朝鮮による挑発の意図やその深刻さを内外に印象付けるものであった。ボンスティール国連軍司令官は、予想を上回るペースで北朝鮮の挑発が増加しているとした上で、米国がベトナム戦争を遂行しつつ韓国有事の際に対応する能力を持っているかについて、金日成は誤って判断している可能性があると指摘した。米軍の対全面戦争抑止力が疑われることでもたらされる危険に注目し、同盟の信頼性維持という側面から対応の重要性を指摘したのである。[27]

他方、日本政府はベトナム戦争との関連のなかで朝鮮半島情勢を捉えていた。一九六八年一月、朝鮮半島の安保危機を受けて、三木武夫外相は北朝鮮の極端な対日敵視政策が日本に及ぼす影響を懸念していた。三木は、朝鮮半島で小規模の通常戦争が開始されてもそれを支援する余裕が米国にはないと北朝鮮は判断しているのだろうという情勢認識を持っていた。[28]また、牛場信彦外務事務次官は、北朝鮮が韓国の大統領府を襲撃した日に行われた第三回日米安全保障高級事務レベル協議（ＳＳＣ）において、六七年一二月から北朝鮮は強硬路線に転じたとした上で、北朝鮮が狙っているのは、南ベトナムで北ベトナムが行っていることと同様のことをすることであると指摘した。それだけでなく、北朝鮮は朝鮮戦争を引き起こした一九五〇年よりも、現在の情勢のほうが有利であると判断している可能性についても触れた。牛場は、その理由として次の三つをあげている[29]。

（1）米国はベトナムに大軍を投入しているので、朝鮮半島で戦争が勃発しても、朝鮮戦争の際と同じく大軍を派遣する余裕がない。

（2）ベトナム戦争により国際政治上困難な立場にある米国としては、朝鮮半島においてさらに新たな民族解放戦争が始まった場合、米国がその抑止のために他国の協力を求めても国際世論の形成は困難であろう。

（3）北ベトナム正規軍が南ベトナムに出撃しても、米国が国際的反響を考慮して地上軍を一七度線以北に進めることが依然としてできないでいるように、北朝鮮軍が軍事境界線を越えて小規模ないし部分的に出撃しても、三八度線以北に米地上軍が進撃する可能性は乏しい。

しかし、これらの見解にもかかわらず、日本政府は朝鮮半島における全面戦争の可能性を高く見積ってはいなかった。外務省安全保障課は、アジアにおける軍事的脅威の態様を「核による脅威」、「通常戦争の脅威」、「間接侵略の脅威」の三つに分けて検討する必要性を提示していた。そのなかでも重点を置いたのは、「間接侵略の脅威」であった[30]。米国の核抑止力があるゆえに中国の核使用の可能性や通常兵力による全面戦争の可能性は薄いとみなされたのである。その代わり、人民解放戦争という戦略思想の下で、武力抗争が間接侵略と結びついて紛争に発展する可能性があると指摘された。このような観点から最も注目する必要性のある国として取り上げられたのが、韓国だったのである[31]。

二　米韓相互防衛条約の「補完」問題

(1)「軍事報復」対「外交努力」

米国と韓国は、北朝鮮の挑発がもたらす脅威を共有していたが、危機への対応をめぐっては対立した。韓国が積極的な軍事報復措置を取っていくべきだと主張したのに対し、米国は外交チャンネルを通じてソ連に仲裁を要請し、北朝鮮との交渉を進める方針を固めた。米国は軍事行動にかかるコストの高さを理由に、韓国の動揺に配慮しつつ軍事報復を抑制したのである。

二つの事件の直後である一九六八年一月二四日に、米国務省は韓国政府に対し、軍事停戦委員会とソ連との外交交渉を通じて問題解決に臨む意図があること、また青瓦台襲撃事件に対する報復措置に反対であることを明確に伝えた。(32) 韓国が報復攻撃を実行すれば、緊張はエスカレートし、全面戦争にまで発展しかねないと懸念したからである。ベトナム戦争の泥沼化により朝鮮半島で第二戦線を開くことは、米国にとって極めて困難なことであった。

朴大統領は米国が報復を行わずとも、韓国単独で報復措置を取る意思があると伝えた。北朝鮮の勢いを抑え込むには断固たる姿勢で対応する必要があったからである。これに対し米国は、韓国による単独軍事行動を封じ込める目的で、万が一単独行動に出るようなことがあれば在韓米軍を撤退させると警告した。(33) 言いかえれば、米国は北朝鮮による挑発とともに、韓国の報復行動による紛争拡大というもう一つの不安定要素を懸念していたのである。

軍事報復に否定的であった米国の反応を受けて、韓国は対北報復の立場を転換せざるを得なかった。一月二四日、朴大統領は対北報復に反対するポーター大使に対し、北朝鮮が青瓦台襲撃事件を韓国国内の民衆蜂起によるものだと主張し、謝罪を拒み続け、またプエブロ号の送還要求に応じないでいる状況の問題点を指摘した。そして、もし対応を誤れば、米韓両国の威信は傷つけられてしまうと、米国の対応ぶりに懸念を示した。しかしその一方で国連軍司令部を尊重するとともに、今回の事件に限っては単独報復を行わないと約束した。(34)

対北軍事報復措置を講じる朴正熙政権に対し、ジョンソン米政権は、二〇年前に北進統一論を掲げていた李承晩政権時代に対するのと同じ問題を抱えるようになった。ラスク（Dean Rusk）国務長官は米韓関係が李承晩政権時代以降、最悪であると位置付けた上で、米国のコミットメントに対する韓国の疑いに不快感を表した。朝鮮戦争以降、軍隊を駐留させてきただけでなく、マーシャル計画のほぼ半分に当たる経済・軍事援助を行ってきた米国にとって、韓国の反応は理解し難いものであった。ラスク国務長官は、韓国は米国の衛星国ではなく、米国も韓国の衛星国ではないとして、韓国の意図に引きずられることを何より警戒した。(35)

もちろん、米国は最初から武力対応の選択肢を完全に除外していたわけではなかった。プエブロ号の拿捕事件後、北朝鮮の元山港に対する空爆を含む軍事行動案が総合参謀部と国防総省を中心に作成され、大統領に進言されていた。一月二五日のホワイトハウスでの対策会議で、フィラー（Earle G. Wheeler）総合参謀部議長は、朝鮮戦争のような全面戦争の再開の可能性に言及し、ジョンソン大統領に以下の六つの選択肢を提示した。(36)（1）元山港の軍事施設を爆撃する、（2）北朝鮮のほかの港を爆撃する、（3）沿岸の海運を封じ込める、（4）海軍と空軍によるほかの標的を攻撃する、（5）北朝鮮の船舶を拿捕する、（6）プエブロ号をほかの船舶と交換する、というもので、最後の項目を除くと、いずれも局地的で制限された軍事報復措置を想定していた。

このような軍事報復が検討された背景には、ベトナム戦争をめぐる厳しい情勢認識があった。マクナマラ（Robert S. McNamara）国防長官が指摘したように、宥和政策を取ることで、ソ連と北ベトナムから弱腰だとみられてしまい、ベトナム戦が長期化する恐れがあった。当初、ジョンソン政権は、この事件は北朝鮮の単独行動ではなく、ソ連との共謀によるものとして位置付けていた。ベトナムと韓国での危機に加えて、ベルリンで新たな危機が起こるとしても、それは不思議なことではないというジョンソン大統領の発言からも窺えるように、米国は共産主義陣営の共謀によってすべての事件が起きているという情勢認識を持っていたのである。(37)

しかし、軍事報復措置を実際に取ることについては極めて慎重であった。制限的な報復措置であったとしても、戦争を抑止するより、むしろ緊張を高め、全面戦争に発展してしまう恐れがあると、反対する声が上がっていたからである。たとえば、次期国防長官として指名を受け、上院での聴聞会を控えていたクリフォード（Clark M. Clifford）は、北朝鮮による全面戦争の可能性を否定し、米軍の軍事行動にも消極的な態度を取った。船舶と八三名の乗組員が北朝鮮に抑留されているのは残念なことだが、それには戦争を開始するほどの価値はないと語り、冷静な対応を求めたのである。(38) また、元山港の爆撃や封鎖が、韓国に対する北朝鮮の全面攻撃を促す懸念があると付け加えた。

したがって、これ以降の危機対応をめぐるジョンソン政権内の議論は、外交的努力を成功させるための措置として軍事行動を行うという線に整理された。北朝鮮との交渉や、ソ連との協力を通じて乗組員送還のための外交努力を傾けるようになったのである。韓国には、ボンスティール国連軍司令官の要請に従い、ゲリラ掃討に必要な装備（counter-infiltration package）を韓国へ空輸することになった。(39)

ところが、二月二日、米朝の間で初の秘密会談が開かれると、その対応をめぐって米韓の間で対立が顕著に表れた。韓国は、プエブロ号問題をめぐる米朝間の秘密会談が、北朝鮮に対する政治的承認として受け取られ、また大統領府襲撃事件への対応がないがしろにされると懸念したのである。

しかし米国にとっては、プエブロ号拿捕事件と青瓦台襲撃事件は、それぞれ異なる方法で対応すべき問題であった。プエブロ号拿捕事件については、北朝鮮と交渉を進めることによって、早急に乗組員を釈放してもらえるとみていた。その一方で青瓦台襲撃事件については、軍事停戦委員会での抗議や、両国間の直接交渉では改善を期待できないと判断していた。むしろ韓国軍の軍事能力を強化するとともに、ゲリラ掃討能力を向上させることを重視する方針を固めていたのである[40]。

実際、ジョンソン大統領は、朴大統領に宛てた書簡の中で、プエブロ号問題を解決するための北朝鮮との直接交渉と、韓国の安全保障問題とは、次元の違うものであるとし、長期的な観点から韓国の軍事力を強化したほうがより重要であると強調した。具体的には、ボンスティール国連軍司令官と金聖恩国防長官の間で提起されたゲリラ掃討作戦用装備の支援のほか、新たに一億ドルの追加支援をする意思を明らかにした[41]。

これに対し、韓国は米朝会談に韓国代表を参加させる必要性を提起した。韓国代表の参加に対する北朝鮮の反発を鑑みれば、米国にとって韓国の提案は受け入れがたいものであった。そこで米国は、北朝鮮との秘密直接交渉を妨げることなく、韓国の国内世論を改善するための措置を取らざるを得なかった。そこで韓国が要請した、ジョンソン大統領の特使派遣の申し出を受け入れるようになったのである。

（2）ヴァンス米特使の訪韓と米韓共同声明

米韓の間で争点となったのは、米韓相互防衛条約の「補完」問題であった。条約の適応範囲を「間接侵略」までに拡大するかどうかをめぐり対立が生じていたのである。この対立を解消するために、ジョンソン大統領は、ヴァンス（Cyrus R. Vance）特使を韓国に派遣した。ヴァンス特使の訪韓を控えた韓国外務部は、大統領府の指示のもと「米韓共同声明」以外に防衛力の強化を盛り込んだ「合意議事録」、そして軍事報復を含む対北警告を盛り込んだ「共同防衛宣言」の草案を作成した。ここで重視されていたのは、米韓相互防衛条約で想定されていなかったゲリラ浸透に対し、共同で即刻掃討作戦および報復措置を取ることに合意することであった。[42]言いかえれば、韓国の狙いは防衛条約が適応される脅威概念を「間接侵略」まで拡大し、軍事報復を正当化する制度上の不備を補完することであった。韓国外務部は、この案文を作成した二月一〇日、ポーター駐韓大使と事前打ち合わせに着手し、ヴァンス特使との協議内容の大枠を以下のように伝えた。[43]

（1）韓国軍を国連軍司令官の作戦統制から外し、即時にゲリラ掃討作戦ができるようにする。

（2）北朝鮮に対する軍事的報復措置を提示する。

（3）米軍の即刻介入に関する項目を挿入することで米国のコミットメントの確実化を図る。

韓国はまずゲリラ掃討作戦の際、早急に対応できるように韓国軍を国連軍司令官の作戦統制から外すことの妥当性を主張したが、韓国の主張はそこにとどまらなかった。ゲリラと交戦した場合、緊急越境追跡（hot pursuit）、すなわち軍事境界線を越えての掃討作戦の展開を許可すべきであると付け加えたのである。また、攻撃目標においては、ゲリラ部隊の訓練所などの局地的な対象をあげた。最後に、米軍の即刻介入条項問題は、朝鮮半島有事の際、米国の憲法手続きを経て介入を決定するとした米韓相互防衛条約の改定を想定していたものであった。

これに対し、ラスク国務長官はヴァンス特使に宛てた電報のなかで、防衛条約を超えたコミットメントを求める韓国の要求に不満を表し、朴正熙大統領に条約改定は不可能であることを明確に伝えている。また、ゲリラ浸透への軍事報復は全面戦争に発展する可能性があるゆえ反対するようにと述べた。そして、韓国政府が国内安全保障問題を理由にベトナムからの韓国軍撤退を主張した場合、米国も在韓米軍の撤退を示唆することで対抗するように指示した。(44)

実際には、ヴァンス特使との会談において、韓国は軍事報復の必要性は主張したが、作戦統制権問題や相互防衛条約の改定問題は提起しなかった。(45)朴大統領は、ゲリラ浸透が韓国の防衛能力をテストするためのものであり、偵察行動だとみなしていた。しかし、宥和政策を取り続けた場合、北朝鮮の勢いは抑えられなくなり、遂には、第二の朝鮮戦争を招いてしまうと、懸念を示した。朴大統領の意図は、北朝鮮に再発防止を要求し、万が一北朝鮮側がそれを受け入れずゲリラによる挑発が再発した場合、報復をするとの決意を発することであった。(46)報復措置を取り得ることを事前に警告しておくことによって「戦争予防」ができると主張したのである。

これに対し、ヴァンス特使は、軍事報復は全面戦争を招きかねないと反対した。なぜならば、報復の範囲や適切な措置を前もって設定することは極めて困難であったからである。(47)崔圭夏外務長官が提示した「共同防衛宣言」と「合意議事録」の中にゲリラ浸透に対する報復措置が盛り込まれていることを取り上げ、現行防衛条約の修正を意味するとして受け入れなかった。(48)そして、共同声明においては「即刻的報復措置」を盛り込んだ韓国側の案に対し、「即刻的協議を始める」とした米国側の草案を提示し、防衛条約を再確認する程度にとどめようとした。(49)

ヴァンスの対応において注目すべきは、青瓦台襲撃事件は侵略とみなすことはできないとした上、ゲリラ浸透と全面攻撃を区別した点である。そして、全面戦争の場合は相互防衛条約に基づいて対応し、間接侵略については陸軍と警察力を強化してより慎重に対応するように求めた[50]。言いかえれば、米国は米韓相互防衛条約の適応範囲が拡大されるのを防ごうとしたのである。

興味深いことに、韓国政府内では危機への対応をめぐって意見が割れていた。ヴァンスは、北朝鮮に対する軍事報復措置の要求は、政府内の閣僚らの政策であるよりも、朴大統領個人の感情的産物であると結論付けた[51]。実際、丁一権国務総理をはじめ閣僚らは、ヴァンス特使に、対北軍事報復を主張している朴大統領を抑えてくれるように要請していた。一例として、丁一権総理と李厚洛大統領秘書室長の「依頼」があげられる。二人は、朴大統領の対北単独報復計画は韓国の経済と未来を破壊するだけであり、何よりも米韓同盟に深刻な悪影響を及ぼしかねないと朴大統領に強調すべきであるという、要請を行ったのである[52]。それに加え、丁総理は、ヴァンス特使に対し、大統領との二人きりの会談の際にはジョンソン米大統領が国内的に重大な問題に直面していることを取り上げ、二人の首脳が協力する必要があると、朴大統領を説得するように促した。また、李厚洛大統領秘書室長は朴大統領に対し、軍事的単独報復措置の必要性を米側に強調する際には、事前に米国と協議するとの内容をヴァンス特使に理解させたほうがよい[53]と進言し、米国との摩擦を極小化しようとした。韓国軍首脳部においても、憲法上韓国軍の統帥権者である朴大統領の命令が下されれば必ずその通りに行動しなければならないわけだが、単独軍事行動に関しては否定的な立場を取っていた[54]。

戦争回避をめぐる議論の末、米韓両国は、一五日に発表した米韓共同声明の第二項に「……もしこのような〔武装ゲリラによる〕侵略が継続されれば、両国は大韓民国と米合衆国間の相互防衛条約下で取るべき行動を即時決定することに合意した。彼ら〔朴大統領とヴァンス特使〕は大韓民国の安全が脅威を受けた際にはいつも即刻的な協議をするとの両国間の約束を再確認した……」と謳い、米韓相互防衛条約を再確認する形となった。また、その第三項には、米韓両国の国防閣僚会議の新設を明記し、定期的に軍事会合を持つことに合意した。

当初、朴正熙大統領は共同声明に即刻報復が盛り込まれていないことから公開発表に反対した。その代わりに秘密合意議事録があるとスポークスマンを通じて発表する方法を主張した。(55) しかし、共同声明を発表しなければ米韓間に対立があるという憶測を招きかねないとしたヴァンス特使の意見を受け入れ、共同声明を発表したのである。

韓国外務部は共同声明の第二項によって防衛条約の一部が事実上「補完」されたと評価した。既存の防衛条約は外部からの武力攻撃だけを想定しており、北朝鮮の停戦協定違反によって引き起こされた挑発行為が防衛条約の適応範囲内のものなのかが疑問視されていたからである。それゆえ、第二項で武装ゲリラによる侵略行為が継続される場合に「両国は相互防衛条約下で取るべき行動を即時決定する」としたのは、全面的で直接的な外部武力攻撃でなくとも防衛条約の適応対象になったということであり、特筆すべきであると評したのである。(56) この外務部の解説でもう一つ注目すべきは、当初韓国政府が提起した防衛条約の改定や共同声明の草案に明記していた「即刻反撃」についての言及である。解説では、「国内で、米韓防衛条約には敵の攻撃があった場合、即刻反撃するという条項がないので改定する必要があるとの主張があった」とした上で、現在米国が自由主義国家と締結している双務的防衛条約のなかでその例を見つけることができないとの理由をあげて反駁した。(57) また、第三項の「米韓国防閣僚会議」の新設を、防衛条約の「制度化」として捉えていた。(58) 米韓相互防衛条約の第二条に「安全が侵された場合相互協議する」との規定があるものの、実際にはそれまで防衛担当者間の協議機構が存在しなかったからである。

一方、米国側は次の点に満足を示した。つまり、韓国が軍事報復を断念し、プエブロ号乗組員送還のための板門店での米朝会談を受け入れた点、そして米国が韓国軍の近代化やゲリラ掃討作戦に必要な装備支援を米国が行うことで韓国が同盟の信頼性について確信を得るようになった点である。また、長期的視点においても「米韓国防閣僚会議」の新設により、増加していく可能性がある北朝鮮の軍事挑発に対する韓国の報復を封じ込める効果があると評価した。(59) 米国は同盟の信頼性を確約し、韓国に軍事報復を思いとどまらせることに成功したのである。さらに韓国が郷土予備軍の創設を決定すると、米国は韓国の対応を国連軍司令官の作戦統制からの離脱ではなく、「補完」であると捉えた。(60) すなわち全面戦争には米韓同盟で対応し、ゲリラ掃討作戦には郷土予備軍が臨むという形になり、韓国の政策が対北報復路線から自衛路線へと転換したと評価した。

三　韓国の警察装備強化と日韓米

（1）日米の安保協議のなかの韓国

米国務省はヴァンス特使の訪韓後、日本に対し、具体的な対韓協力を要請した。それまで佐藤栄作首相は朴正煕大統領宛に書簡を送って慰問し、(61) 在日米軍基地からの韓国への出撃に理解を示していた。また、日本政府はジョンソン（U. Alexis Johnson）駐日大使に対し、朝鮮半島危機において在日米軍基地からの米軍機の出撃を邪魔したことはないとした上で、たとえ事前協議が行われなくとも、公海上の艦船救出のために在日米軍基地から軍用機が出動することに反対しないと伝えていた。(62) しかし、米国務省の批判によれば、日本が取ったこれらの措置は公にされないものばかりであり、軍事的に巻き込まれることへの懸念のゆえに、実質的な対応を米国に転嫁させている状況であった[63]。

米国はこのような日本の対応に苛立ちを隠せなかった。ラスク国務長官によれば、米国が血を流して極東の防衛のために戦っているのに、その主な受益者であるはずの日本が非協力的な態度を取ることは、受け入れ難く、変えさせるべきものであった[64]。米国務省はより実質的な協力を求めていたのである。スナイダー（Richard L. Sneider）日本部長は、日米両国における韓国問題の重要性を強調しつつ、日本の協力を見出すために次の三つの政策代案を提示した[65]。

（1）北朝鮮の浸透に対する韓国の対抗能力を強化させる。

（2）韓国の対北報復を抑制させる。

（3）北朝鮮が挑発行為を中止するように説得する。

この中で韓国の対抗能力強化に対する協力は、費用がかかるものの、もっとも達成しやすいとされた。具体的な協力事項としてはゲリラ掃討作戦を展開する韓国の警察装備の強化をあげた。また、安全保障上の懸念を抱いている韓国が報復行為に出ることを避けるべきだと付け加えた。そのほかにも、北朝鮮が関心を示していて政策的な影響力を発揮できそうな事案、すなわち在日朝鮮人の北送や日朝貿易の中止など、日韓がともに共産主義の脅威に対抗していることを示すシンボリックな措置を取る必要性もあげていた。

スナイダーの提案をもとに、二月一九日、バンディ国務次官補は、下田武三駐米大使に対し、日本政府の協力を促した[66]。下田大使は、韓国警察への支援は可能であると述べたが、それ以外の措置については疑問視していた。

このような日本の反応に対し、ラスク国務長官は、ジョンソン駐日大使宛の電報で、基本的な目標は日本が朝鮮半島の緊張を緩和させる、広範の努力に深く関与することであるとした上で、それまで日本が推進してきた基本政策、すなわち韓国経済開発のための協力だけでは不十分であると述べた。そして、軍事報復を止められ、北朝鮮に対して何の圧力もかけられないことに憤慨し、孤立感と不安定さを覚えている韓国が、報復を試みることがないよう、北朝鮮の浸透を防ぐための「直接的で有意義な努力」をするように求めた。それまでの日韓協力のあり方を超える政治的な関与やゲリラ掃討に必要な装備支援を要請したのである。これを実際の政策として具体化させるために、日本に対して、韓国の状況を把握するために特使を送る必要性を提起した。

一方、韓国に対しては、直接日本政府に支援を要請するように促した。(67) ジョンソン駐日大使は、嚴敏永駐日韓国大使に対し、日本政府と直接接触して支援を要請するように促した。しかし、ジョンソン駐日大使によれば、嚴大使はその提案に同意したものの、日本政府に実際に支援を求めることはしなかった。嚴大使がこの問題に関して本国から別途の指示を受けていないと判断したジョンソン大使は、ポーター駐韓大使に韓国政府の本音を探るように要請した。(68) ポーター大使は、韓国政府の高位関係者は日本政府に支援を求める計画や意思を持っていないと返信している。折に触れて韓国政府関係者と接触したものの、日本に対する態度を変えなかったという。

その後、ジョンソン大使は日本政府に直接要請するようになる。二月二六日、ジョンソン大使は三木武夫外相に対し、韓国がイニシアティブを取る状況ではないとした上で、今度こそ日本が友好の手を差し伸べる機会であり、日本が先に動く必要があると指摘した。政府高官ないし政治家を韓国に派遣し、朴正熙大統領や閣僚と親密な会談を行うように促したのである。これに対して、三木外相は、日本政府は韓国の安全に対して懸念を示しているど述べるとともに、大使の提案に応じる意向を示した。(69) その頃、自民党の千葉三郎衆院議員は、韓国与党の民主共和党の車智澈議員に日韓両国間の共通関心事を話し合う両国有志議員の懇談会を提案した。その二カ月後の六八年六月六日に韓国のソウルで第一回日韓議員懇談会が開かれるようになった。賀屋興宣衆院議員をはじめ、自民党の安全保障委員会所属議員九名が参加し、韓国の安全保障問題に関する協議を行ったのである。(70)

(2) 韓国の協力要請

韓国は北朝鮮との一切の貿易関係の断絶を日本に求めるとともに、日韓両国が安全保障の面で密接な関係にあることを認識し、危機対応への協力を期待していた。ところが、日本政府は国内事情を理由に朝鮮半島危機に対する明確な立場を表明しなかった。その頃、日本国内では米軍の原子力空母艦「エンタープライズ」号の入港やベトナム攻撃のために出撃するB-52の沖縄空軍基地使用に反対する抗議行動が頻発していた。韓国青瓦台襲撃事件で生じた「安保危機」によって、米国との結びつきが日本をアジアにおける紛争に巻き込むのではないかという懸念が高まったのである。(71) しかも、韓国政府が日本政府に同事件の調査結果を伝えていたにもかかわらず、日本の主要新聞は北朝鮮の発表、すなわち大統領府襲撃事件は韓国国内の蜂起であり、プエブロ号は北朝鮮の領海でスパイ活動を行っていたという発表を引用するなど、南北朝鮮の間でバランスを取っていた。(72) これに対し、韓国政府は駐韓日本大使や公使に対し、日本のマスコミが真実を歪曲していると抗議した。(73) そして、一月二九日に洪鍾哲文化公報部長官が日本国内の新聞報道の問題点を指摘した談話を発表した。その二日後には、読売新聞のソウル支局の職員が市民によって暴行を受ける事件が起こり、駐韓日本大使館の前では反日デモが行われた。(74) これを受けて、木村四郎七駐韓日本大使は崔圭夏外務長官を訪問し、これらの問題が両国間の友好関係に亀裂をもたらす可能性があると言及するとともに、遺憾の意を表した。(75)

このような状況のなか、嚴敏永駐日韓国大使は、韓国の安全が日本の安全に直結していることを認識させ、支援を求めるために、佐藤栄作首相を訪問する考えを本国に進言した[76]。六八年一月二九日、佐藤首相は大統領府襲撃事件を受けて朴正熙大統領宛に親書を送っていたが[77]、嚴大使は朴大統領の返信を佐藤首相に伝達するとともに、以下のような協力を要請しようとしたのである。（1）韓国の安全は日本の安全に直結している、（2）日本政府はいかなる形態でも侵略的な北朝鮮を助けてはならない、（3）むしろ日本は韓国経済発展のために一層協力し、ひいては朝鮮半島の自由統一達成に協力する、（4）このような日本の韓国支持は日本の利益とも合致する。したがって、両国の緊密な協力は共通の目的達成のための共同利益である。

韓国外務部は、嚴駐日大使の進言を受け入れ、佐藤首相と面談に臨むように指示した。このなかで外務部が重視したのは、北朝鮮の侵略的行為に対して日本政府が単純に事実関係を認定するにとどまるのではなく、より積極的な姿勢で韓国の立場を支持し、いかなる形態ででも北朝鮮を助けるようなことはしないという決議を表明することであった。そして、その方針を対外的に公表することであった[78]。

朴大統領の親書を受け取った外務省アジア局の金沢参事官は、「韓国の立場は支持しているが、国内事情などを考慮しなければならないので事前に制約されるときもある」とした上で、北朝鮮が今回の事件を通して何を得ようとしていたのか理解し難いと述べるとともに、「北朝鮮の継続的な浸透がないことからみれば、北朝鮮は深い失敗感を持っているのではないか[79]」という情勢認識を示した。また、全面戦争の危険性はないと考えられる状況のなかで、日本の貢献については、経済協力を通じて韓国が急速な発展を遂げるように一層努力することだと語った。

二月二一日、ポーター駐韓大使は丁一権総理に対し、日本がゲリラ掃討に必要な装備強化に貢献しようとした場合、それを受け入れる用意があるかと問うたところ、丁総理は明らかに否定的な態度を取り、同問題は一年後に議論が可能になるかもしれないという反応を示した。そして、対日政策目標は、日本の対韓経済協力による利益を南北対立のなかの「人質」にすることであると述べた[80]。日本からゲリラ掃討に必要な装備を支援してもらうことよりは、日本の対韓投資を促進させ、韓国の経済開発に深く関与させることが対日政策の重点施策となっていることを明らかにしたのである。

なぜ韓国政府は、ゲリラ掃討作戦に必要な装備を日本に求めなかったのだろうか。管見の限りではあるが、次の二つの理由が考えられる。第一に、対日安全保障協力に対する韓国国内世論の抵抗である。ポーター大使は、青瓦台襲撃事件に対する日本のマスコミの報道ぶりを韓国政府は問題視するだけで、韓国国民が持つ対日認識を変える努力をしていないと伝えている[81]。日韓会談反対運動の余波が残っている状況のなかで、日本と安全保障分野の協力を模索することは、政治的負担が大きかったのだろう。

第二に、当面の課題は日本との経済協力を軌道に乗せることだと判断していたのであろう。韓国にとって、前年度の六七年から日韓定期閣僚会議が開催され、日本政府の主導の下で両国間の経済協力が本格的に推進され始めていたことが重要な考慮事項であったと考えられる。日本との経済協力が進展し、直接投資が増えれば、韓国の安全保障問題に日本は無関心ではいられなくなるはずだと判断していたのであろう。

ところが、それから五日後、韓国の立場は一転してしまう。海岸哨戒および北朝鮮スパイ船による攻撃や漁船の拿捕を防止するための高性能警備艇を日本から導入する方針を固めたのである。青瓦台襲撃事件を受けて全般的な警察装備の増強を図っていたなか[82]、通信装備の改善とともにゲリラ掃討作戦に欠かせない対策として日本の装備導入を位置付けたのである[83]。二月二六日、金炯旭中央情報部（ＫＣＩＡ）部長は、木村四郎七駐韓日本大使に対し、北朝鮮の武装ゲリラ浸透に対抗するため、警察装備の強化に努めていることを明らかにした。そして、（1）スリークォーターズ・トラック、（2）ジープ、（3）通信器械、（4）快速艇などを日本から支援してもらいたいと要請した。[84] その二日後の二八日、李厚洛大統領秘書室長が必要な資金として無償あるいは長期低利による借款一、〇〇〇万ドルを望んでいることを木村大使に伝えた。朴大統領の側近である金中央情報部長が協力を要請したことや、李秘書室長によって韓国の方針が再度伝えられたことは、経済企画院の企画官が三月初旬まで同院の事務レベルでは前記内容についてまだ論議されていないと日本側に明らかにしていたことからすれば、この時期大統領府を中心に、日本に装備支援を要請する方針を固めていたことが窺える。

三月八日、佐藤首相を表敬訪問した朴忠勲副総理兼経済企画院長官は、「当面全面戦争の惧れはなかろう。あるとしても、第一線の国防は心配ない。通常戦争が起こっても、米国のコミットメントがあるので、米韓両軍の防衛によって阻止し得る」と述べた。また、北朝鮮の狙いは韓国を攪乱し、経済建設を遅らせるところにあると語った。ここで朴副総理は、朴大統領からの佐藤首相への特別要請であると述べた上で、快速艇、トラック、ジープ、通信装備などの警察装備に対する特別支援を要請した。[85] つまり、安全保障政策の重点を通常型戦争にではなく、頻繁に侵入してくる武装工作員掃討のための警察装備強化に置いていることを明らかにしたのである。そして、韓国としては装備支援を要請したことは公表しないつもりだと明言し、好意的に検討してほしいと付け加えた。これに対し、佐藤首相は支援に前向きな態度を示し、検討を約束した。別途の会談で三木外相は朴副総理に対し、海からのゲリラ上陸が多いのかと質問し、快速艇の支援について関心を示した。[86] 牛場外務次官と梁経済企画院企画官の事務レベルの協議においては、装備導入に必要な資金について意見交換が行われた。梁企画官は請求権資金の枠内で処理することが至難であろうとの見解を示した。[87] 続いて四月二六日、梁企画官は木村駐韓日本大使に対し、快速艇一〇〇トン五隻のほか、三〇トン三〇隻、付属装備三五組、通信機器、トラックの支援を求めた。また、導入に必要な資金については、無償や長期低利の商業借款供与を要請する一方で、目立たない形で早急に装備を導入するために、韓国の鉄道庁が車両などを買い付けるために確保していた約一、〇〇〇万ドルの現金を使用する案を提示した。[88]

韓国が日本に警察装備支援を繰り返し要請したのは、警察用装備が軍事用の武器とは異なるものだと見ていたからである。トラックや通信機器は通常輸出物資であり、快速艇には武装設備がついてないので日本の協力が可能であろうと判断していたのである。[89] もっとも重要な問題は、導入に必要な資金の確保であった。当初韓国は、請求権資金の枠内で処理することも視野に入れ、総額一、〇〇〇万ドルの無償、あるいは長期低利（五・二五％、一五年）の借款を求めていたが、日本との協議を通じて、長期低利での商業借款供与を得る方向に転じた。

（3）日本の対応

韓国からの要請を受けた日本政府は、安全保障の観点から協力する意思を示した。四月二六日、嚴敏永駐日韓国大使に対し佐藤首相は、警察力強化のための協力が必要であると肯定した上、「軍事的援助であれば困るが、警察用とすれば可能であろう」[90]と答えた。

ところが、実務レベルの検討会議においては、「武器輸出三原則」との関連から、輸出の可能性をめぐって関係各省間で対立が現れた。韓国内部の安全確保という観点から輸出に前向きである外務省と、否定的な通産省の間で、意見の対立が生じたのである。五月六日、対立調整のために外務省は、通産省や海上保安庁などと打ち合わせを行った。そこでは以下の内容が争点として上がった。第一に、韓国が「武器輸出三原則」で武器輸出が禁じられている「紛争当事国またはその恐れのある国」に該当するのかという問題である。当時、外務省と通産省は、タイ向けの警察用ライフル銃や弾薬の輸出問題を議論していたが、そこで通産省が重視したのは、タイのベトナム戦争への関わりやパリ平和会談の進捗状況、警察と軍との関係であった。[91] 通産相の判断では、韓国はベトナムに派兵している紛争の当事国であり、北朝鮮との関係でその恐れがある国であった。

第二に、快速艇を「武器」とみなすかという問題であった。それまでは、警察用装備を「武器輸出三原則」の対象とするかについて日本政府は明確な方針を出していなかった。[92] しかし、通産省からすれば、快速艇は海軍用として転用される可能性がある戦略物資であった。

外務省経済局の松浦晃一郎事務官は、外務省と通産省の間の論点である「紛争当事国、またはその恐れのある国には武器は出さない」、「武器の定義は軍隊が使用して直接戦闘の用に供するもの」という内容をもとに内閣法制局の見解を求めた。法制局の返答は、「どの解釈を取るのかは政策問題であり、その実現はハイレベルの政治決断如何であるだろう」というものであった。[93] これを受けた、野田英二郎北東アジア課長は、以下のように主張した。

われわれは北鮮〔北朝鮮〕と韓国との通常戦争の勃発を想定しているのではなく、韓国がその国内に対して行われる北鮮〔北朝鮮〕のゲリラ活動に対処し、国内治安を維持するための措置を取ろうとしていることに支援しようとしているのであって、これはそもそも国際的な紛争ではない。また、本件品目は火器ではない。[94]

これについて、通産省のほうからゲリラ鎮圧は国際的紛争ではないと外務省は言いきれるかと問い質したところ、野田課長は、言い切れると答えたのである。最後に、通産省が提起した軍への転用可能性についても議論が行われた。野田課長はこの問題提起に対し、韓国の場合は海洋警察隊と水上警察が内務部所属であり、軍隊とは完全に別組織となっていることを指摘し、軍への転用可能性は低いと述べた。また、この輸出品が韓国軍によってベトナムまで搬出される可能性もないと主張した。

このような議論を踏まえ、通産省は五月一八日「韓国への警察装備導入について」[95]と題する文書をまとめた。ここで通産省は、快速艇を「一応の判断では『武器』に該当しないと思われる」としたが、「北朝鮮ゲリラ対策に使用されること、仮に武器でないとしても武器に近い戦略物資であること、わが国の国民感情などから見て、この輸出は事務当局としては好ましくないと考える」とした上で、「武器」かどうかの判断を含め、最終的には具体的な仕様、用途、使用者を聞いたうえで判断したいと慎重な態度を崩さなかった。

こうして外務省と通産省の意見対立は収斂することなく、双方の議論は「武器輸出三原則」に対する政府の統一見解の解釈問題へと展開していった。外務省は、統一見解の解釈を一つに決めないでケース・バイ・ケースで常識的に判断するという通産省の見解に同意しつつ、次の三つの問題を指摘した。第一に、具体的なケースの処理に当たって外務、通産両省間で従来から生じていた見解の相違は結局解消しえず、ケース・バイ・ケースで詰めざるを得ない。第二に、統一見解の立法趣旨は警察用を除くということであったと考えられ、通産省も暗にそれを認めている。第三に、今後武器輸出問題が外交問題化した際、外務省として統一見解を楯に通産省を説得することができなくなるとの懸念を示した。[96]

このように通産省との調整が困難であったが、外務省アジア局は、ゲリラ浸透による韓国国内安全の維持のために協力すべきであるという方針を固めていた。そして、佐藤首相が韓国側に肯定的な返事をしていたことから、最終的には首相の政治的判断が必要であると結論付けた。そして、万が一国会で追及された場合には、通産省に代わり、外務省が表に立って答弁する必要性さえ指摘していたのである。(97)

決済条件については、韓国側が無償、または長期低利での借款を要請してきたのに対し、日本側は交渉の最初の段階から現金払いで処理することを希望した。もし、各年度に二、〇〇〇万ドルを使うことになっている対韓有償資金を警察装備導入に充てた場合、元々想定されていた対象事業規模を縮小せざるを得ないので、不可能とされた。民間の商業借款については、韓国側が快速艇を一般の船舶・漁業の協力枠内で要請するならば、日本側は応じる可能性があるとした。新規借款による場合、快速艇が北朝鮮の浸透工作を防御するために使用されるので、国会での議論を呼ぶため、実現可能性は低いとされた。(98)実務レベルでの調整において、木村駐韓大使は、この問題が「国内的にも、国際的にもデリケートな問題を包蔵している」とし、私見であると断りながら、現金購入のほうが望ましいと勧めていた。(99)その頃、外務省の経済協力局は、現金購入が妥当であるという結論に達していた。そして、商業信用供与を認め難い理由については、次の三つをあげていた。第一に、商業借款による延払いの場合、その条件をめぐって、通産省と大蔵省の厳重な審査が必要となるからである。特に、軍事目的に転用される可能性があるだけに、関係各省や国会から強い反対が予想された。第二に、商業信用の供与対象についての各省間の一致した見解から外れてしまう恐れがある。それまでは、電力や公共運輸、公共通信部門に重点をおいてきたが、警察装備を商業信用の供与対象にした場合、財源確保が困難になりかねない。商業信用を認めれば、一九六八年度の商業信用供与の枠を拡大してしまい、ついには大蔵省の反対に直面するだろうと判断していた。そして第三に、韓国が提示した長期低利という条件は、同問題が非経済的な案件であるため、受け入れ難い(100)とされた。その代案として、現金払いで契約済みであった鉄道車両購入案件を商業借款に振り替え、その現金を警察装備の導入に充てる案を提案していた。しかし、この方法も契約当事者らの同意を取り付けることや、すでに提出されていた商業借款要望案件との関係で様々な問題を引き起こす恐れがあると懸念された(101)。

六月七日、第四回日米安全保障高級事務レベル協議（ＳＳＣ）で韓国の安全保障問題が議論された。ここで牛場外務事務次官は韓国向けの快速艇輸出問題に対する方針がほぼ固まっていることを述べ、結論を六月までに下そうとしていることを明らかにした(102)。これは、夏に予定していた第二回日韓定期閣僚会議を意識していたからであろう。その会議では装備輸出問題が韓国側の提案で議論されると予想されていた(103)。牛場の発言に対し、バンディ国務次官補は、問題は小さな侵入（lesser incursions）でありながらも、深刻な影響を与えている「新しい型の攻撃」にどう対応するかであると指摘した。続いてワンキー（Paul G. Warnke）国防次官補は、もっとも重要なことは、紛争を拡大させずに韓国が北朝鮮の挑発に対応できるよう、心理的側面だけでなく物理的な能力向上の側面からも総合的に支援することであると述べた。これに対し、牛場事務次官は、日本としては経済的支援はできるが、軍事的な支援はできないと述べ、韓国が軍事支援を求めないのは、日本の憲法による制約をよく知っているからだと答えた(104)。

続いて、米国側は韓国が日本に防衛産業への支援を求めてきたかどうかについても関心を示した。牛場事務次官は、防衛産業の不備について韓国は言及したものの、具体的には何も求めてこなかったと答えた。ところが、ジョンソン駐日大使が、日本が韓国の友となって実質的側面でもっと支援する必要性があると指摘すると、牛場事務次官は、韓国からゲリラ掃討に必要な警察力強化のための装備支援として通信装備や、警備艇などの支援要請があったことを明らかにした。また、日本のできることは協力するという方針を佐藤首相が持っているとした上で、具体的には警察装備強化への協力に前向きに臨んでいることをアピールしたのである。

この会議の二日前にワシントンで開かれた在米公館長会議では、警備艇が武器輸出との関連で議論されていることを牛場次官は明らかにし、公にすることなく解決できるよう説明に回っていると下田駐米大使に説明した。下田大使が警察用快速艇の発注などはまだ報道されていないと言い返すと、牛場は「国会は武器の輸出に関しては非常にうるさい。弾が出ない警察用である。紛争当事国でないなど工夫して説明している」[105]と答えた。韓国への装備支援が国内問題化することを防ぐために苦心していたことが窺える。また、資金面においては、現金払いで輸出可能であるなら、日本政府は直接関与しなくて済み、警備艇でも全く問題にならないと牛場は述べていた[106]。

その後、六月一三日からメリーランドで開かれていた日米政策企画協議会でも、アジアの安全保障問題における日本の役割が議論されるなかで、韓国に対する非致死軍事援助（non-lethal military aid）、すなわち警察装備と後方支援についての日本の協力が確認された[107]。

第二回日韓定期閣僚会議を一週間後に控えた八月二一日に、ジョンソン駐日大使は日本側の団長を務める三木外相と会談し、韓国の安全保障問題を取り上げ、非致死軍事援助や警察装備を支援する用意はあるのかと問うた。これに対し、三木外相は「だいたいの日本人は韓国の安全保障が日本の安全保障に直接関連していると認識している」と述べた上で、北朝鮮が全面戦争を起こした場合、在日米軍基地の利用を全面的に認めると述べた。ただし、中朝関係が悪化している現状に触れ、中国の支援がない状態で北朝鮮単独による全面戦争は起こらないはずであると見通した。他方、ゲリラ浸透による挑発は今後も続くだろうとの現状認識を明らかにし、野党の反発が起こらなければ、警察装備支援を実行できると応じた[108]。

四　韓国における優先順位の再設定

八月二七日、ソウルで第二回日韓定期閣僚会議が開かれた。ところが、日本側の予想とは裏腹に、韓国側は警察装備協力の件を持ち出してこなかった。なぜ、韓国の立場はこのように二転三転したのだろうか。一つ考えられるのは、七月末に韓国南部で発生した干害問題の影響である。韓国はその対策のために日本の協力を緊急に求めざるを得なくなったのである。閣僚会議を一カ月後に控えた七月三一日、李厚洛大統領秘書室長は、木村駐韓日本大使に厳しい被害状況を伝えるとともに、佐藤首相への朴大統領からの要望として干害対策に対する日本の協力を打診した。特に朴大統領は、財源問題について政府借款や民間など、あらゆるプロジェクトに優先して協力を要請し、その緊急性を強調した(109)。そのため、閣僚会議の事前打ち合わせで嚴敏永駐日韓国大使は、閣僚会議の重点が両国間の経済友好関係の強化にあると強調し、干害対策への協力のための実務協議を進めた(110)。閣僚会議終了後、牛場事務次官が指摘したように、韓国政府は干害対策を最優先の議題として設定したのである(111)。干害対策への支援要請を新たに追加することによって警察装備導入との優先順位を付ける必要があったのである。

韓国の政策転換のもう一つの理由として、日本からの警察装備導入に対する韓国国内での反対論があげられる。日本からの警察装備導入計画は、六月一八日に国会の内務委員会で行われた追加更正予算案審議で明らかになった。内務部が委員会の議員らに配布した参考資料によれば、商業借款での実現を前提に警察装備増強案と国庫負担に対する要請が提出されていた(112)。しかし、国会での予算審議過程で、この計画は次の二つの理由で厳しく追及された。第一に、内務委員会所属の議員らは、与野党を問わず、資金を商業借款ではなく、財政借款ないし米国の軍事援助に換える必要性があると指摘した。その背景には対日貿易赤字による国内の否定的な反応があった。

警察装備に関しては外交力を発揮してほかの資金導入先を見出すように促していたのである。商業借款は、利子が高いだけに国庫債務負担が増加するため避けるべきものとされた。また、警察装備増強は、安全保障問題である以上、軍事援助で資金を賄うことが期待されたのである。第二に、対日不信の問題が露呈された。日本が優れた性能を持つ船を快く供給してくれるであろうかという疑問が生じていた。韓国の安全保障に関わる装備問題を、北朝鮮を含む社会主義国家と交易のある日本と果たして議論できるだろうかという問題提起であった。言いかえれば、日本が安全保障のパートナーに成り得るのかという根本的な難問がくすぶっていたのである。

このような状況のなか、警察装備の増強計画は、日本から二四隻の警備艇を導入するという当初の案から、米国の商業借款で原資材を導入して九隻の警備艇を国内で建造する計画へと変更された[113]。また、もう一つの懸案であった警察の通信装備も、米国の商業借款によって導入する方針が固められた[114]。そして六月二九日、警察装備補強のための六八年度第一回追加補正予算二七億ウォン（一、〇〇〇万ドル）が、六九年以降に執行する国庫債務負担額として承認された[115]。

韓国は、第二回日韓閣僚会議で警察装備強化問題を提起しなかったが、安全保障面における日本の政治的コミットメントを強く望んだ。安全保障をめぐる韓国側の発言に対し、三木外相は終息に向かいつつあるベトナム問題はアジア諸地域の情勢の一環として把握しなければならないとした上で、ある地域の平和確保も他地域のそれと分離して考えられないとして、韓国の安全保障問題を取り上げた。「一月二一日の大統領官邸襲撃事件および八月二一日の済州島への武装工作員侵入事件のように貴国が直面している緊張状態に対して充分に認識している。また、これに対処するために貴国官民の真摯な努力に対して同情と理解を持っている」[116]と述べ、韓国の立場に理解を示した。

共同声明の文案作成において、当初日本側は、両国の安全保障問題について「アジアにおける平和と繁栄が両国の共同目標であることを確認し、この目標の実現のために両国が継続的に協調し努力することに合意」したと表現しようとした。これに対し、韓国の崔圭夏外務長官は「両国の閣僚は韓国の安全と繁栄は日本のそれに重大な影響があることを認定する」という部分を追加することを主張し、結局日本側が同意した(117)。前年度の第一回日韓定期閣僚会議で韓国側が共産主義の脅威を強調した際には、日本の外交方針は平和維持にあるとしてそれを避けたことを考えれば、異例な対応であったと言ってもよい。そのため日本国内では日韓関係を運命共同体として表現したものとして受け止められた(118)。他方、中国問題については、韓国側が「両者が中国による核兵器開発を含む諸問題に注目して中国情勢はいまだ不安定であり、今後も継続的に注視すべきであるという点で合意した」との趣旨の項目を入れようとしたのに対し、日本側は国内事情を考慮して中国関係には個別に言及しないことを要請した。結局は両国の安全保障の関連性について日本側が同意する譲歩があったことから、中国問題に言及しないことで決着した(119)。

会議終了後、日本外務省は、韓国に対して「地域的連帯感」を与え、可能な限り韓国に対する協力を惜しまない日本の態度を表明できたと振り返った。そして「韓国の安全と繁栄は日本の安全と繁栄と不可分である」という旨を共同声明で謳ったことが韓国に好意的に受け止められたことを取り上げ、会議は成功だったと評価した。もっともこれはただ韓国の立場に理解を示すことにとどまらず、韓国の安全確保が日本の安全保障に重大な影響を及ぼすとの認識に基づくものであった(120)。このような観点から、韓国が提起した干害対策に対しては、技術調査団を派遣し、恒久的対策事業への優先的支援を行うことを約束したことを取り上げていた(121)。

九月一一日、第五回日米安全保障高級事務レベル協議で、牛場外務次官は、八月の日韓閣僚会議で韓国側が安全保障問題について言及はしたものの、警察装備支援問題には触れなかったことを明らかにした。日本政府としては、韓国側がなぜこの問題を取り上げなかったのかを不思議に思っているという感想も述べた。そして、韓国が日本国内の制約を意識し、比較的協力しやすい干害対策への支援を要請してきた可能性を指摘した。これに対し、ジョンソン駐日大使は、日本と韓国の安全保障は「一つの問題であり、一つの問題として取り扱うべき」であると指摘し、日韓閣僚会議の共同声明でその密接な関連性が謳われたことに満足感を示した。それに加え、ゲリラ掃討作戦遂行のための米国による装備援助品目をあげ、日本からの実質的な協力を呼びかけた(122)。北朝鮮の軍事挑発に対する一次的な抑止力の強化として警察装備支援の重要性を再び強調したのである。ここで牛場は、韓国政府が翌年の無償援助枠の中で再び装備支援問題を提起してくる可能性に触れ、協力する意思を示した(123)。

おわりに

一九六八年の「安保危機」は、分断体制の定着によって全面戦争による統一が不可能な状況のなかで起こった。それゆえ、韓国と日本が危機対応において重視したのは、北朝鮮からの全面攻撃ではなく、ゲリラ浸透のような間接侵略への対応であった。

韓国は米国との間で「両国は相互防衛条約下で取るべき行動を即時決定する」(「米韓共同声明」二月一五日)と合意し、米韓相互防衛条約の適用対象を間接侵略にまで拡大することを目指した。その上で、ゲリラ掃討作戦に当たる警察の装備強化のために日本の協力を求めた。全面戦争の可能性は低く、仮に通常戦争が起きたとしても米国との相互防衛条約によって対応し、武装ゲリラによる北朝鮮の挑発に関しては警察装備の強化を通して対応するという方針を伝え、日本に特別支援を要請したのである。これに対し、日本の佐藤首相と外務省は、韓国が求める警備艇を、「武器輸出三原則」が禁じる軍隊用火器ではないとし、協力する方針を固めていた。その決定の背景には、韓国が通常戦争を想定しておらず、国内安全を確保するためにゲリラ活動に対処するという目的の協力要請であるとの認識があった。ところが、最終的には韓国は日本への協力要請を取り下げた。韓国の立場の変化は、国内での干害という緊急課題の登場により、日本への援助要請の優先項目が変わったためであった。また、国会を中心に、日本が韓国の安全保障に快く協力してくれるだろうかという「対日不信」にも原因があった。

しかし、このような議論を通じて日韓両国の間で協力可能な領域を見出し、安全保障協力を模索したことは特筆すべきである。その特徴は以下の通りである。第一に、北朝鮮の間接侵略への対抗という両国の政治的立場が明確化されたことである。日韓両国は北朝鮮の間接侵略に対する情勢認識を共有し、第二回日韓定期閣僚会議の共同声明に「両国の閣僚は韓国の安全と繁栄は日本のそれに重大な影響があることを認定する」という一文を盛り込んだのである。

第二に、韓国の内部的な安全確保のために、ゲリラ掃討作戦に当たる警察装備の増強に関する日韓安全保障協力が模索されたことである。韓国と日本は米国との同盟条約を前提にしながらも、間接侵略という新たな脅威を特定し、協力可能な領域を見出した。ここに日韓両国の安全保障協力の潜在性が示されたのである。

第三に、最終的には韓国側が警察装備への協力要請を取り下げ、国内の安定を重視する緊急経済支援の要請に切り替えたことである。日本外務省が評価したように、この過程を通じて日韓の間には「地域的連帯感」が生まれ、それを土台に経済協力の重要性が強調された。(124) こうして、日韓の「安保経済協力」という協力パターンにつながる初期の事例となった。

（1）「間接侵略（indirect aggression, indirect invasion）」とは、外国の教唆、または干渉により引き起こされた大規模な内乱、騒擾を指す。真邉正行編『防衛用語辞典』（国書刊行会、二〇〇〇年）五二頁。服部実『防衛学概論』（原書房、一九八〇年）六一～六二頁。ここでは、北朝鮮が韓国社会で不安を醸成し、攪乱工作を行う目的で武装ゲリラを浸透させて非正規戦を行っていたことに注目する。全面戦争を想定した軍事行動と区別する意味で「間接侵略」という用語を用いる。

（2）小此木政夫「新冷戦下の日米韓体制―日韓経済協力交渉と三国戦略協調の形成」、小此木政夫・文正仁編『市場・国家・国際体制』（慶應義塾大学出版会、二〇〇一年）。孫基燮「韓日安保経協外交の政策決定―一九八一―一九八三年日本の対韓国政府借款」『国際政治論叢』第四九集一号（韓国国際政治学会、二〇〇九年）三〇五～三二八頁。

（3）劉仙姫「転換期における日米韓関係―プエブロ事件から沖縄返還まで（一）」『法学論叢』第一五八巻、第三号、二〇〇五年、七六～一〇〇頁、劉「転換期における日米韓関係（二）」『法学論叢』第一五九巻、第一号、二〇〇六年、五三～七三頁。

（4）Tae-Ryong Yoon, *Fragile Cooperation: Net Threat Theory and Japan-Korea-U.S. Relations*, Ph. D. diss., Columbia University, 2006.

（5）『労働新聞』一九六二年一二月一六日。

（6）金日成「祖国統一の偉業を実現するために全力をあげて革命勢力を強化しよう」『南朝鮮革命と祖国の統一』未來社、一九七〇年、二六九頁。

（7）同右、二七〇頁。

（8）小此木政夫「分断国家の二つの国家戦略」、萩原宜之編『講座現代アジア3―民主化と経済発展』（東京大学出版会、一九九五年）二七頁。

（9）金日成「現情勢とわが党の任務」『労働新聞』一九六六年一〇月六日。

（10）Intelligence Memorandum, Armed Incidents along the Korean DMZ, November 8, 1966, *Foreign Relations of the United States*, 1964-1968, vol.29, Part1 Korea（以下、*FRUS*, 1964-1968, vol.29, Part1 Korea), no.98.

（11）Telegram from the Commander in Chief, United Nations Command, Korea and the Commander of United States Force, Korea (Bonesteel) to the Commander in Chief, Pacific (Sharp), Korea, July 21, 1967, Attachment, *FRUS*, 1964-1968, vol.29, Part1 Korea, no.123.

(12) 小此木政夫「分断国家の二つの国家戦略」、三九頁。Memorandum of Conversation, Mr. Bundy's Meeting with Mr. Colby, June 22, 1967, *FRUS,* 1964-1968, vol.29, Part1 Korea, no.119.

(13) Report, Embassy of Hungary in North Korea to the Hungarian Foreign Ministry, June 3, 1968, Collection: North Korea in the Cold War, USS Pueblo Crisis, CWIHP Cold War International History Project 〈http://www.wilsoncenter.org〉.

(14) "On the current problems of the international situation and on the struggle of the CPSU for the unity of the international communist movement", Excerpt from a speech by Leonid Brezhnev at the April (1968) CC CPSU Plenum, April 9, 1968, CWIHP Cold War International History Project.

(15) Ibid.

(16) Ibid.

(17) Mitchell Lerner, "A Dangerous Miscalculation-New Evidence from Communist- Bloc Archives about North Korea and the Crises of 1968", *Journal of Cold War Studies,* vol.6, no.1, Winter 2004, pp.17-18.

(18) "On the current problems of the international situation and on the struggle of the CPSU for the unity of the international communist movement", April 9, 1968.

(19) 「ジョンソン声明」に対する日韓それぞれの反応については、Editorial Note, *FRUS,* 1964-1968, vol.29, Part1 Korea no.189, Memorandum Conversation, U.S.-Japan Relations, May 10, 1968（石井修・我部政明・宮里政玄監修『アメリカ合衆国対日政策文書集成』第一二期、日米外交防衛問題』第三巻、柏書房、二〇〇三年、三三七～三三九頁。以下『対日政策文書』第三巻、と略記）.

(20) 『東亜日報』一九六六年一一月一〇日。

(21) Memorandum of Conversation, Mr. Bundy's Meeting with Mr. Colby, December 1, 1966, no.104, *FRUS,* 1964-1968, vol.29, Part1 Korea.

(22) Memorandum of Conversation, Mr. Bundy's Meeting with Mr. Colby, June 22, 1967, no.119, *FRUS,* 1964-1968, vol.29, Part1 Korea.

(23) Special National Intelligence Estimate, North Korean Intentions and Capabilities with Respect to South Korea, September 21, 1967, *FRUS,* 1964-1968, vol.29, Part1 Korea, no.130.

（24） Ibid.

（25） Telegram from the Embassy in Korea to the Department of State, ROK Internal Security, August 23, 1967, *FRUS*, 1964-1968, vol.29, Part1 Korea, no.125.

（26） Telegram from the Embassy in Korea to the Department of State, Internal Security: Views of President Park, September 19, 1967, *FRUS*, 1964-1968, vol.29, Part1 Korea, no.129.

（27） Telegram from the UNC to JCS, North Korean Posture, January 24, 1968, *FRUS*, 1964-1968, vol.29, Part1 Korea, no.146.

（28） 日本外務省、電信二五一九号、三木大臣発、米国、ソ連、国連、英国、韓国、台湾、香港、ベトナム大使館宛、「北朝による米艦拿捕事件について（一九六八・一・二四）」（外務省開示文書、請求番号2009-754）。

（29） 「第三回日米安全保障協議議事録」（外務省開示文書、請求番号2006-1159）、四七～四八頁。

（30） 日本外務省安全保障課「アジアの長期的安全保障（一九六八年一月）」（外務省開示文書、請求番号2006-1159）、三～一二頁。

（31） 同右、一二～一三頁。

（32） Telegram from the Embassy in Korea to the Department of State, January 24, 1968, *FRUS*, 1964-1968, vol.29, Part1 Korea.

（33） Notes of the President's Meeting with Cyrus R. Vance, February 15, 1968, *FRUS*, 1964-1968, vol.29, Part1 Korea, no.180.

（34） Telegram from the Embassy in Korea to the Department of State, January 24, 1968, *FRUS*, 1964-1968, vol.29, Part1 Korea, no.145.

（35） Telegram from the Department of State to the Embassy in Korea, State 110828, February 6, 1968, *FRUS*, 1964-1968, vol.29, Part1 Korea, no.157.

（36） Notes of the President's Thursday Night Meeting on the Pueblo Incident, January 25, 1968, *FRUS*, 1964-1968, vol.29, Part1 Korea, no.226.

（37） Mitchell Lerner, "A Dangerous Miscalculation", p.16.

（38） Notes of the President's Luncheon Meeting, January 25, 1968, *FRUS*, 1964-1968, vol.29, Part1 Korea, no.225.

（39） Memorandum from the Under Secretary of State（Katzenbach）to President Johnson, Airlift of Counterinsurgency Equipment, *FRUS*, 1964-1968, vol.29, Part1 Korea, no.154.

（40） Telegram From the Department of State to the Embassy in Korea, State 111263, February 7, 1968, *FRUS*, 1964-1968, vol.29, Part1

Korea, no.158.

（41） Telegram From the Department of State to the Embassy in Korea, State 111264, February 7, 1968, *FRUS,* 1964-1968, vol.29, Part1 Korea, no.159.

（42） 「米大統領特別使節との韓米会談交渉要綱（一九六八・二・一〇）」、韓国外務部『Vance, Cyrus R. 米国大統領特使一・二一事態関連訪韓、一九六八・二・一二・一五、全二巻（V. 1基本文書綴）』（分類番号 724.42US、登録番号 2596）、韓国外務部外交史料館、二四頁（以下、特に断りのない限り、韓国の外交文書は外務部外交史料館所蔵史料である）。

（43） Telegram from the Embassy in Korea to the Department of State, KORG Plans for Vance Visit, Seoul 4142, February 10, 1968, *FRUS,* 1964-1968, vol.29, Part1 Korea, no.174.

（44） Telegram from the Department of State to the Embassy in Korea, Eyes only for Vance from Rusk, State 113671, February 11, 1968, *FRUS,* 1964-1968, vol.29, Part1 Korea, no.175.

（45） Telegram from the Embassy in Korea to the Department of State, VANTO5, Seoul 4176, February 12, 1968, *FRUS,* 1964-1968, vol.29, Part1 Korea, no.176.

（46） 「朴大統領およびヴァンス米大統領特使会談要録（一九六八・二・一二）」、韓国外務部『Vance, Cyrus R. 米国大統領特使一・二一事態関連訪韓、一九六八・二・一二―一五、全二巻（V. 1基本文書綴）』（分類番号 724.42US、登録番号 2596）、四八～四九頁。

（47） 「朴大統領およびヴァンス米大統領特使会談要録（一九六八・二・一二）」、同右文書綴、五一～五四頁。

（48） 「丁国務総理およびヴァンス米国大統領特使の会談要録、第二次（一九六八・二・一四）」、同右文書綴、一六〇頁。

（49） 米国の共同声明草案については、「丁国務総理およびヴァンス米国大統領特使の会談要録、第二次（一九六八・二・一四）」、同右文書綴、一六六頁。

（50） 「朴大統領およびヴァンス米大統領特使会談要録（一九六八・二・一二）」、同右文書綴、五五頁。

（51） Telegram from the Embassy in Korea to the Department of State, VANTO5, Seoul 4176, February 12, 1968, *FRUS,* 1964-1968, vol.29, Part1 Korea, no.176.

（52） Telegram from the Embassy in Korea to the Department of State, Vance Meeting with Korean Cabinet, Seoul 4215, February 14, 1968,

Crisis and Confrontation on the Korean Peninsula:1968-1969〈http://www.wilsoncenter.org〉.
（53）「ヴァンス米国大統領特使面談要旨（一九六八・二・一五）」、前掲文書綴、二一五頁。
（54）Note of the President's Meeting with Cyrus R. Vance, February 15, 1968, *FRUS, 1964-1968,* vol.29, Part1 Korea, no.180.
（55）「ヴァンス米国大統領特使面談要旨（一九六八・二・一五）」、前掲文書綴、二一二〜二一三頁。
（56）韓国外務部「韓米共同声明書解説（一九六八・二・一五）」、同右文書綴、二〇一〜二〇二頁。
（57）同右文書、二〇二〜二〇三頁。
（58）同右文書、二〇三頁。
（59）Memorandum from the Under Secretary of State（Katzenbach）to President Johnson, no.185, March 7, 1968, *FRUS,* 1964-1968, vol.29, Part1 Korea.
（60）Telegram from the Commander of United States Forces, Korea（Bonesteel）to the Commander in Chief, Pacific（Sharp）, KRA745, February 29, 1968, *FRUS,* 1964-1968, vol.29, Part1 Korea, no.183.
（61）佐藤栄作『佐藤栄作日記』第三巻（朝日新聞社、一九九八年）二二四頁。
（62）U・アレクシス・ジョンソン（増田弘訳）『ジョンソン米大使の日本回想』（草思社、一九八九年）一九八頁。
（63）Memorandum, Appointment with Ambassador Shimoda, from Richard L. Sneider to Bundy, February 17, 1968（『対日政策文書』第三巻、二三二〜二三四頁）.
（64）Telegram from the Department of State to the Embassy in Japan, State 116921, February 16, 1968（同右、二二六〜二二七頁）.
（65）Ibid.
（66）Telegram from the Embassy in Japan to the Department of State, Tokyo 5638（同右、二三五〜二四一頁）.
（67）Telegram from the Department of State to the Embassy in Japan, State 119498, February 22, 1968（同右、二四七〜二四九頁）.
（68）Telegram from the Embassy in Japan to the Embassy in Seoul, Seoul 5818, February 23, 1968（同右、二五二頁）.
（69）Telegram from the Embassy in Japan to the Department of State, Tokyo 5891, February 26, 1968（同右、二六六頁）.
（70）韓国外務部『韓・日国会議員懇談会、第一次、ソウル（一九六八・六・六—九）』（分類番号 724.53JA、登録番号 2602）。
（71）マイケル・シャラー（市川洋一訳）『日米関係とは何だったのか—占領期から冷戦終結後まで』（草思社、二〇〇四年）

三六二～三六三頁（Michael Schaller, *Altered States: The United States and Japan since the Occupation*, New York, Oxford University Press, 1997）。

（72）駐韓日本大使館「北鮮武装スパイ侵入事件説明資料について（一九六八・一・二六）」（外務省開示文書、請求番号 2009–753）。

（73）「日本新聞の歪曲された報道、論説に対する措置（一九六八・一・三〇）」、『一・二一武装共匪浸透および Pueblo 号拿捕事件、一九六八―六九、全八巻（V．4広報活動および日本の反応）』（分類番号 729.55、登録番号 2665）。六七～七一頁。

（74）『朝鮮日報』一九六八年一月三〇日。

（75）韓国外務部、電信 WJA-02019（一九六八・二・二）、外務部長官発、駐日大使宛、同右、一〇五頁。

（76）駐日韓国大使館、電信 JAW-01405（一九六八・一・三一）、駐日韓国大使発、外務部長官宛、同右、七四頁。

（77）「佐藤栄作首相の書簡（一九六八・一・二七）」（外務省開示文書、請求番号 2009-753）。

（78）韓国外務部、電信 WJA-01281（一九六八・一・三一）、WJA-02014（一九六八・二・一）、外務部長官発、駐日大使宛、前掲文書綴、九〇頁、一〇四頁。

（79）駐日韓国大使館、電信 JAW-02054、駐日韓国大使発、外務部長官宛、前掲文書綴、一一四頁。

（80）Telegram from the Embassy in Korea to Embassy in Japan, Seoul 4458, February 23, 1968（『対日政策文書』第三巻、二五三～二五四頁）.

（81）Ibid.

（82）「一九六八年度第一回追加更正予算案」『第六六回国会内務委員会会議録、第二号（一九六八年六月一七日）』大韓民国国会事務処、二五頁。

（83）韓国国会事務処「一九六八年度第一回追加更正予算案」『第六六回国会内務委員会会議録』第二号（一九六八年六月一七日）二五頁。

（84）日本外務省北東アジア課「警察用装備導入協力について（政第八七八号、在韓大使発、外務大臣宛）」『日韓警察協力（本邦対韓国警察用装備協力）』（管理番号 2010–4101）、日本外務省外交史料館（以下、特に断りのない限り、日本の外交文書は外務省外交史料館所蔵史料である）。

(85) 日本外務省北東アジア課「佐藤総理・朴副総理会談」一九六八年三月八日、『日韓関係（日韓要人会談）』（管理番号 2010–3947）。
(86) 日本外務省北東アジア課「三木大臣・朴副総理会談」一九六八年三月八日、同右文書綴。
(87) 日本外務省北東アジア課「牛場次官・梁企画官懇談」一九六八年三月九日、同右文書綴。
(88) 駐韓日本大使館「警察装備導入（第四三五号、駐韓大使発、外務大臣宛）」一九六八年四月二六日、『日韓警察協力』（管理番号 2010–4101）。
(89) 駐韓日本大使館「警察装備導入（第四六七号、駐韓大使発、外務大臣宛）」一九六八年五月六日、同右文書綴。
(90) 日本外務省北東アジア課「警察装備導入問題の経緯について」同右文書綴。
(91) 日本外務省経済局総務参事官室「武器輸出問題」一九六八年五月一三日、同右文書綴。
(92) 「武器輸出三原則」に「軍隊が使用するものであった直接戦闘の用に供されるもの」という「武器」の定義が付け加えられたのは、一九七六年二月二七日に行われた三木武夫首相の衆議院予算委員会における答弁であった。「衆議院予算決算委員会議事録」、一九七六年二月二七日。
(93) 日本外務省アジア局北東アジア課「警察装備導入問題に関する関係各省との打合せについて」一九六八年五月六日、『日韓警察協力』。
(94) 同右。
(95) 日本通商産業省「韓国への警察装備導入について」一九六八年五月一八日、同右文書綴。
(96) 日本外務省経済協力局「武器輸出問題」一九六八年五月一三日、同右文書綴。
(97) 同右。
(98) 日本外務省経済協力局「韓国の国内治安強化のための資金供与要請について」一九六八年三月五日、同右文書綴。
(99) 駐韓日本大使館「警察装備購入（第四三五号、駐韓日本大使発、外務大臣宛）」一九六八年四月二六日、同右文書綴。
(100) 日本外務省経済協力局「警察装備導入に関する韓国側要請について」一九六八年四月三〇日、同右文書綴。
(101) 日本通商産業省「韓国への警察装備購入について」一九六八年五月一八日、同右文書綴。
(102) Memorandum of Conversation, Security Subcommittee: second session, June 7, 1968（『対日政策文書』第四巻、三二頁）.

(103) 同右、三九頁。
(104) 同右、三八頁。
(105) 在米日本大使館「昭和四三年度在米公館長会議議事録」一九六八年六月（外務省開示文書、請求番号 2007-244）。
(106) 同右。
(107) Information Memorandum, US-Japan Planning Talks, June 26, 1968, Policy Planning Council, Policy Planning Staff, Subject and Country Files, 1965-1969, Box321, Lyndon B. Johnson Library.
(108) Telegram from the Embassy in Japan to the Department of State, Tokyo 11300, August 21, 1968, *FRUS*, 1964-1968, vol.29, Part2 Japan, no.130.
(109) 駐韓日本大使館「水利事業に関する協力」（第七六八号、駐韓日本大使発、外務大臣宛）一九六八年七月三一日『日韓関係（第二回日韓定期閣僚会議）』（管理番号 2010-3949）。
(110) 駐日韓国大使館「駐日大使から外務部長官」（JAW-884）一九六八年八月八日『韓日定期閣僚会議、第二次、ソウル、一九六八年八月二七日～二九日（V．5事案別実務者会議綴）』（分類番号 723.1JA、登録番号 2564）五〇～五二頁。
(111) Telegram from the Embassy in Japan to the Department of State, A-2177, October 29, 1968, Security Sub-committee Meeting 11-12 September, 1968（『対日政策文書』第五巻、一六二頁）.
(112) 韓国国会事務処『第六六回国会内務委員会会議録』第三号（一九六八年六月一八日）二五頁。
(113) 韓国財務部経済協力局外資管理課「警察装備購買経緯」（資材 527.2-403、調達庁長発、経済企画院長官宛）『警察装備導入のための借款契約認可通報』一九六九年（管理番号 BA147877）七〇～七四頁（韓国国家記録院所蔵）。
(114) 同右。
(115) 韓国財務部「警察装備導入のための借款契約認可申請」一九六九年九月三日（行予 1211192、経済企画院予算局長発、経済協力局長宛）同右文書綴、六六頁。最終的には、日商岩井グループの米国拠点（Nissho-Iwai American Corp.）と原材料の導入契約が締結され、警備艇建造の材料は日本から、通信材料は米国から調達された。韓国財務部経済協力局外資管理課「外資導入認可申請」（大秘 320-18、大統領秘書室長発、経済企画院長官宛）、同右文書綴、四六頁。
(116) 韓国外務部「第二次韓日定期閣僚会議会議録」『韓日定期閣僚会議、第二次、ソウル、一九六八年八月二七日～二九日（V．

2本会議綴)』(分類番号 723.1JA、登録番号 2561)三〇一頁。

(117) 同右、三四七頁。

(118) 『朝日新聞』一九六八年八月三〇日。

(119) 韓国外務部「第二次韓日定期閣僚会議会議録」三四八頁。

(120) 日本外務省アジア局北東アジア課「日米安保協議資料—韓国情勢」一九六八年九月(外務省開示文書、請求番号 2009–723)。

(121) 同右。

(122) Telegram from the Embassy in Japan to the Department of State, A-2177, October 29, 1968, Security Sub-committee Meeting 11-12 September, 1968(『対日政策文書』第五巻、一五九〜一六一頁).

(123) 同右、一六二頁。

(124) 日本外務省アジア局北東アジア課「日米安保協議資料—韓国情勢」一九六八年九月。

第二章――沖縄返還問題と「韓国条項」の成立（一九六九年）

日韓両国は、一九六九年に発足したニクソン（Richard M. Nixon）政権の主導下で進展した東アジアにおける冷戦構造の再編に直面した。沖縄返還がもたらす安全保障上の問題をめぐり日韓両国は対立したものの、その対立と政策調整が日韓の新しい安全保障関係を作り出したと考えられる。

本章では、これまで主に日米関係の視点から研究されてきた沖縄返還交渉を日韓の安全保障関係の視点から再検討する。そして沖縄の基地機能をめぐる安保議論が、どのような政策調整を経て「韓国条項」に収斂されたのかを明らかにする。「韓国条項」とは、六九年一一月に日米首脳が沖縄返還を合意した共同声明に謳った韓国の安全保障に関する次の文言を指す。「総理大臣と大統領は、特に朝鮮半島に依然として緊張状態が存在することに注目した。総理大臣は朝鮮半島の平和維持のための国際連合の努力を高く評価し、韓国の安全は日本自身の安全にとって緊要であると述べた」[1]（第四項）。さらに、佐藤栄作首相は、ナショナル・プレス・クラブ演説で「万一韓国に対し武力攻撃が発生し、これに対処するため米軍が日本国内の施設、区域を戦闘作戦行動の発進基地として使用しなければならないような事態が生じた場合には、日本政府としては、このような認識に立って、事前協議に対し前向きに、かつすみやかに態度を決定する方針であります」と述べた。[2]

「韓国条項」を取り上げた従来の研究は、いずれも日韓安保協力の側面を重視している。「韓国条項」は日韓間の協調関係に転機をもたらした日韓協力の萌芽だとみなしている。[3] また、日米間の「韓国条項」とほぼ同じ文言が、六八年の第二回日韓定期閣僚会議の共同声明で謳われたことに注目し、すでに日韓の間で確認されていたものが、韓国の要請によって日米共同声明にも盛り込まれたとの分析もある。[4]

しかし、沖縄返還交渉当時の日韓の安全保障関係には、冷戦的な協力だけでは説明できない部分が残されている。沖縄返還交渉が行われていた当時、日韓両国の間には、国際情勢認識だけでなく、安保政策においても大きな乖離が存在した。北朝鮮からの深刻な軍事的脅威にさらされていた韓国は、ベトナム派兵を通じ、米国主導の冷戦戦略に歩調をあわせつつ、東アジアの冷戦秩序維持に努めていた。また、沖縄返還交渉の直接的な当事者ではなかったものの、沖縄の日本返還が自国だけでなく、アジア自由主義諸国全体の安全に大きな影響を与えると韓国は判断し、沖縄の基地機能を維持するよう日米両国に強く要請していた。韓国にとって、沖縄返還は安全保障問題そのものにほかならなかったのである。

他方、自民党一党優位体制と高度経済成長によって「国力の相対的伸張」[5]を達成してきた日本にとって、沖縄返還は「戦後の終わり」や米国との対等性（「イコール・パートナーシップ」）の確立などを意味していた。また、東アジアにおける緊張緩和の可能性に注目し、朝鮮半島で中ソが関与する全面戦争が発生する可能性は低いと分析するなど、沖縄返還問題が安全保障の見地だけから取り扱われないように細心の注意を払った。[6] したがって、韓国の主張は沖縄返還問題を複雑化させ、日米交渉を混乱させる「干渉」にほかならなかったのである。このような観点からすれば、これまで主に冷戦的協力の産物としてしか語られなかった「韓国条項」の成立は、実際には韓国の安全保障に対する日韓の政策対立とその調整過程を伴っていたと考えられる。言いかえれば、安全保障の要請と緊張緩和への要請という相反する二つの政治外交的立場を調整する過程で生まれた妥協の産物と言える。

本章では、次の四点に注目した。第一に、ニクソン・ドクトリンと沖縄返還の構造的な関係のなかで、日韓安保政策の乖離がどのように進展したかについて、第二に、それが「核抜き」・「本土並み」をめぐる日米交渉とどのように関係したかについて、第三に、日本の相対的な国力の伸張が自由主義陣営における内部関係の変質を促し、新しい日韓安保関係を誕生させたプロセスについて、そして最後に、日韓の対立を縫合する力学としての米国の調整的な役割についてである。これらの諸点の分析を通じ、沖縄の基地機能の維持をめぐる政策対立が「韓国条項」という形で調整される過程を明らかにする。

一　グアム・ドクトリンと沖縄返還

一九六九年、東アジアの国際関係に構造的な変化を引き起こす二つの出来事が発生した。その一つは、誕生したばかりのニクソン政権がそれまでの冷戦規範を根本から覆す勢力均衡外交を展開し始めたことである。米国はソ連との関係を改善する一方、ベトナム戦争終結に向け、東アジア冷戦の焦点であった米中対決の解消に着手した。(7) 一九七一年七月に発表されたニクソン大統領の中国訪問決定は世界を震撼させたが、それは「二年強にわたる複雑で、緻密な、断固とした外交上のシグナルと交渉」(8) によるものであり、中国に向けて取られた様々な外交的措置[9]の結実であった。

今一つは、日米首脳会談で沖縄返還が合意されたことである。ニクソン政権は発足して間もなく、日本と沖縄の返還交渉を準備し始めた。対日政策を検討していた国家安全保障会議（ＮＳＣ）政策検討覚書（ＮＳＳＭ）5（一九六九年四月二八日）によれば、当時、米国政府内には、同年中に沖縄返還問題について目に見える進展がなければ、佐藤政権は窮地に陥り、米軍基地の維持どころか、一九七〇年に期間切れとなる日米安保条約の延長も難しくなるとの懸念が広がっていた[10]。キッシンジャー（Henry A. Kissinger）大統領特別補佐官も、「日本における返還要求の圧力はもはや抑えとどめられない状態になっている。占領継続反対運動は、わが国による基地使用に物理的な危険を及ぼしているだけではなく、二〇年来、対米関係を発足させ、維持してきた与党自民党と佐藤の政治的立場を危機に陥れる恐れがある[11]」と判断し、現状維持よりも沖縄を返還したほうが望ましいと考えた。沖縄返還は、このような情勢判断に基づき、日本を米国側につなぎ止めるための政治的手段とみなされていたのである。

他方、一九六〇年代の国力伸長を土台に、日本も一九六九年を一つの転換点として認識していた。いわゆる「一九七〇年問題」が議論されるなか、六九年を新しい時代を迎えるための準備の年とみなす見解が存在していたのである[12]。米国の東アジア戦略の再編成に対応しつつ、米国から批判されていた「ただ乗り」のイメージを払拭し、自らの役割を模索していくべきであるという論であった。また、一九六〇年代の平和主義を「否定的」平和主義[13]と定義しながら、積極的な平和主義を求める声もあった。さらに、一九六九年版の『わが外交の近況』（外務省）は、「六〇年代を通じての米ソ以外の各国の国力の相対的な伸張と相まって、各国が自主性を発揮し得る分野が増大してきた[14]」と分析していた。政治的安定と経済成長を土台に、国際的な緊張緩和と平和秩序の形成に取り組むという外交目標を設定しつつ、日本は一九七〇年代を迎えようとしていたのである。

日本国内での議論の展開と並行して、米国でもアジアにおける日本の役割を再検討し、新しい対日政策を構想していた。従来、米国は日本に韓国や台湾との安保協力を期待してきたが、日本自体がその目標を本土防衛に限定している現状から、むしろアジアにおける非共産主義国家への経済支援がより重要な日本の役割として浮上していた。[15] たとえば、ＮＳＣの政策決定覚書（ＮＳＤＭ）13（一九六九年五月二八日）は、「実質的に強大な軍事力を持ったり、あるいは地域安全保障上の大きな役割を担ったり、日本に圧力をかけるようなことは避けるべきである」[16]との結論に到達していた。軍事力増強による協力よりも、東アジアの同盟国に対する経済支援分担を日本に期待したのである。[17]

ところで、このような議論が進展していた時期、すなわち同年七月二五日、ニクソン大統領はグアム島での演説[18]（後に「ニクソン・ドクトリン」として定式化される）を通じて新政権の東アジア政策について説明した。ニクソン大統領は、（1）米国は条約上のコミットメントを遵守するが、（2）大国からの核兵器による脅威が生じる場合を除く、国内安全や軍事的防衛に関し、アジア諸国は自ら責任を取るべきであるとし、米国のアジアに対する過剰介入の見直しを示唆したのである。また、一九七〇年二月の外交教書で、ニクソンは前年一一月の沖縄返還交渉妥結を最大の成果として取り上げ、日米協力が新しいアジア政策の成功の鍵であると指摘した。[19] さらに、沖縄返還交渉の米国側代表を務めたマイヤー（Armin H. Meyer）駐日米国大使も、日米交渉の過程で、両国が満足できるように沖縄返還問題を解決することが、グアム・ドクトリンで明らかにされた米国の新しいアジア戦略と合致すると言明していた。[20] グアム・ドクトリンと沖縄返還は構造的に深く連関していたのである。

しかし、当然のことながら、米国は沖縄返還が東アジア諸国に対する軍事的コミットメントに悪影響を及ぼすことを望まなかった。そのため、同盟国である韓国と台湾に対し、沖縄返還後もアジアにおける米軍の抑止力は少しも低下することはないというシグナルを公開的に送る必要があった[21]。これは、ニクソン・ドクトリンに潜められていた米国の東アジア政策のもう一面であった。事実、NSDM13で指摘されているように、沖縄返還交渉の過程で、米国は沖縄米軍基地の自由使用を最大限に確保することを返還の基本方針として決定していた[22]。言いかえれば、そこに、東アジアにおける安全保障の公共財として、日米共同声明に「韓国条項」や「台湾条項」が挿入される余地があったのである。

二　沖縄返還交渉のなかの韓国

（1）「核抜き」・「本土並み」

米国との本格的な交渉を控えた一九六九年三月八日、日本の「沖縄基地問題研究会[23]」は沖縄返還の内容と方向性を具体的に描く「沖縄基地問題研究会研究報告書[24]」を提出した。佐藤政権の意向を強く反映した同報告書は、変化しつつある米国と日本の役割、また両国の協力関係の将来性という観点から沖縄返還問題を理解すべきであるとの前提に立った上で、沖縄返還が日米の「イコール・パートナーシップ」を達成するための重要な契機になるとの認識を示した。そして日米協力の舞台になるアジア情勢について、以下のように分析していた[25]。

ベトナム戦争終結への動きは、米中関係の緊張を緩和させる有力な要因ともなりえよう……朝鮮半島の情勢は、北朝鮮政府が武力統一路線を明らかにしたことによって、近年不安定な情勢がつづいている。しかし、米ソ両国は、この地域を勢力伸長の場というよりは、東西間の力の均衡地帯と考える方向で位置付けていると思われる。中国も、ある程度の差こそあれ、同じ考え方を受け入れようとしているとみられる。したがって、米ソ中の慎重な対処がつづく限り、この地域の小紛争が大規模な局地戦争に拡大する可能性は、極めて少ないものと考えられる。

ここにみられるように、沖縄返還問題を議論する前提として、同報告書はベトナム戦争が終結に向かうにつれ、米中間の緊張が緩和する可能性に注目し、朝鮮半島で中ソが関与する大規模の戦争が発生する可能性を極めて低く評価した。このような情勢認識に基づき、沖縄返還問題が狭義における極東安全保障の見地だけから取り扱われてはならないこと、また沖縄の軍事的機能の維持だけに支配されてはならないことなどについて指摘したのである[26]。以上から、（1）沖縄への核配備の重要性がなくなったこと、（2）通常兵力による基地使用は、事前協議制に基づいて日米間で協議すべきである、との政策提言が導き出された。これこそが沖縄の「核抜き」・「本土並み」返還であった。報告書はまた、「核抜き」の根拠として、弾道ミサイル開発による核兵器運搬手段の技術発展と軍備管理理論の発展に伴い、核兵器の配備は受け入れ国の強い要請がない限り、核兵器を外国に置かないことが抑止効果的な面から望ましいとの立場が広く認められるようになったと言及した。さらに、「本土並み」に関しては、戦争抑止力を最大限に発揮させるための日米協議の必要性とそれによる信頼構築の重要性を強調した。

研究会の提言を受け、国会は返還後の基地の態様について議論を深めた。三月一〇日の参議院予算委員会で、返還後の「極東条項」の適用に関する前川旦議員（社会党）の質問に対し、佐藤首相は依然として「基地の態様いかんということをまだ白紙にしている」[27]と答え、具体的な言及を避けたが、翌日の参議院予算委員会では研究会報告書を基礎に議論が進展し、「本土並み」の原則が明らかにされた。佐藤首相は、特別な取り決めがない限り、沖縄基地にも日米安保条約が適用されるようになる、[28]と答えて、沖縄の米軍基地も事前協議制の対象になることを明らかにしたのである。また、一三日の参議院予算委員会では、「核抜き」返還が交渉の起点であることが確認された。[29]佐藤首相は、返還後の核兵器処理問題についての矢追秀彦（公明）議員の質問に対し、憲法九条や非核三原則は国内の核政策に限定されているものであり、米軍所有の核兵器には適用されないとしながらも、それが事前協議の対象になることを明らかにした。それを背景に、五月七日の参議院沖縄特別委員会で愛知外相は、核抜き、本土並みに近い形での交渉になると示唆した。[30]このような佐藤政権の方針に従い、外務省は六月の愛知外相の訪米に向けて、「核抜き」・「本土並み」を軸に米国と折衝する交渉方針を設定した。[31]他方、防衛庁も五月一七日に外務省と協議を行い、沖縄返還時の米軍基地の態様について「核抜き」、「事前協議の弾力的運用」の線を打ち出したのである。[32]

（2）基地機能と事前協議

日米の沖縄返還交渉は六月に愛知揆一外相のワシントン訪問によって閣僚間の交渉が開始された。愛知外相は米国側に（1）一九七二年中に沖縄を返還する、（2）特段の取り決めなしに沖縄にも日米安保条約を適用する、そして（3）返還時に核兵器を撤去するとの日本側の方針を伝えた。[33]六月二日のニクソン大統領との会談では、沖縄問題を安全保障の観点から解決すべきであると主張した大統領に対し、愛知外相は沖縄返還以後の基地使用を日米安保条約に基づいて処理するよう主張した。(34) 返還後の米軍基地に事前協議を適用しながらも、軍事的な機能は低下させないという立場であった。しかしながら、米国側としては、この二点が同時に満足されるものかどうかに疑問を抱かざるを得なかった。言うまでもなく、基地機能の低下が韓国、台湾、東南アジアの安全保障に悪影響を及ぼすことを懸念していたのである。そのような視点から、米国側は中国による核兵器とミサイル開発の脅威や朝鮮半島の緊張状態を取り上げ、愛知外相が提示した日本側の方針に反論したのである。(35)

愛知外相は、帰国後、六月一二日の衆議院本会議での報告で、「基地の機能を損なわないように配慮が必要」(36)であると述べた。また、事前協議の運用については、一七日の衆議院北方領土沖縄特別委員会で、「返還で本土並みの基地になれば、米韓同盟との連携はなくなる」と指摘した。愛知外相の二つの発言は確かに矛盾していた。特に「返還で本土並みの基地になれば、米韓同盟との連携がなくなる」(37)との発言は、日本政府が沖縄の本土並み返還は米韓同盟の維持に影響を及ぼすことを認識していたことを示すものである。

七月から始まった愛知外相とマイヤー駐日米国大使との交渉は、前述した日米両国の政策的な乖離をどのように埋めるかをめぐるものであった。つまり事前協議制の運用と基地の自由使用の保証をどのように調整するかであった。七月一七日の会議で愛知外相は、沖縄基地の自由使用を日米共同声明とは別に日本側の「一方的な声明」によって約束することを提案した。(38)「一方的声明」とは、韓国有事の際に米軍による沖縄基地の使用に関する事前協議を実施する際の日本側の立場を日米共同声明から切り離し、日本側による一方的な宣言の形で政治的に保証するものであった。また、より重要なこととして、その対象地域を韓国有事のみならず、極東および周辺地域にまで拡大することも含められていた。この声明は、韓国有事の際に、朝鮮半島に駐留する国連軍が攻撃された場合、国連軍の指揮下にある在日米軍は、日本政府との事前協議を経ずに戦闘作戦を行う、という「朝鮮議事録（the Korean minute of 1960）[39]」の秘密取り決めを「代替（replace）」するものであると愛知外相は説明した。[40] つまり日本側は、事前協議の全面的な適用を目的として基地の自由使用における秘密の取り決めをなくし、またその対象地域を広く再定義しようとしたのである。[41]

「朝鮮議事録」を失効させようとする日本側の動きは、外務省条約局が主導していた。栗山尚一条約局調査官によれば、同議事録は、基地利用に対する白紙委任状を米国に与えることと等しく、法的問題を抱えていた。[42] したがって、密約による法的矛盾を解消するとともに、米国との対等性を確立するために同議事録の失効を主張したのである。

マイヤー大使は、日本側の提案を受け入れなかった。なぜなら、「朝鮮議事録」の秘密取り決めを日本の新提案に置き換えた場合、今後の米軍の行動に対し日本政府が全面的な拒否権（veto）を持つ結果になるとみていたからである。[43] ジョンソン（U. Alexis Johnson）国務次官も、日本側の提案は「朝鮮議事録」に取って代わるものであり、受け入れられないと反対した。[44] 米国側は、最小限韓国有事の際に基地を自由に使用できることを確保しようとしたのである。

八月に入り、日米共同声明の文案作成をめぐる交渉が始まった。最初の日本案にみられる特徴は、在韓国連軍の指揮下にある在日米軍に対し事前協議の適用を要求した点である。これは、七月一七日の会議でも日本側によって取り上げられたもので、日本側が引き続き「朝鮮議事録」をなくそうとしていたことを物語っている。これに対し米国側は、日本が「朝鮮議事録」によって認められた有事の際の在日米軍による基地使用権を「より曖昧な関与」（less definite commitment）に置き換えようとしていると理解した。[45] 八月二七日、東郷文彦アメリカ局長はスナイダー（Richard L. Sneider）日本部長との交渉において、韓国に対する佐藤首相による「一方的宣言」に

「速やかにかつ前向きに」対応することを盛り込めば、佐藤が望むように「朝鮮記事録」の代替が可能かを問うた。それに対して米国側は難しいとした上で、ワシントンとしては両方がほしい[46]と述べ、日本側に同議事録の規定を引き続き維持する方針を明らかにした。

これ以後の日米交渉の内容は、日米共同声明における韓国、台湾そしてベトナムに対する表現の問題に絞られた。九月一二日の愛知外相とロジャース（William P. Rogers）国務長官の日米外相会談を間近に控えた同月八日、下田駐米日本大使は、米軍の韓国と台湾への軍事作戦行動が必要となる際に、事前協議要請があれば、「イエス」を出すつもりだが、前もってそのことを確約することは難しいと述べ、米国の要求を回避した。また国内の政治的な制約を持ち出し、公開の保証も秘密合意も避けることが、日本側の方針であると繰り返し主張した。また、韓国有事の際の事前協議除外を記した「朝鮮議事録」の秘密取り決めに引き続き反対した。これに対し、ジョンソン国務次官は「朝鮮議事録」を維持する意向を明確にし、それを共同声明に代替するつもりはなく、核兵器撤去は基地機能の維持次第であると強調した[47]。

三　基地機能をめぐる日韓安保摩擦

(1) 韓国の安保懸念

韓国は日米間の沖縄返還交渉を自国の安全に関わる重要な問題として認識しながら、その交渉過程を見守った[48]。しかし、佐藤首相が一九六九年三月一一日の参議院予算委員会で「本土並み」の方針を打ち出したことを受け、同月一五日、丁一権国務総理は、一九五〇年一月にアチソン（Dean G. Acheson）国務長官が極東防衛線から韓国を除外したことが朝鮮戦争勃発の原因であったことを想起させながら、沖縄返還が不可避な場合、韓国領土内に新しい米軍基地を提供する用意があると指摘した(49)。また崔圭夏外務部長官は、同月二五日に記者会見を開き、沖縄返還は日本の国内問題であり、関与するつもりは全くないとした上で、以下のように沖縄返還に対する韓国政府の公式的な立場を明らかにした(50)。

現在と同じく、沖縄基地は核配備が認められ、その使用においても日本国内におけるような事前協議の対象から除外されるべきである。また、沖縄基地は無期限で存続すべきである……沖縄返還問題は、その地理的位置や戦略的位置からみて、日米だけでなく、東北アジアの安全保障に大きな関係がある。韓国政府は沖縄返還の形態に多大な関心を持っており、北朝鮮による挑発が激増し、中共から侵略される可能性がある現在、沖縄の軍事基地としての価値が現状のまま維持される方向で解決されることを望んでいる。

振り返ってみれば、一九六〇年代の韓国は、ベトナム派兵を通じて米国主導の冷戦体制の維持に積極的に貢献していた(51)。朴正熙大統領は米国の冷戦戦略に歩調をあわせることによって、米韓同盟がより堅固となり、韓国の安全も確保できると考えていたのである。しかし、一九六九年七月のグアム・ドクトリン以降、米国のアジアからの撤退が明確になった時には、米国のアジア戦略変更に迅速に対応することに失敗しつつあった(52)。冷戦規範に埋没していた当時の韓国は、米国の対韓コミットメントをベトナム派兵によって確実にすることで、韓国の安全保障が確保できると確信していたのである。

しかしながら、変化の兆しはすでにジョンソン政権末期から現れていた。本書の第一章でみたように、一九六八年一月、北朝鮮が武装ゲリラを浸透させ、青瓦台〔韓国大統領府〕を襲撃し、米国の情報収集艦プエブロ号を拿捕した際には、すでに米韓間の政策的な不一致が浮き彫りになっていたのである。朴正煕大統領は北朝鮮への報復を主張したが、米国はそれに応じなかった。ジョンソン政権は韓国の軍事報復が全面戦争に拡大することを懸念していたからである。一方、二日後に起きた北朝鮮によるプエブロ号拿捕事件では、北朝鮮と交渉し、同年一二月には米国人乗組員を釈放させて、韓国を当惑させた。さらに、韓国は日本、台湾、そして東南アジア諸国を含めたベトナム参戦国を中心とした地域的防衛機構を創設しようとしたが[53]、その頃にはすでに、日米間で沖縄返還問題が議論され始めていたのである。

一九六九年三月、韓国外務部亜州局が作成した「琉球（沖縄）問題―問題点と政府立場[54]」という報告書では、「核抜き」・「本土並み」の形態での沖縄返還がもたらす問題点として、次の三つをあげていた[55]。

（1）中共〔中国〕と北朝鮮に対する米国の核抑止力が弱くなるのは必至である。

（2）沖縄返還は、部分的なものとはいえ、韓国などアジアからの米国撤退傾向を北朝鮮に印象付け、北朝鮮が再侵略を試みる誤算を招く恐れがある。

（3）基地使用が日米両国間の事前協議制の適用を受ける場合、沖縄を発進基地とする米軍の韓国防衛に関する支援機能は決定的に制約される。

韓国は北朝鮮の軍事挑発と米国の孤立主義的な傾向を念頭に、日本が示した沖縄返還の方針が自国の安全に重大な問題を引き起こすと考えていた。さらに、同報告書は、沖縄基地が返還されても米軍による完全自由使用が可能なように基地の有用性が最大限に確保される現状維持を図る必要性を提案した。具体的には、共産側の侵略を抑止するのに不可欠な役割を果たす核兵器の搬入および有事の際米軍の出動に制約を与える日米間の事前協議制を沖縄に適用することに反対するという方針を固めていた[56]。

韓国国内の言論報道も「核抜き」・「本土並み」返還が基地機能の低下を招来することを懸念し、米国のアジア政策転換に韓国政府が効果的に対応すべきだと指摘した点で政府の見解と一致していた[57]。

このような状況下、韓国政府は施政権の返還後にも沖縄の基地機能が維持されるよう、日米両政府に繰り返し要請した。四月八日、崔外務部長官はポーター駐韓米国大使に沖縄返還問題に対する韓国の立場を盛り込んだ覚書を手交した。崔長官は、前年の北朝鮮による軍事挑発を取り上げながら、沖縄基地が従来通りの形態を保ちつつ返還されることが望ましいと主張した。また、沖縄返還問題は日米両国だけの問題ではないと強調し、日本政府との交渉において韓国の立場を考慮し、韓国政府とも十分に協議するよう米国に申し入れた[58]。

さらに崔長官は、四月九日、金山正英駐韓日本大使にも覚書を手交し、沖縄基地の戦略的価値が維持されたまま返還が実現されるよう、強く要請した。金山大使が、沖縄返還問題は日米二国間の問題であると述べると、崔長官は、米韓相互防衛条約第三条で「米国の行政管理の下にある領域」と条約区域が規定されていることを指摘し、沖縄返還によって同条約の区域上の変動が生じる可能性に触れた。それほど沖縄返還によってもたらされる変化は、韓国の安全保障と密接に関連していると強調したのである[59]。

同覚書は、「韓国の安全と繁栄が日本のそれに重大な影響がある」とした第二回日韓定期閣僚会議（一九六八年八月二九日）の共同声明第六条一項を取り上げ、次の三つの提案を行っていた[60]。

（1）沖縄問題は日米両国に限定される問題であるとの認識から抜け出し、全体アジアの国々の平和と安全といった大局的な立場で解決を模索すべきである。

（2）在沖縄米軍がアジアの共産勢力、特に北朝鮮からの侵略を取り除ける実効的な楯として役割を継続的に果たせるように基地の戦略的価値を損なわないようにすべきである。
（3）したがって、日本政府は韓国の安全における米軍基地の重要性を認定するとともに、在沖縄米軍基地の価値に対するいかなる変更についても韓国政府と十分協議するように要請する。

（2）日本の慎重な反応

韓国からの要請に対し、日本側は公式的な反応を見せなかった。四月一〇日の韓国国会外務委員会で、崔外務部長官は、「政府の意見開陳に対し、口頭で第一次反応が米国から届いた」と答えたが、日本からは公式回答がなく、一月二七日の施政方針演説で、佐藤首相が沖縄の軍事基地は日本のみならず、極東地域国家の安全と密接に関連していると述べたことから、事態の進展をみつつ対日使節団の派遣を検討したいと答えていた。(61) 国務省に宛てられた駐日米国大使館の電報によれば、日本は回答するどころか、むしろ韓国から覚書を受け取ったことさえ認めようとしなかった。(62) 四月一〇日に同件が『朝日新聞』と『日本経済新聞』にスクープされると、日本外務省は、韓国側から沖縄返還問題について「口頭」で関心表明があったと答弁する方針を固め、韓国側にもこの方針を伝えていた。(63) その二日後の記者会見で、愛知外相は金山大使が韓国の崔外務部長官に「沖縄返還は、日本と米国の間の問題で、この問題に第三者が干渉することは適切ではないと伝えた」(64) と発表した。愛知外相は韓国による沖縄返還への介入で、日米交渉が複雑化することを警戒したのであろう。韓国が日本側の対応に抗議すると、四月一五日、愛知外相は韓国への文書回答が日韓協議に発展してしまうことを警戒しつつ、駐日韓国大使を通じて「日本政府は韓国の立場を理解するものの、個人的には韓国の要請に驚いた。韓国は沖縄問題に関心を示す必要がない。なぜなら沖縄問題は、日米安保条約上の『極東条項』によるものだからである」と伝えた。[65]

ここで注目されるのは、愛知外相が「極東条項」に言及したことである。日本は沖縄返還交渉を日米安保条約の「極東条項」との関連で進めており、それに関わる取り決めや秘密合意の存在を念頭に置いていた。したがって、沖縄返還を東アジアの安全保障問題として認識していた韓国と、日米交渉を「極東条項」に基づいて進めようとした日本との間には、一見したところ何らかの協力の余地が存在するかのようにみえたのである。

しかしながら、韓国が沖縄返還交渉に関われば、日米交渉が複雑化するだけでなく、沖縄の基地機能が問題化することは避けられなかった。韓国から外交文書による見解表明があったことが公にされれば、沖縄問題がいたずらに誇張されかねない、韓国政府に屈服したと言われると日本政府は困難な立場に立たされると警戒していたのである。

アジアの安全保障における沖縄基地の重要性を認識しているとしながら、基地の価値を低下させる方向で交渉を進め、しかも韓国の見解表明を抑える日本の態度に韓国の外務部は苛立ちを隠さなかった。このような日本の態度のため、韓国はこの問題に対して関心を高めざるを得なかったのである。[66]

すでにみた事前協議問題からも明らかなように、公開の形であれ、秘密の形であれ、日本は韓国防衛へのコミットメントを解消しようとしていた。一九六九年二月、韓国が提唱した「アジア・太平洋条約機構」設立についても、佐藤首相は韓国の提案を拒絶する方針を明言していた。[67] 愛知外相もまた、その必要性を否定し、日本は米国との二国間同盟で十分であると言明していた。一一月に佐藤・ニクソン共同声明が発表されるまで、このような日本の姿勢は変化しなかったのである。

このような情勢下で八月二六日に、第三回日韓定期閣僚会談が東京で開催された。韓国はアジアからの米軍撤退を憂慮し、米国のコミットメントが低下してはならないと主張した。しかし、この時期の日本にとって、韓国側の主張は受け入れ難いものだった。もちろん、日本にとってもアジアにおける米軍のプレゼンス維持は重要な問題であった。実際、愛知外相は、グアム・ドクトリンにふれ、「コミットをしてきたのに、今になって性急に足を抜く印象を与えている最近の動きは憂慮しており、もっと効果的な政策があるべきだ[68]」と述べた。しかし、その一方で「ベトナムについて米国は対外約束を弱める方向にあるが、一挙にではなく、漸進的にやるということだと思う」と指摘し、引き続き韓国とは異なる認識を提示した。また、「我々としては外部からの公然たる武力攻撃に対しては、それを前もって抑止する用意を表示しながら、一方拒否的な態度だけをとって相手をもっと堅固な状態に追い込むことで相互緊張を高めることを避け、むしろ彼らが徐々に共通の場に出ることを考えるように導くべきであると考えている[69]」とも述べ、対決姿勢ではなく、域内で緊張を緩和させる努力が必要であると強調したのである。

このような観点から、北朝鮮との関係においても、両国の認識は対照的であった。韓国側が、北送問題をめぐる日朝交渉と日本商品の対北輸出を取り上げ、その中止を要求すると、須之部三量外務省アジア局長は、韓国の北朝鮮に対する立場は理解しているとした上で、「対北朝鮮関係に対する日韓両国の考えには、基本的に差異が存在する。韓国側が不可避な現実問題として理解してくれることを期待するしかない[70]」と述べ、北朝鮮に対する日韓両国の利害を一致させることはできないとの認識を明確に示した。日本側にとって北送問題は、人道問題であり、日朝赤十字間の接触は、この問題をめぐって日本が不利に陥らないために北朝鮮側の立場を探るために欠かせないことであった。ここからもみられるように、日韓関係における北朝鮮問題は、異なる利害関係のゆえに、両国の関係強化を妨げる要素であった。沖縄返還の実現を待つ日本としては、東アジア情勢が沖縄の軍事的価値を低下させる方向に向かうこと、すなわち米国のアジア政策の変動によって、東アジアの緊張緩和がなされることを期待していたのである。

結局、情勢認識の違いのため、共同声明文案の調整が長引いてしまい、会談の閉幕を一日延長する結果となった[71]。当初韓国側は、「両国の安全と繁栄は相互不可分の関係にある」という表現を提示した。これに対し、日本側はそのような表現を使用すれば、これから直ちに軍事同盟でも締結するのではないかという疑惑を日本社会に引き起こしかねないと指摘し、「密接な関係にある」という表現で和らげようとした。韓国側は、両国関係は密接な関係以上のものがあると主張し、結局は「極めて密接な関係にある」という表現となった。沖縄返還問題については、日米間の領土問題であり、日韓の共同声明に入れるべきではないと日本側が主張したのに対し、韓国側は沖縄基地がアジアの安全保障に大きな役割を果たしてきており、これからもその役割を果たす上で支障があってはならないと主張した。そのため、この時期最大の懸案だった沖縄返還問題については、共同声明第七項の後半部に「両国の閣僚は国際情勢一般、特にアジア・太平洋情勢に関して広く意見を交換し、沖縄問題にも言及した[72]」とするにとどまった。

（3）多国間協議を舞台とする論争

沖縄の基地機能が低下した場合、沖縄返還は日本だけの問題ではなくなってくるという韓国政府の主張は、二つの国際会議、すなわちベトナム参戦国会議とアジア太平洋協議会（ＡＳＰＡＣ）でも展開された。五月二九日の南ベトナムのグエン・ヴァン・チュー大統領（Nguyễn Văn Thiệu）との会談で、その一カ月前に愛知外相が表明した日本の見解に対し朴正熙大統領は不快感を表明したのである。[73] しかし、ベトナム参戦国会議の共同声明に沖縄問題を盛り込もうとする韓国の試みは、米国の反対に遭遇した。リチャードソン（Elliot L. Richardson）国務次官は、戦闘部隊を派遣した参戦国の駐米国大使に電報を送り、「ベトナム参戦国会議で沖縄返還問題を取り扱うことは、日本によくない印象を与え、得るものよりは失うもののほうが大きい。よって、韓国崔外務長官の提案を強く抑制する」という方針を伝えたのである。[74]

日本外務省は、韓国がベトナム参戦国会議で沖縄基地の機能低下に不満を表明したことに注意を払った。また、六月九日に日本で開催される第四回アジア太平洋協議会での韓国の出方を警戒した。[75] 愛知外相は、「韓国の主張が最低限『核抜き・本土並み』を希望するわが国の国民感情を逆なでする一方、沖縄返還交渉にも微妙な影響を与えかねない」と当惑し、「ＡＳＰＡＣを軍事同盟化していると主張してきた野党攻撃に口実を与えることになる」[76]との懸念を表明した。日本は韓国との二国間協議だけではなく、多国間協議の場で沖縄返還が議論されることを避けようとしたのである。

他方、ポーター駐韓米国大使は、韓国の崔外務部長官の外交努力を米国務省に伝えるなかで、日米の意見がほぼ一致しているため、その影響力は大きくないと評価していた。[77] 結局、韓国の努力は実らず、沖縄問題がアジア太平洋協議会の議題として採択されることはなかった。加盟諸国は公式の場で沖縄問題を議論することを避けたのである。[78] しかし、愛知外相との朝餐会談において、崔外務部長官は、四月一〇日に日本側に渡した韓国側覚書に回答がないのはなぜなのか、それをいつもらえるかと質問した。愛知外相はこれに直接的には答えず、日本国会への答弁書を作成しているので、それを回答として受け入れるようにと答えた。崔外務長官はそれを韓国政府に対する回答とすることはできないと反論したが、この件が決着をみることはなかった。多国間協議を舞台に日本の譲歩を勝ち取ろうとする韓国の外交努力は、日米双方からの反対に直面し、後退を余儀なくされたのである。

(4)「佐藤・ニクソン共同声明」をめぐる攻防

一〇月二六日、核問題に関する箇所を除いた日米共同声明の草案が報道された。[79] 韓国の注目を集めたのは、「韓国の繁栄と安全は日本の安全にとって重要である。日本は、韓国での国連軍の活動や韓国の安全を維持するための国連の努力を評価し、協力する」とする箇所であった。韓国の関心は沖縄返還後に米軍が事前協議の制約を受けずに作戦遂行できることが確実に保証されているかどうかに集中しており、その点について、韓国外務部は駐韓米国大使に説明を求めた。しかし、ポーター大使は韓国側の要請に明確に答えることができなかった。[80] その前日の一〇月二八日、金正泰亜州局長は、駐韓日本公使にも説明を求めたが、日本公使は「返還交渉は最後の段階に向かっている。韓国が交渉の最終段階を混乱させる理由はない」と述べ、それに応じなかった。[81] 金局長は、日本側は心配する必要がないと言っているが、韓国の安全保障問題がどのように処理されているのかについて説明したことがないとし、「日本は韓国の安保と繁栄が日本のそれに密接な関連があるのを認める」という新聞報道の内容は、韓国の立場からみれば、「実質的な保証ではないし、韓国の立場を反映しているものでもない」と日本の対応について懸念を示した。[82]

日米首脳会談直前の一一月一七日、陳弼植外務次官は、ソウルの日米両国大使に覚書を送り、同年四月に送ってあった覚書の内容を再確認し、「最近の北朝鮮の挑発と中共や共産主義国家の脅威によって朝鮮半島の緊張は高まっている。沖縄基地は韓国とアジアの自由国家の安全にとって不可欠である。それゆえ、基地形態を変更することなしに、そのまま維持することを強く希望する」[83]と述べた。特に駐韓米国大使に送った覚書は「日本には返還後の安全保障上の空白を埋める準備ができていない。それゆえ、米国は自由使用が保証されるよう主張すべきである」[84]と強調していた。

日米首脳会談当日の一一月一九日、金山大使はようやく朴正熙大統領に対し、共同声明の内容を韓国側に説明する計画を明らかにした。この対応を、ポーター大使は「〔日本は〕沖縄に対する韓国の関心に理解を示すことによって、共同声明への建設的な反応を得ようとした」[85]と評価し、日本のイニシアティブを歓迎しつつ、韓国側の肯定的な反応を期待した。

二二日に発表された韓国外務部の論評は、「韓国の平和と安全は韓半島のみならず、この地域全体のために極めて重要であるし、日米両国の首脳が『沖縄』にある米軍基地が重要な役割を果たしていることを確認している」[86]ことを評価しつつ、「核兵器のことが曖昧にされたことは遺憾だが、米軍は日本政府の事前協議に制約されることなく基地利用ができるようになった」[87]とも発表した。これは佐藤首相がナショナル・プレス・クラブでの演説で「韓国に対する武力攻撃が発生するようになった場合は、（中略）事前協議に対し前向きにかつ速やかに態度を決定する方針であります」[88]と述べたことに対する論評であったと考えられる。しかし、日本が事前協議を断念したかのように発表することによって、韓国政府は外交的な失敗を覆い隠そうとしたのであろう。

その二日後の二四日、日米共同声明の内容を朴正熙大統領に説明するために、金山駐韓日本大使が韓国大統領府を訪れた。朴大統領は、共同声明が、当初韓国政府が希望していた状態にまでは至らなかったが、両首脳が韓国の安保に対し、深く配慮したという理解を示した。そして、韓国が希望していたのは「核をそのまま置いておく状態で軍事基地を確保すること」で、「侵略があった時に、即刻事前協議して決定する方式については、わが国民としては、十分ではないとみなしている」と、その不十分さを指摘した。

朴大統領が語る不十分さの根拠は、日本の政治状況にあった。まずは佐藤首相が事前協議について即時決定すると発言したが、佐藤政権がいつまで続くかは定かでなく、また日本の政治情勢によってこの方針が変えられる可能性も高いとされた。つまり日本の政治情勢によっては、事前協議に即刻対応するとした日本政府の政治的約束が実行されないかもしれないという懸念であった。[89] 日米共同声明に対する韓国の懸念は払拭されないままだったのである。

朴大統領の指摘は、七〇年代初頭の東アジア国際秩序の変化を受け、「韓国条項」の再評価を試みた日本の動きにより現実化した。ニクソン・ショックを受けた佐藤内閣の末期から「韓国条項」が中国や北朝鮮との関係改善を妨げていると認識され始めたのである。しかし、本書の第四章で明らかにするように、この日本政府の試みは、軍事・安全保障の側面からは依然として非対称的な日米同盟への悪影響を恐れ、具体的な政策の変更にまでは至らなかった。結局、「韓国条項」を修正しようとする日本政府の動きは、日本国内向けの政治的レトリックにとどまってしまった側面が強い。

崔外務長官は国会外務委員会での答弁で、「韓国条項」が「実利面でわが国に有益な結果をもたらすかどうかに関しては、さらに状況を見極めなければならない」[90] と述べた。また、崔長官は日本が韓国の安全保障に曖昧な態度を取り続けていると指摘しながら、韓国は沖縄返還が実現されるまで日本に協議の場を設けることを要求し続ける方針であることを明らかにした。[91]

四　米国の政策調整

米国は、核撤去をテコに、韓国、台湾、ベトナム防衛のため、沖縄基地の自由使用の保証を日本側に求めた。また佐藤首相のほうから韓国の朴正熙大統領に対し、沖縄返還後の基地機能の維持を保証する書簡を送るようにも促した。[92] 韓国政府から協力要請を受けていた米国は、韓国側が抱いていた安保上の懸念を払拭させる方法として、日本からの韓国への直接保証の付与を検討したのである。その一方で、韓国による要請が、日米交渉に悪影響を及ぼしかねないと警戒し、韓国側の自制を求めた。

韓国の国会やマスコミが沖縄返還問題をめぐり騒いだ四月、ポーター大使は、崔外務長官に対し、沖縄問題は日米両国にとって非常に敏感なものであり、国会とマスコミの騒ぎを統制してほしいと要求した。[93] また日本との協議を要請していた崔外務長官に対し、日本は第三者が沖縄返還交渉に介入しないことを願っていると伝え、公に論争することを避けるようにも促した。[94] ポーター大使は、韓国が強硬な態度をやめ、不満を自制するよう説得したのである。

またロジャース国務長官は、日米首脳会談を控えていた一一月六日の崔外務部長官との会談で、韓国防衛のために沖縄基地は重要であることを十分承知しており、韓国側の意見を返還交渉に反映させるつもりであることを伝えながらも、韓国の反応を前もって調整する必要性に気づいていた。[95] そこで、ポーター大使を通じ共同声明に対する韓国の反応を公式発表前に打診し、度を過ぎないものに弱めるよう試みた。ポーター大使は、韓国政府がマスコミに公式的な立場を発表する前にその発表内容の提示を求めた。崔外務部長官は、「共同声明には、価値ある内容は一言もない」[96] と返答し、不満を表したものの、公式的には不満を抑制した。基地の態様の変化に対する強い懸念が、日米両国に受け入れられなかったことは韓国にとって外交的な失敗であった。ポーター大使は、返還が行われる一九七二年まで交渉を続けようとした韓国の反応を、外交的な失敗への批判から逃れるための苦肉の策としてみていた。(97)

韓国防衛の責任を負っていた米国が、沖縄基地の戦略的な価値の評価において、韓国と一致していたのはもちろんのことである。ロジャース国務長官は、日米間の返還交渉の難航が予想されるなか、沖縄返還問題に関する韓国の論評を歓迎していた。韓国防衛問題が米軍基地の自由使用権の獲得に有利な要因として作用するであろうと考えていたのである。(98) そのためポーター大使から沖縄返還への韓国側の懸念が知らされた際、韓国に日米間の交渉情報を提供するようにした。ポーター大使も、韓国と台湾に対し、交渉過程についての説明を行うように米国国務省に要請した。国務省はその要請に答え、スナイダー日本部長を韓国と台湾に派遣し、(99) 両国の理解を求めた。スナイダーは、韓国の丁一権国務総理に対し説明を行い、これで韓国政府は満足を示すだろうと判断していた。(100)

一方、韓国側の働きかけが日米間協議への干渉になるとみなしたロジャース長官は、韓国に対しては協議ではなく、情報提供にとどめる方針を明確にしていた。(101) 韓国と協議の場を設けた場合、日本の否定的な反応を引き起こしかねないと判断していたのである。米国は、韓国による干渉によって日本政府が国民や野党の攻撃にさらされることを避けようとしていた。

おわりに

沖縄返還交渉の結果、日米共同声明に「韓国条項」が謳われたものの、日韓の間では異なる情勢認識と安保政策を背景に、安保摩擦が生じた。日本が韓国の要請を受け入れなかったことに対し、朴正煕大統領は、不満を表し、韓国による度重なる協議要請は日本政府に苛立ちをもたらす結果にしかならなかった。情勢認識の側面からみた場合、日本は冷戦規範に変化が現れ始めたとみなし、沖縄基地の役割はそれゆえ低下したと認識した。そのため、返還以後も基地機能が維持されることを願った韓国の要請を「核抜き」、「本土並み」返還を妨げるものとして捉えた。他方、韓国は北朝鮮による挑発を受けていたことから国際的な緊張緩和と東アジアでの緊張緩和を別々のものであるとし、沖縄基地の東アジアにおける役割をより重要視した。

また政策的な側面からも、日本は、韓国の協力要請を内政干渉とみなし、退けた。沖縄返還問題を日米の二国のみの問題として設定し、事前協議の例外事項として日米間で了解されていた「朝鮮議事録」（一九六〇年）の秘密取り決めを拘束力が低い「一方的な声明」に置き換えようとした。それに対し韓国は、東アジアの安全保障の観点から沖縄基地の機能維持を要請し続けた。日本に直接働きかけるだけではなく、ベトナム参戦国会議やアジア太平洋協議会のような多国間協議の場に話し合いを持ち出し、日本の譲歩を促したのである。

このような日韓それぞれの外交努力は米国の反対にぶつかり、失敗を余儀なくされた。米国は「朝鮮議事録」を維持させ、韓国有事に対して米軍基地の自由使用を確保するようになった。また日本に対する韓国の協議要請が日本の否定的な反応を引き起こすことを懸念し、韓国が強硬な態度をやめ、不満を自制するように促した。こうして相反する日韓の立場は、東アジアにおける安全保障の公共財を作ろうとする米国の政策調整の影響を受けながら、「韓国条項」に収斂したのである。「韓国条項」が成立する過程は、同条項が安全保障上の要請と緊張緩和の要請との妥協の産物であったことを示している。

（1）外務省アメリカ局「佐藤栄作総理大臣とリチャード・M・ニクソン大統領との間の共同声明」一九六九年一一月二一日、外務省編『わが外交の近況』第14号、一九七〇年、三九九～四〇三頁。
（2）「ナショナル・プレス・クラブ演説」細谷千博編『日米関係資料集：一九四五―一九九七』（東京大学出版会、一九九九年）七九五頁。
（3）ヴィクター・D・チャ（倉田秀也訳）『米日韓　反目を超えた提携』（有斐閣、二〇〇三年）七九頁。
（4）劉仙姫『朴正煕の対日・対米外交』（ミネルヴァ書房、二〇一二年）。倉田秀也「朴正煕『自主国防論』と日米『韓国条項』―『総力安保体制』の国際政治経済」、小此木政夫・文正仁共編『市場・国家・国際体制』（慶應義塾大学出版会、二〇〇一年）一六八～一七〇頁。尹徳敏『日米沖縄返還交渉と韓国外交―沖縄返還にみる韓国の安全をめぐる日米韓の政策研究』慶應義塾大学法学研究科博士論文、一九九一年、一四七～一四九頁。
（5）外務省編『わが外交の近況（昭和四四年版）』第一四号、一九七〇年、六一～六二頁。
（6）沖縄基地問題研究会「沖縄基地問題研究会報告書」、岡倉古志朗・牧瀬恒二編『資料沖縄問題』（労働旬新社、一九六九年）五三九～五四一頁。
（7）国分良成「東アジアにおける冷戦とその終焉」、鴨武彦編『講座世紀間の世界政治③』（日本評論社、一九九三年）四三～四六頁。
（8）Richard M. Nixon, *The Third Year of His Presidency*, Congressional Quarterly Service, Washington, D.C., 1972.
（9）米国が中国に送った外交上のシグナルに関しては、ヘンリー・キッシンジャー（斎藤弥三郎他訳）『キッシンジャー秘録、第一巻　ワシントンの苦悩』（小学館、一九七九年）二一六～二五六頁。田久保忠衛『ニクソンと対中国外交』（筑摩書房、一九九四年）一一〇～一一五頁を参考。
（10）NSSM-5: Japan Policy, Records group 59, NSC Meeting files, 1966-1970, April 28, 1969, *Japan and the United States: Diplomatic,*

Security and Economic Relations, 1960-1976 [microfiche]（以下 *Japan and the United States*),（Ann Arbor: ProQuest Information and Learning, 2001）no.1061.

(11) ヘンリー・キッシンジャー（斎藤弥三郎他訳）『キッシンジャー秘録、第二巻 激動のインドシナ』（小学館、一九七九年）二八〜二九頁。

(12) 神谷不二「七〇年代日本の国際環境」『中央公論』一九六九年一〇月号、九六〜一一三頁。

(13) 高坂正堯は、防衛力を持つことに対する否定的な立場を、防衛否定論、外交論的否定論、価値論的否定論の三つに分けて分析している。高坂正堯「日本の外交論における理想主義と現実主義」、国民講座日本の安全保障編集委員会編『国民講座・日本の安全保障第四巻』（原書房、一九六八年）。

(14) 外務省編『わが外交の近況』第一四号、一九七〇年、六一〜六二頁。

(15) NSSM5: Japan Policy, April 28, 1969, *Japan and the United States*, no.1061.

(16) NSDM13: Policy toward Japan, May 28, 1969, *Japan and the United States*, no.1074.

(17) このような同盟国日本像の転換は、ナショナリズムに基づいた日本の膨張を憂慮したジョンソン政権末期の対日政策転換の延長線にあった。中島信吾「同盟国日本像の転換」、波多野澄雄編『池田・佐藤政権期の日本外交』（ミネルヴァ書房、二〇〇四年）七八〜八三頁。

(18) The Guam Doctrine, July 25, 1969, *Public Paper of the Presidents: Richard Nixon, 1969*, pp.544-546（細谷千博編『日米関係資料集：一九四五〜一九九七』東京大学出版会、一九九九年、七七九〜七八五頁）.

(19) The Nixon Doctrine, February 18, 1970, *Public Paper of the Presidents: Richard Nixon, 1969*, pp.116-114（細谷千博編、前掲書、八〇〇〜八〇五頁）.

(20) Telegram from the Embassy in Tokyo to the Department of State, as Okinawa goes so goes Japan, Tokyo 7141, September 2, 1969（石井修・我部政明・宮里政玄監修『アメリカ合衆国対日政策文書集成、第一四期（沖縄編）、第五巻』（柏書房、二〇〇四年）三八〜四三頁。以下『対日政策文書（沖縄編）』第五巻の要領で略記）.

(21) NSSM5: Japan Policy, *Japan and the United States*, no.1061.

(22) NSDM13: Policy toward Japan, *Japan and the United States*, no.1074.

（23）沖縄返還の内容と方向が具体的にまとめられた最初の文書であり、一九六九年三月一一日に佐藤が「本土並み」での返還を基本的な立場として打ち出すことにつながったと考えられる。沖縄基地問題研究会「沖縄基地問題研究会報告書」、五三三頁。

（24）中島琢磨『沖縄返還と日米安保体制』（有斐閣、二〇一二年）一三二～一四七頁。千田恒『佐藤内閣回想』（中央公論社、一九八七年）六一～六六頁。

（25）沖縄基地問題研究会「沖縄基地問題研究会報告書」、五三六～五三七頁。

（26）同右、五三九～五四一頁。

（27）「第六一回参議院予算委員会議事録八号」一九六九年三月一〇日。

（28）「第六一回参議院予算委員会議事録九号」一九六九年三月一一日。

（29）「第六一回参議院予算委員会議事録一二号」一九六九年三月一三日。

（30）「第六一回参議院沖縄特別委員会議事録一八号」一九六九年五月七日。

（31）中島琢磨、前掲書、一五七～一六三頁。『朝日新聞』一九六九年五月二〇日。

（32）『朝日新聞』一九六九年五月一八日。

（33）Memorandum of Conversation, Foreign Minister of Japan Aichi's Call on the Secretary, June 3, 1969, *Japan and the United States*, no.1082.

（34）Memorandum of Conversation, Aichi's Call on the President, June 2,1969, *Japan and the United States*, no.1080.

（35）Telegram from the Department of State to the Embassy in Tokyo, Aichi Visit, State 092722, June 7, 1969, *Japan and the United States*, no.1085; Telegram from the Department of State to the Embassy in Tokyo, Aichi Visit and Okinawa, State 092811, June 7, 1969, *Japan and the United States*, no. 1086.

（36）「第六一回衆議院本会議議事録二七号」一九六九年六月一三日。

（37）「第六一回衆議院北方領土沖縄特別委員会議事録一五号」一九六九年六月一七日。

（38）Memorandum of Conversation, Okinawa, in folder of Japanese Materials, July 17, 1969（琉球列島米国民政府（ＵＳＣＡＲ）高等弁務官室文書、管理番号 U80100013B）, 1969–1972, p.3, 沖縄県公文書館所蔵。「2-5 沖縄返還問題に関する愛知大臣・マイヤー米大使会談、一九六九年七月一七日」『いわゆる「密約」問題に関する調査、その他関連文書―一九六〇年一月の安保条約改定時の朝鮮半島有事の際の戦闘作戦行動に関する「密約」に係る調査の関連文書』（管理番号 2010-6440）。

（39）「朝鮮記事録（the Korean minute of 1960）」とは、一九六〇年の日米安保条約改定の際に、事前協議制が設けられたものの、韓国有事事態に関しては、事前協議を経ることなく、在日米軍の戦闘作戦行動ができるように保証したもので、「マッカーサー・藤山議事録」（一九六〇・六・二三）を指す。沖縄返還交渉の際には、基地の態様に関する米国の対日政策文書（NSC6008-1, NSSM-5）や日米交渉での両国の言及によって確認されていた。後の一九七四年に米国のＮＳＣで国連軍司令部の解体問題が議論された際、在日米軍基地の利用と関連して同文書の存在が確認されている。Memorandum for the Assistant to the President for National Security Affairs, Use of U.S. Bases in Japan in the Event of Aggression in Korea, Attachments: Korean Minute, U.S. National Security Council: Institutional Files, 1974-77, Box53, Institutional Files-MSDMs, Gerald R. Ford Presidential Library. 他方、日本政府はこの文書の存在を否定し続けてきたが、二〇一〇年に日本政府の密約調査によってようやくその全文が公開された。「2-2（議事録）、一九六〇年一月六日」『いわゆる「密約」問題に関する調査、その他関連文書』（管理番号 2010-6440）。なお沖縄返還交渉の際、日米両国の主な対立点であった同覚書は、米国が日本側に韓国条項を受け入れさせる根拠となった。

（40）「一片の紙切れ（bout de papier）」による日本側の提案、Memorandum of Conversation, Okinawa, in folder of Japanese Materials, July 17, 1969, p.8.

（41）我部政明『沖縄返還とは何だったのか―日米戦後交渉史の中で』（ＮＨＫブックス、二〇〇〇年）一二七頁。

（42）栗山尚一著（中島琢磨他編）『沖縄返還・日中国交正常化・日米「密約」』（岩波書店、二〇一〇年）二三七～二四三頁。

（43）Memorandum of Conversation, Okinawa, in folder of Japanese Materials（琉球列島米国民政府（ＵＳＣＡＲ）高等弁務官室文書）, p.8.

（44）Ibid.

（45）Telegram from the Department of State to the Embassy in Tokyo, Okinawa Negotiations, State140943, August 20, 1969（『対日政策文書（沖縄編）』第四巻、二六〇頁）.

（46）「東郷・スナイダー会談（八月二七日午前）」一九六九年八月二七日、『沖縄関係20- 沖縄返還』（管理番号 F0600-2010-00032, H22-012, 00000015）。

（47）Telegram from the Department of State to the Embassy in Tokyo, Okinawa Negotiations, State151979, September 9, 1969, *Japan and the*

United States, no.1119.

(48) 当時は、パリ（Paris）でベトナム和平会談が行われていたが、韓国はベトナム戦争と沖縄返還問題の行方を一九七〇年代の核心問題として捉えていた。「第七代第六九回国会外務委員会会議録第一号—国際情勢報告聴取の件」大韓民国国会事務処、一九六九年四月三日。

(49) 『韓国日報』一九六九年三月一六日。

(50) 『朝鮮日報』一九六九年三月二六日。

(51) 木宮正史は、韓国の冷戦外交を分類したなかで、ベトナム派兵を冷戦「過剰対応」として位置付けた。木宮正史「一九六〇年代韓国における冷戦外交の三類型—日韓国交正常化、ベトナム派兵、ＡＳＰＡＣ」、小此木政夫・文正仁共編『市場・国家・国際体制』（慶應義塾大学出版会、二〇〇一年）。

(52) 一九六九年一〇月から大統領秘書室長を務めた金正濂によれば、一九七〇年序盤、米国の在韓米軍の一部撤収が伝えられた際、韓国側は何の準備もできていなかったという。金正濂『アア、朴正熙』（ソウル：中央M&B、一九九七年）二八〜二九頁。また、当時国連大使であった金溶植は、ニクソン・ドクトリンの適応対象から韓国は除外されるとみていたと回顧している。金溶植『希望と挑戦』（ソウル：東亜日報社、二〇〇一年）一八二〜一八三頁。

(53) 韓国外務部「我国と自由アジアの安全保障対策試案に対する大統領の指示（一九六八年一一月二六日）」『ＡＰＡＴＯ（アジア太平洋条約機構）創設構想』（分類番号 729.35, 登録番号 3107）二七頁。

(54) 韓国外務部「琉球（沖縄）問題—問題点と政府立場」『日・米間沖縄返還問題、一九六九（全二巻、V.１一九六九・一〜六月）』（分類番号 722.12JA/US, 登録番号 2958）。

(55) 同右、五一頁。

(56) 同右、八三頁。

(57) 『東亜日報』一九六九年三月一三日、『朝鮮日報』一九六九年三月一四日、一五日。

(58) Telegram from the Embassy Seoul to the Department of State, Okinawa, Seoul 1748 and Seoul 1731, April 9, 1969（『対日政策文書（沖縄編）』第三巻、一四八〜一五一頁）.

(59) 韓国外務部「琉球（沖縄）問題に関する面談記録」『日・米間沖縄返還問題、一九六九』、一九六九年四月九日。

（60）韓国外務部「Aide Memoire（駐韓日本大使に手渡した覚書）」、同右文書綴、一九六九年四月九日。

（61）「外務委員会会議録第一号」『第七代第六九回国会常任委員会会議録』一九六九年四月一〇日、大韓民国国会事務処、五頁。

（62）Telegram from the Embassy in Tokyo to the Department of State, ROK Interest in Okinawa, Tokyo 2818, April 12, 1969（『対日政策文書（沖縄編）』第三巻、一五七～一五八頁）.

（63）駐日韓国大使館「JAW-04120、受信：外務長官、発信：駐日韓国大使」一九六九年四月一〇日、『日・米間沖縄返還問題、一九六九』。

（64）同右。『読売新聞』一九六九年四月一三日。

（65）Telegram from the Embassy in Seoul to the Department of State, Okinawa, Seoul 1873, April 15, 1969（『対日政策文書（沖縄編）』第三巻、一七六頁）.

（66）韓国外務部「琉球（沖縄）問題に関する面談要録（金正泰亜州局長と上川駐韓日本公使）」一九六九年四月一六日、『日・米間沖縄返還問題、一九六九』。

（67）「第六一回衆議院予算委員会会議録五号」一九六九年二月六日。

（68）韓国外務部「第三次韓日定期閣僚会議会議録」『韓・日定期閣僚会議、第三次、東京、一九六九・八・二六―二八、全五巻（V．3結果報告）』（分類番号 723.1JA、登録番号 3008）二五一～二五二頁。

（69）同右、前掲文書綴、二二八～二二九頁。

（70）同右、二五五～二五六頁。

（71）『朝日新聞』一九六九年八月二七日（夕）。

（72）「第三回韓日定期閣僚会議共同声明（一九六九年八月二九日）」高麗大学亜世亜問題研究所編『韓日関係資料集、第二巻』一九九七年、六四〇頁。

（73）Telegram from the Embassy in Seoul to the Department of State, Seoul 2875, May 31, 1969（『対日政策文書（沖縄編）』第四巻、三三八～三三九頁）.

（74）Telegram from the Department of State to the Embassy in Seoul, TCC Meeting Bangkok, State 77415, May 15, 1969（『対日政策文書（沖縄編）』第三巻、三〇四～三〇六頁）.

（75）Telegram from the Embassy in Seoul to the Department of State, Okinawa, Seoul 2949, June 4, 1969（『対日政策文書（沖縄編）』第四巻、二二五頁）.

（76）『朝日新聞』一九六九年六月一日。

（77）Telegram from the Embassy in Seoul to the Department of State, Okinawa, Seoul 2949, June 4, 1969（『対日政策文書（沖縄編）』第四巻、二二五～二二六頁）.

（78）Telegram from the Embassy in Seoul to the Department of State, Seoul 3343, June 23, 1969（『対日政策文書（沖縄編）』第四巻、八六頁）.

（79）『読売新聞』一九六九年一〇月二六日。

（80）Telegram from the Embassy in Seoul to the Department of State, "Japanese Press Report on Language of Nixon-Sato Communiqué", Seoul 5941, October 29, 1969（『対日政策文書（沖縄編）』第六巻、二七一～二七二頁）.

（81）ポーター大使は、一一月八日の公電で、日本公使が将来の韓国との協議についてもその可能性を認めなかったとワシントンに報告している。Telegram from the Embassy in Seoul to the Department of State, "Okinawa Negotiation", Seoul 6147, November 8, 1969（『対日政策文書（沖縄編）』第七巻、七四～七五頁）.

（82）東北亜州局「面談要録（金正泰亜州局長と上川駐韓日本公使）」一九六九年一〇月二八日、韓国外務部『日・米間沖縄返還問題、一九六九（全二巻、V.２一九六九・七～一二月）』（分類番号 722.12JA/US、登録番号 2959）、五八～六一頁。

（83）Telegram from the Embassy in Seoul to the Department of State, Seoul 6290, November 17, 1969（『対日政策文書（沖縄編）』第七巻、一六六～一六七頁）.

（84）Ibid.

（85）Telegram from the Embassy in Seoul to the Department of State, Okinawa Communiqué, Seoul 6329, November 19, 1969（『対日政策文書（沖縄編）』第七巻、一八〇～一八一頁）.

（86）韓国外務部「WJA-1125、送信：外務部長官、受信：駐米・駐日大使」一九六九年一一月二三日、『日・米間沖縄返還問題、一九六九』、二〇七頁。

（87）Telegram from the Embassy in Seoul to the Department of State, Public Reaction to U.S.-Japan Communiqué on Okinawa, Airgram-381,

November 25, 1969（『対日政策文書（沖縄編）』第七巻、一九七〜一九八頁）.

（88）「ナショナル・プレス・クラブにおける演説」、鹿島平和研究所編『日本外交主要文書・年表（一九六一〜一九七〇）』第二巻、原書房、一九八四年。

（89）韓国外務部「大統領閣下の金山日本大使との面談要録」『日・米間沖縄返還問題、一九六九』、一九六九年一一月二四日、二〇八〜二二二頁。

（90）「第七代七二回国会外務委員会会議録第一三号」大韓民国国会事務処、一九七〇年三月一〇日、一〇頁。

（91）同右、一〇〜一一頁。

（92）Telegram from the Department of State to the Embassy in Tokyo, Okinawa Negotiations, State140943, August 20, 1969（『対日政策文書（沖縄編）』第四巻、二六〇頁）、「東郷・スナイダー会談（八月二一日午後）」一九六九年八月二一日（『沖縄関係20-沖縄返還』（管理番号 F0600-2010-00032, H22-12, 00000006）。

（93）Telegram from the Embassy in Seoul to the Department of State, Okinawa, Seoul 1748, 1731, April 9, 1969（『対日政策文書（沖縄編）』第四巻、一四八〜一五一頁）.

（94）Telegram from the Embassy in Seoul to the Department of State, Seoul 2997, June 6, 1969（『対日政策文書（沖縄編）』第四巻、四一〜四二頁）.

（95）Telegram from the Department of State to the Embassy in Tokyo（Sneider）, State 187978, November 6, 1969（『対日政策文書（沖縄編）』第七巻、四三頁）.

（96）Telegram from the Embassy in Seoul to the Department of State, ROKG Reaction to Nixon-Sato Communiqué on Okinawa Reversion, Porter sent to Rogers, Seoul 6359, November 22, 1969（『対日政策文書（沖縄編）』第七巻、一九一〜一九二頁）.

（97）Ibid.

（98）Telegram from the Department of State to the Embassy in Seoul, State 44757, March 22, 1969（『対日政策文書（沖縄編）』第三巻、一二三〜一二四頁）.

（99）Telegram from the Embassy in Taipei to the Department of State, Taipei 4306, October 28, 1969（『対日政策文書（沖縄編）』第六巻、二六一〜二六三頁）.

(100) Telegram from the Embassy in Seoul to the Department of State, Seoul 6147, November 8, 1969（『対日政策文書（沖縄編）』第七巻、七五頁）.

(101) Telegram from the Department of State to the Embassy in Seoul and Tokyo, State 67673, April 30, 1969（『対日政策文書（沖縄編）』第三巻、二六一～二六二頁）.

第三章 在韓米軍の削減と日韓安保経済協力（一九七〇～七三年）

――「四つのプロジェクト」をめぐる協力

一九七〇年二月、ニクソン大統領の外交教書で「ニクソン・ドクトリン」が定式化された。安全保障における各国の自助努力を求める内容だったが、韓国への適用は、在韓米軍の削減として現れた[(1)]。米国は、一九六〇年代末から日本に対し、東アジア地域の安全保障における役割増大を促してきていたが、在韓米軍の削減は、韓国の安全保障に対する日本の協力のあり方が問われる出来事にほかならなかった。そのようななか、韓国は日本に対し、軍事的支援者としての役割を求め、防衛産業に転換可能な「四つのプロジェクト」[(2)]に対する協力を要請した[(3)]。韓国からの要請は、その後の日本との協議過程で変容していったが、その結果が七〇年代における日韓協力のあり方を方向づけるようになったと考えられる。

従来の研究は、「四つのプロジェクト」は日本からの協力が得られず、失敗に終わり、韓国政府は政策転換を余儀なくされたとしている[(4)]。プロジェクト失敗をきっかけに七〇年代の重化学工業化の推進主体が経済企画院から青瓦台〔大統領府〕に移ったという分析もなされるほど、韓国の重化学工業政策における転換点として重視されてきた。[5] ところが、韓国政府が政策転換によって同プロジェクトの推進を中止したとされる七一年一一月以降にも、日韓の間では、プロジェクトの実現に向けた協議が続けられていた。そして、七三年一月二五日に日本輸出入銀行は「四つのプロジェクト」に対する融資を開始した。[6] このことは、同プロジェクトの破棄、そして重化学工業政策への転換という、韓国の政策転換だけでは説明できない部分が残されていることを示唆している。

本章は、第一にこれまで注目されてこなかったこうした事実をもとに、政策的連続性の視点から、同プロジェクトをめぐる日韓の協力過程を分析する。そして一九七〇年代初頭の在韓米軍削減を受けて、韓国と日本が「安保経済協力」の視点で協力可能な領域を見出していたことに注目する。第二に、韓国の協力要請が、日本の対応との折り合いの中でどのように変容していったのか、それが日韓安保経済協力にどのような影響を及ぼしたのかを明らかにする。

一　在韓米軍削減と日本

（1）在韓米軍削減の決定

ベトナム戦争の早期終結を掲げて誕生したニクソン政権は、国内世論や財政的な圧迫のなかでアジアの兵力削減に乗り出した。すでに六九年八月、レアード（Melvin Laird）国防長官はベトナム戦争の主力を南ベトナム軍に移す「ベトナム化」の方針を表明し、具体的な米軍削減計画を打ち出していた。[7] それは、約三二万人の米軍をアジアから削減することであった。ベトナムから二六五、五〇〇人、韓国から二〇、〇〇〇人、タイから一五、八〇〇人、日本から一二、〇〇〇人、フィリピンから九、一〇〇人である。[8]

一九七〇年二月、ニクソン大統領の外交教書を通して定式化された「ニクソン・ドクトリン」は、（1）米国は条約上のコミットメントをすべて遵守する、（2）米国と同盟関係にある諸国の自由、または米国の安全と地域全体の安全保障にとって死活的に重要と米国がみなす諸国の自由を核保有国が脅かした場合、米国は楯を提供する、（3）それ以外の場合には、要請があったり適切と思われる時には、米国は軍事・経済援助を行うが、脅威に直面している国家が自国防衛のために兵力を提供する一義的責任を負うことを期待する、という内容を盛り込んでいた。[9]

ニクソン・ドクトリンの韓国への適用は一九七〇年三月二〇日、国家安全保障会議（NSC）政策決定覚書（NSDM）48を通して決定された。一九七一会計年度末までに在韓米軍二〇、〇〇〇人を削減するものであった。[10]在韓米軍の削減は、局地防衛に局地戦力を適用するニクソン・ドクトリンの試金石とみなされており、[11]韓国に対する「ニクソン・ドクトリン化」を象徴するものであった。ニクソン政権による在韓米軍削減に対する政策検討は、政権発足直後の一九六九年二月二二日、政策検討覚書（NSSM）27[12]によって開始され、各省庁間の検討を経て、同年八月一四日にNSCで検討会議が開かれた。[13]レアード国防長官は緊縮された国防予算下で六〇、〇〇〇人の在韓米軍を維持することに対する疑問を提示し、韓国の軍事力を向上させる「韓国化（Koreanizing）」を推進すべきであると主張した。この時点で慎重な立場を示していたのは、ニクソン大統領であった。ニクソンは「中ソ紛争」と「南ベトナム問題」をあげ、削減に懐疑的であった。[14]中ソ紛争によって北朝鮮に対する中国やソ連の抑制が利かなくなる可能性を懸念していたからであろう。このような認識には、同年四月一五日に米国の偵察機ＥＣ‐１２１が北朝鮮領空付近で撃墜されたことが大きく作用していたと考えられる。また、南ベトナムからの撤退が既成事実となっているなかで、在韓米軍を削減すれば、アジアの同盟国の間で米国のコミットメントの信頼性が低下しかねないとの懸念もあった。このような政治的な側面を考慮すれば、削減に踏み切ることはそれほど簡単なことではなかった。

しかし、それにもかかわらず、国防予算の削減という議会の圧力により在韓米軍の削減は実施せざるを得なかった。それゆえ、それ以後の在韓米軍削減をめぐる議論は、どの程度の兵力を維持するのが適切であるかをめぐって展開された。在韓米軍は韓国における米軍のプレゼンスを象徴するものであり、抑止力の問題を引き起こしかねないので完全撤退は避けるべきものとされた。[15] しかし、統合参謀本部（ＪＣＳ）と各省間の検討会議に分けて議論を進めたが、適切な在韓米軍兵力規模をめぐって明確な結論を見出すことはできなかった。一九七〇年三月四日のＮＳＣ会合では、[16] それまでの議論を踏まえて米軍と韓国軍のそれぞれの規模、そして米軍撤退のタイミングが議題としてあがった。ここでキッシンジャーは、ニクソンに対して在韓米軍と韓国軍の規模について、（1）米軍二個師団と韓国軍一八個師団、（2）米軍二個旅団と近代化した韓国軍一八個師団、（3）米軍一個師団と近代化した韓国軍一八個師団、（4）米軍一個師団と近代化した韓国軍一六個師団、（5）米軍の現状維持と近代化した韓国軍一八個師団といった五つの政策オプションを提示した。

ロジャース国務長官は、削減の政治的影響を考慮して二段階による撤退案を示した。すなわち、まずある程度の削減を行った上で、ベトナムから韓国軍が帰還すれば追加削減を実施するという案であった。これに対し、パッカード（David Packard）国防副長官は、重要な問題は議会が韓国軍の近代化に対してどれほど協力するかにかかっているとの見解を示した。ニクソンは六四、〇〇〇人の在韓米軍すべてを維持するのは困難であり、ある程度の兵力を削減すべきであるとの原則的な立場を取り、具体的な兵力維持規模については言及を避けた。ただし、削減の決定が朴大統領の要請によって実行されたように印象付ける必要があるとし、韓国軍近代化への支援をその手段として活用するように指示した。前述したように、ニクソン大統領は米国の主導で削減を行った場合の、アジア同盟国の動揺を懸念していたのである。

このような議論を経て、三月二〇日に在韓米軍の削減とその後の後続措置や韓国政府との交渉指針などを盛り込んだ政策決定覚書（NSDM）48が承認された。その主な内容は、（1）ニクソン大統領は一九七一会計年度末まで、在韓米軍二〇、〇〇〇人の削減を承認する。（2）ニクソン大統領は、削減決定が現在の韓国軍の能力と将来の近代化を考慮した朴大統領のイニシアティブによってなされたとすることを望んでいる。（3）米国政府は議会に対し、韓国軍近代化のために一九七一―七五会計年度にわたり毎年二億ドルの軍事援助計画を、一年から一年半以上にわたり五、〇〇〇万ドルの経済援助計画を提出する。（4）追加削減は、韓国軍がベトナムから帰還する一九七二会計年度まで、近代化が進行されるまで行わない、というものであった[17]。

（2）在韓米軍の追加削減の中止

日本政府は在韓米軍の撤退が北東アジア地域の安全保障に与える影響を懸念していた。一九七〇年三月三日、第一一回日米政策企画協議で日本側は、在韓米軍の縮小、特に陸上二個師団の引揚げはきわめて重大な結果を招来するので、縮小はすべきではないと主張した。そして合理化を図るとしても漸進的に、状況とにらみ合わせて行うべきであるとの見解を示した[18]。そして、六月末に牛場信彦外務事務次官はマイヤー駐日米国大使に対し、韓国からの米軍撤退は日本が現行政策を再考する要因になりうると述べた。[19] 牛場の発言は、在韓米軍の削減が日本の日米同盟を基軸とする安全保障政策の再検討を、さらには軍事大国化を意味しかねないという認識を示したものであった。同年七月に在韓米軍の削減が公表された後、佐藤栄作首相は来日したロジャース国務長官との会談で、「米軍プレゼンスの縮小は、相当な衝撃を与えており、時期的に非常に敏感な問題である」と述べ、削減を慎重に行う必要性があると指摘した。これに対しロジャースは、完全撤退ではなく、削減によって米軍のプレゼンスを修正するものに過ぎないと強調し、基本政策の変更ではないと明言した。そして、「大統領は、太平洋における強力なプレゼンスを維持するという自らの政策のために、世論と議会の継続的な支持を得る必要があると考えている」[20]と説いた。

このような安全保障上の憂慮は、次第に日本が米軍の肩代わりをさせられるのではないかという懸念に変わっていった。中曽根康弘防衛庁長官は、七月一三日、国会での答弁で「しかし、日本は日本固有の外交体系あるいは防衛体系を持ち、憲法のもとにわが国益を守る国策を遂行している国でございますから、日本は日本独自の道でこういうアジアの情勢全般を評価しつつ、日本の道を探究していかなければならない」[21]と答えていた。

ところで、前述したとおり、二〇、〇〇〇人の在韓米軍削減を決定したNSDM48は、追加削減についても言及していた。この政策決定において、しかし、在韓米軍の追加削減をめぐる議論が本格的に進むなかで、米国務省は国防予算削減による在韓米軍の削減がアジアの同盟国、特に日本に与える影響を慎重に検討し始めるようになった。[22]

駐日米国大使館は、在アジア米軍の縮小が日本の安全保障上の不安を呼び起こし、最終的に日本の「軍事大国」化をもたらす可能性を指摘していた。国際環境の変動がない限り日本は現状を維持するだろうが、アジアにおける戦争によって、「もし、米国のアジアにおける将来の行動が自分たちを守るという根本的な公約の放棄を意味すると判断すれば、日本は自らの安全を保障するために、軍事大国としての新しい役割を演じざるを得ないだろう」(23)と予想したのである。また、米国がアジアでのプレゼンスや公約を縮小するタイミングや方法は、地域問題に対する日本の政策の方向性に直接的な影響を与えるかもしれないと警戒していた(24)。

このような懸念を背景に、追加削減の政治的影響をあげ、慎重に進めるべきだと主張する国務省と、追加削減を進めようとする国防総省との間で政策対立が顕著に表れるようになった。国務省は米軍のプレゼンス縮小がもたらす信頼性の低下が、日本の「軍事大国」化を引き起こすのではないかという懸念を全面に表すようになった(25)。まず、軍事予算の縮小がアジアの同盟国に「ニクソン・ドクトリンへの理論的な適応」としてではなく、「米国の敗走」として認識されるであろうと分析した。また、日本への影響について触れ、「米国の政治的利益という面から言えば、日本への影響は、潜在的にもっとも深刻なものとなろう、通常兵力の急激な削減は、特に戦略兵力の削減と同時に行われる場合、米国による安全の保障に対する日本の信頼を深刻に傷つけ、核兵器の問題に関する日本の安全保障政策の方向性を変更させる可能性がある」(26)と指摘したのである。

八月の国家安全保障会議（ＮＳＣ）に備え、スパイアーズ（Ronald I. Spiers）国務省政治軍事問題局長は、ロジャース国務長官とジョンソン次官補に対し、一九七二会計年度に第二師団を韓国から完全撤退させるべきではなく、最低でも一九七三会計年度まで維持すべきであると提言した(27)。東アジア・太平洋局も在韓米軍のいかなる追加削減にも強く反対した。ＮＳＣに備える省内の会合において、もし一九七二会計年度に第二師団の撤退が行われれば、韓国だけではなく日本への心理的影響も深刻となり、まだ残存しているニクソン・ドクトリンへの信用は完全に失われるだろうという懸念が示された(28)。結局、ロジャースとジョンソンは、その外交的影響を重視して、一九七二年と一九七三会計年度における在韓米軍の追加削減に断固として反対するようになった。[29]

しかし国防総省は、防衛予算を最終的に決定する七〇年八月のＮＳＣ直前に、一九七三会計年度における在韓米軍の追加削減を検討していることを明らかにした。第二師団の約三分の二に当たる一四、〇〇〇人を撤退させ、一九七三会計年度終了後には韓国に新設の二万人規模の特殊部隊のみが駐留する構想であった。[30] これに対し、ジョンソン国務次官補は、パッカード国防副長官に対し、在韓米軍は北東アジアにおける米国の防衛公約の維持という点で大きな政治的重要性を有しているとした上で、追加削減を決定するべきではないと述べた。さらに、ロジャースはニクソン大統領に対し、在韓米軍撤退の抑制を求めた。ロジャースは在韓米軍削減において重要なのは韓国よりも日本であるとした上で、在韓米軍の削減により、日本に米国の能力や意図に疑問を抱かせることとなれば、独自の核保有を支持する勢力を強める恐れがあると、在韓米軍撤退を抑制する理由を述べた。[31]

国務省と国防総省の対立に対し、キッシンジャーは在韓米軍の撤退は軍事的、財政的な観点からみた場合には必要であるとしながらも、政治・外交の観点からその追加削減には否定的な見解を示した。[32] ニクソンはキッシンジャーの意見を受け入れ、ＮＳＤＭ48で「韓国軍がベトナムから帰還する、もしくは韓国軍の近代化が実行されるまで追加削減を決定しない」としたことを取り上げ、追加削減には踏み切らない方針を固めた。[33] 一九七一年八月の時点で、一九七三会計年度まで一個師団を韓国に駐留させる決定が、ニクソン大統領によってなされていたのである。[34]

二　安保経済協力としての「四つのプロジェクト」

（1）韓国からの協力要請

一九七〇年五月二一日、丁一権国務総理は佐藤首相と会談し、二年後の一九七二年から始まる第三次経済開発五カ年計画への支援を要請した[35]。丁総理は、経済開発が失敗すれば経済だけでなく政治不安も招くことになるとした上で、自由経済が社会主義経済に優ることを立証するためには日本の積極的な協力が必要であると述べた。特に、七二年から七六年の間に北朝鮮側に武力統一は不可能であることを悟らせることができれば、その後は経済戦争に変わるはずであること、そして経済的優位性を保つことが将来の統一においても有利になるはずであるという胸中を披歴した。在韓米軍を削減しようとする米国の方針がすでに非公式に韓国と日本に伝えられていた時期である。

そして一九七〇年六月二二日、韓国の黄秉泰経済企画院運営次官補は、第三次経済開発五カ年計画の期間中（一九七二〜七六年）に建設する「重工業育成計画」プロジェクトを日本側に示した[36]。ここで黄次官補は八つの工場建設計画があることを明らかにし、そのうち重機械工場と造船所、特殊鋼の三つの工場に対する計画案を手渡した。残り五つの工場は、自動車関係、鋳物用銑鉄（以下、鋳物銑）、真鍮（伸銅）、光学および通信機工場であった。その後、七月三日の会合で日本側が八つの工場すべてに対し協力を期待しているかと問うと、韓国側は三つの工場に五、三〇〇万ドル、自動車に二、八〇〇万ドル、鋳物銑に九〇〇万ドル、真鍮と光学および通信機工場に九〇〇万ドルで、合計一億ドルの協力を要請した[37]。

ところが、このような重工業育成計画は、七月三日の青瓦台会議で防衛産業育成案として新たに設定し直されることとなる。同会議には、朴正煕大統領をはじめ、関係閣僚らと李厚洛駐日韓国大使が参加し、第四回日韓定期閣僚会議の案件を定めた。この場で朴大統領は金鶴烈経済企画院長官に二五〇万の郷土予備軍を武装させる兵器を生産する工場建設を指示した(38)。在韓米軍削減に伴う韓国軍近代化については、米国との交渉を開始したばかりであったため、郷土予備軍を武装させるのに必要な装備を国産化する方針を立てたのである(39)。そして、すでに日本側に提示した「重工業育成計画」の中から、鋳物銑工場、特殊鋼工場、重機械工場、造船所の建設を優先推進事業として選定し、日本からの円借款で建設する方針を固めた(40)。いわば「四つのプロジェクト」の策定である。

この会議での議論をもとに、金経済企画院長官と李駐日大使はそれぞれ日本側に協力を要請した。金長官は、金山政英駐韓大使を通じて韓国が重点を置いている事案を日本側に伝えた。それは、韓国の第三次五カ年計画に協力することへの公的態度を日本に打ち出してもらいたいこと、また五カ年計画とは切り離した形で、「四つのプロジェクト」の実現に必要な協力を得たいというものであった。特に、金長官は、同プロジェクトを総合製鉄所設立と密接に関連した事業として最も重視していると述べた(41)。

一方、李大使は、安全保障の観点から協力を求めた。七月九日、牛場外務次官との会談において、「平時には平和産業であるが、有事の際には軍事需要に応ずるもの」で、「鉄砲などをつくるためにこの程度のものが必要である。極めて率直な言い方であるが、日本が韓国に軍事援助をしてくれるとの立場で優先して協力してほしい」(42)と述べた。既述した七月三日の青瓦台会議に参加した李大使が「四つのプロジェクト」の性格を明確に示し、日本の協力を求めたのである。これに対し、牛場次官が資金割当の問題を取り上げ、協力が困難であると答えると、李大使は「閣僚会議においてはせめて『日本政府は韓国政府の要請をよく理解したので、これらの案件について誠意をもって検討し、かつ支援することを原則的に合意した』程度のことをコミュニケに入れてもらえないか[43]」と繰り返し協力を要請した。続く一四日、李大使は佐藤首相との会談で、朴大統領の関心事項として、以下の二つを取り上げた。第一に、日本からの資金によって建設された工場の運用状態を改善するために一億ドルの現金借款が必要であること、第二に、一九七二年から始まる第三次五カ年計画に先立ち、重工業育成のために緊急に工場を建設する必要があることを伝えた。特に、同工場が「平和産業であるが、有事の際は軍需産業に転換し得るような特殊鋼生産および造船所の建設等である」と、その性格を明確に示した。ただし、この協力要請は、在韓米軍削減に対する「穴埋め」的なものではないと明言し、削減の穴埋めは米国支援による軍近代化によってのみ達成できるとも述べた[44]。この問題が日本国内で政治問題化し、協力を困難にするのを防ぐためであったのだろう。日本国内では、日米韓の軍事協力への懸念や米軍の肩代わりをさせられる可能性が指摘されていたからである。また実質的な問題として、米国との間で在韓米軍削減に伴う軍近代化問題を議論していくなかで、日本がその穴埋めの役割を果たすようになることは、必ずしも望ましいことではなかった。米韓同盟によって対北抑止力を確保してきた韓国は、米国の確固たる軍事支援を得た上で日本との協力を実現することを模索していたからである。

佐藤首相は、「四つのプロジェクト」に対する協力を求める李大使に対し、韓国の状況について理解を示しつつ、在韓米軍の削減については冷静に対応するように求めた。佐藤は、ロジャース米国務長官との対談で「日本は米軍撤退の後、その穴埋めはやるつもりもないし、その能力もない。グアム・ドクトリンはそんなものではなかったはずだ」と発言したことを紹介した。その上で「ある程度の削減はやむを得ないという気がする。ある程度数は減っても、米軍が駐留していれば、韓国も安心できるのではないでしょうか[45]」と述べている。

その頃、土屋義彦防衛庁政務次官が柳根昌韓国国防部次官の招待で韓国を訪問していたが、韓国は土屋次官に以下の三つの協力を要請した。(1)在韓米軍の削減は日本にとっても大きな問題であるはずであり、これを抑制する方向で協力してほしい。(2)日本の軍事的な協力は難しいことはよく分かるが、広い意味での防衛という見地から、経済、技術面での協力を強化してほしい。(3)北朝鮮に対しゲリラを含む軍の兵器として利用し得るもの、たとえば、高速ゴムボート、レーダーなどの輸出をやめるよう協力してほしい[46]、というものであった。

(2) 日本の対応

日本政府内には、在韓米軍削減と韓国の重工業育成への支援が関連しているように受け止められることへの抵抗が存在していた。日本は米軍の削減については懸念を示しながらも[47]、米軍の削減による空白を日本が補うという構図のなかに置かれてしまうのを避けようとした。日本政府は、在韓米軍の削減が抑止力に影響を及ぼすものではないと強調しつつ、重工業の育成を含む経済協力に重点を置こうとしたのである。

外務省は、在韓米軍削減を軍事的抑止力の問題としてだけでなく、「見捨てられ」の懸念という心理的な観点からも分析していた。アジア局北東アジア課の情勢分析によれば、韓国軍の近代化に対する援助やそのほか必要な軍事援助を日本が提供することとなれば、削減に伴う精神的マイナスおよび純軍事面での問題が若干生じるとしても、韓国内の軍事力はほとんど変化しないはずであった。また、たとえ十分な軍事援助が与えられることなく米地上軍が削減されたとしても、米空軍および第七艦隊が日米安保条約に基づき日本の基地を使用しつつ韓国支援をする態勢にあれば、韓国軍は北朝鮮軍の単独侵略に対抗できる能力を有していると判断していた[48]。

外務省はこのような情勢認識の下で、第四回日韓定期閣僚会議を控えた七〇年七月に在韓米軍削減問題に深入りしない方針を固めた。その理由として次の四つをあげていた。第一に、在韓米軍の削減問題は本質的に米韓間の問題である。特に、米国が国内事情によって米軍削減に乗り出さなければならない立場に追い込まれているとみられる。第二に、北朝鮮による大規模な攻撃はもはや極めて現実性に乏しい。第三に、米地上軍の削減は純軍事的にはそれほどの影響を及ぼさず、日米安保体制が背後にあるため北朝鮮からの全面攻撃に対しては、十分補完的である。第四に、韓国の政治・経済の安定のために日本側としてはできる限りの協力を行う意思がある。[49] 要するに、日本政府は東アジアにおける米軍のプレゼンスが根本的に変化することなく、さらには北朝鮮による全面戦争の脅威はないという認識の下で、韓国に対する政治・経済協力に臨もうとしていたのである。

このような認識は日米の安保協議のなかでも示された。同年七月二二日、第七回日米安全保障高級事務レベル会議（ＳＳＣ）の事前会合で、安川壮外務審議官は、韓国問題の核心は軍事力の低下ではなく、米国が退いていく（disengagement）ことへの心理的な懸念から出てきた過剰反応であると述べた。また、米国の意図は在韓米軍の規模を一九六八年一月のプエブロ号拿捕事件以前のレベルにまで調整することにあるとした上で、韓国に対してもそのような米国の意図を再確認する必要があると強調した。ここで安川は、日本は軍事的な役割を果たすことはできないとした上で、米国の在韓米軍削減と韓国の経済支援要請の圧力の間で対応に迫られていると明かしていた。そして、韓国側が軍事的な援助を求めているのではなく、重機械工場、特殊鋼工場、造船所の建設というプロジェクトのために五、〇〇〇万ドルを、そして農業と輸出産業を発展させるために一億ドルの円借款を要請していると伝えた。また、その時点では支援する決定は下されていないものの、可能な限り支援するつもりであり、同プロジェクトの妥当性を調査するために専門家を派遣する考えを明らかにした。[50] 日米のやり取りのなかで、米国が日本に対して韓国への支援を直接的に要請することはなかった。その意味で、日本が米国の在韓米軍削減政策と、韓国からの経済支援要請との間で自らの立ち位置を認識し、「四つのプロジェクト」への協力問題を扱ったことは注目に値する。それは、安川が指摘したように、軍事的な協力ができない日本が見出せる協力の形態であったのである。

（3）第四回日韓定期閣僚会議

七月二一日から二三日にかけて、第四回日韓定期閣僚会議がソウルにて開催された。同会議が在韓米軍削減計画の公式発表から二週間後に開かれたこと、また、同時期にホノルルで削減をめぐって米韓国防閣僚会議が開催されていたことから、在韓米軍削減問題が主な議題になるだろうと予想された。特に、「四つのプロジェクト」に関しては両国のマスコミがすでに報道しており、それをめぐる日韓の協議に関心が集まっていた。

ところが、議題設定を目的とした七月一三日の実務会合で、韓国外務部の孔魯明東北亜課長は、米軍削減に対し次のような言及にとどめた。「大きなトピックになるが、本件は昨年の佐藤・ニクソン共同声明のラインを基調として話し合いたい[51]」。在韓米軍削減問題と日韓経済協力が連動していると取られるのを避けるためであったのであろう。また、朴大統領は七月二一日に日本代表団の表敬訪問を受けた際、在韓米軍削減が韓国の安全にとって大変重大な問題であると強調しつつ、日本の協力がその「穴埋め」になると報じられていることに懸念を示した。特に、韓国の重工業育成に対する日本の協力について「新聞がこれを米軍縮減《ママ》問題に関連させ、軍需産業につながるものとして書き立てていることは、甚だ遺憾である。軍需産業云々とするのが日本側を極めて困難な立場におくことは十分理解するところであるので、このようなことを生じざるが如き形でご協力を願えるよう、自分から関係閣僚にも十分注意しておきたい[52]」と述べた。このように朴大統領は在韓米軍削減と「四つのプロジェクト」の連動性を否定したが、現金借款に関しては米軍削減との関連で日本側に協力を要請した。「米軍の縮減問題は財政問題にも直接関連し、この対策としては輸出を最大限に増やす以外に途はなく、よって韓国の現存する輸出産業にテコ入れするため、相当額の現金借款をぜひとも必要とする実情にあることをご了察願いたい[53]」と述べたのである。

金経済企画院長官も重工業育成への日本からの協力を優先的に考えているとした上で、韓国政府としては米軍引き揚げによって失うことになる外資を輸出で補う以外に方法はないと強調した。そして農村や社会資本の充実などの問題とは別に、既存の輸出産業へ資本を投入する必要に迫られているとして五、〇〇〇万ドル程度の現金借款の供与を求めたのである[54]。

閣僚会議において日韓両国は情勢認識を示しあったが、ここで韓国側は在韓米軍削減により、米国の軍事プレゼンスが弱まることへの懸念を示した。崔圭夏外務長官は、米国がアジアの防衛と安全保障のための直接的な介入を漸次縮小しようとしていると指摘し、ニクソン・ドクトリンの早急な適用は危険を内包していると語った[55]。しかし、状況を説明するだけにとどまり、日本に何かを具体的に求める発言はなかった。金山駐韓大使は「米軍削減問題について、朴大統領も、丁総理からも、崔長官からも話があったが、日本側はこれを聞くだけで、先方からもどうしてくれという話はなかった」とし、「この問題はコミュニケにはあっさりした形で載せることになる[56]」と外務省に報告していた。

同会議の二日目、金経済企画院長官が「四つのプロジェクト」への資金協力として（1）鋳物銑七二〇万ドル、

（2）特殊鋼五八〇万ドル、（3）重機械二、五〇〇万ドル、（4）造船二、一〇〇万ドルの合計五、九〇〇万ドルを要請した。日本側はこれを浦項製鉄所関連産業として位置付けし、経済協力基金からの借款で協力する方針を固めた。そして共同声明では日本側は積極的な態度を打ち出し、まずこれらのプロジェクトについて調査を行うという表現をとることにした。[57]当日朝の会合で福田赳夫大蔵相は金長官に対し、米軍削減にともなう七、〇〇〇万ドルの収入減を輸出増によって補おうとしている韓国側の計画に理解を示した上で、「四つのプロジェクト」への支援は輸銀からすることにし、輸出企業支援に関してはまた別の借款を提供する方針を伝えた。[58]

両国は共同声明において、在韓米軍削減問題が両国の安全と繁栄に極めて密接な関係を持つことを確認し、「現情勢下において米軍の極東におけるプレゼンスがこの地域の安全の大きな支えになっているという認識をともに示した」（第八項）と謳った。また「四つのプロジェクト」については、「韓国側は機械工業建設等重工業の育成計画に関し日本側の協力を要請した。日本側も韓国の重工業育成が総合製鉄工場の効率的な活用と経済発展のために緊要であることを認識し、韓国の重工業育成に関する必要な調査等所要の協力を行う用意があると述べた。また、日本側は調査に基づいて必要な協力を行う用意があることを約束した」（第一八項）との合意がなされた。そして、現金借款については「韓国側は韓国の農業近代化、輸出産業の育成および中小企業の振興のための日本からの機器資材の輸入を確保するために日本に一億ドルの新規借款を要請した。日本側はこれに対し、前進的に対処することを約束した[59]」（第一九項）と謳い、そのうち五、〇〇〇万ドルについては、不公表の形で「細目の合意」を交わした。[60]

会議終了後の共同記者会見において[61]福田大蔵相は、「重工業関連借款についてはプロジェクトが固まれば具体化するであろう」とし、その資金協力は、輸出入銀行による方法を考えていることを明らかにした。崔外務長官は、中朝接近と米軍削減という厳しい条件の下でのホノルル会談や日韓提携をいかに考えるかという質問に対し、ホノルル会談では軍の近代化が主に議論されているとして、日本とは主に経済面で協力していく方針を示した。

（４）民間主導による推進

第四回日韓定期閣僚会議の合意に基づき、赤澤璋一通産省重工業局長を団長とする調査団が一九七〇年一〇月二八日から一一月五日まで韓国を訪問した。すでに両国のマスコミが、重工業育成計画への日本の協力が軍事産業の支援につながる可能性があると報じていたため、両国政府はともに対応に苦心していた。一〇月二三日、金山駐韓大使は韓国側に対し、同調査団の訪韓は韓国側が提案した「四つのプロジェクト」を検討するためでなく、重工業育成のための一般的な調査を行うものであると伝えた。これに対し、金経済企画院長官は、発表ぶりなどについて大統領が憂慮しているとして、「韓国重工業の育成が軍事産業、国防産業に直結するかのような印象を与えかねない書き方をしないように、また、閣僚会議の合意にもかんがみ、四つのプロジェクトに限らず、一般的な調査を目的とするものであることについて新聞に指導するように青瓦台に答申した」[62]経緯を述べた。金長官は一〇月三〇日に訪韓した調査団との面談においても、以下の三つをあげて協力を要請した。[63]

（１）「四つのプロジェクト」は、第三次五カ年計画期間中に実現したい方針である。浦項製鉄所の有効活用の観点からは、浦項製鉄所が稼働する一九七四年ごろを目処とする考えである。ただし、できるものから順次実現する。

（２）「四つのプロジェクト」については、日本企業との合弁投資を望んでいる。

（3）「四つのプロジェクト」を兵器修理工場に使用する計画はない。

金長官の要請は二つの点で注目される。第一に、プロジェクトの実施時期である。当初、同プロジェクトは第三次五カ年計画期間に先立ち実施する予定のもと、日本側に協力を要請したものであった。しかし、金長官はその方針を改め、一九七二年から始まる第三次五カ年計画期間中に実施する方針であることを述べたのである。第二に、日本企業との合弁投資を望んでいたことである。この時点で重工業育成に向けた日本産業界との協力を重視していたことがうかがえる。言いかえれば、政府の借款ではなく、民間投資に期待を寄せていたのである。当初日本に協力要請した際の条件が、ここで修正されたと言えよう。

一二月一〇日、重工業調査団は韓国の重工業を視察した結果に基づいて報告書を提出した。「四つのプロジェクト」について「各プロジェクトの具体的フィージビリティは、今後の実行段階での具体的かつ実際的な検討に委ねられている」とし、それぞれの事業についておおむね次のような評価を下した(64)。

（1）鋳物銑プロジェクト

小型高炉であるので、鉄鉱石およびコークスの共同購入などは浦項総合製鉄所との協力関係なしには経済性が多少問題になる可能性がある。

（2）特殊鋼プロジェクト

自動車用の特殊鋼など量産が可能なものから単純化して同工場で推進し、高級合金鋼は同工場で生産するか、他の既存施設で生産するかを再検討する必要がある。

（3）重機械総合工場プロジェクト

工作および建設機械を同時に生産することは無理が多く困難である。特に建設機械において多品種少量生産では経済性が大きく疑われるので、最初から国産化する計画は再検討すべきである。

（4）造船プロジェクト

造船業は高度な技術集約的産業であり、先進国造船国との密接な提携を図るとともに、国内遊休施設の稼働率を高め、国内需要の充足から出発した方がよいであろう。

その後、この報告書をもとに調査団と韓国協議団との間で検討会議が開かれた。(65) 赤澤団長は同報告書が最終的なものではないとした上で、韓国側の修正案をみた後に協力するかどうかの判断をする意向を示した。これに対し、黄秉泰経済企画院運営次官補は、「四つのプロジェクト」は民間が行うプロジェクトであると断りつつ、次の三つを主張した。第一に、第三次五カ年計画の重大テーマが重工業の発展であり、それに対して日本の象徴的な協力を得たいという政治的な配慮がある。第二に、プロジェクトを通常の民間ベースの契約に基づいて進めるのであれば問題にしなくてもいいわけであるが、両国の特別プロジェクトとするならば特別の借款を得たい。第三に、従来両国間に年間約六〜七、〇〇〇万ドルの延払い枠があるが、同プロジェクトについてはこの枠外とし、浦項製鉄所並みの条件の延払いを受け入れてほしい、というものであった。これに対し日本側は、新たな借款を得るのは簡単ではないという見解を示した。一九六五年の日韓国交正常化時に支援が決定されていた対韓有償協力金二万ドルが毎年二、〇〇〇万ドルずつ韓国に導入されていたが、七〇年当時はその対韓有償協力分がまだ五年も残っていたからである。そのなかで赤澤局長は、民間に頼ることになれば、調査団による検討は必要ではないとも述べた。

翌日二二日、韓国協議団は、重工業調査団の報告書に対して回答した。黄次官補は、各事業は日本の商業借款を前提としたものであり、各事業主が日本の提携会社と協議した上で細部計画を作成し推進する方針を明らかにした。また、各事業に対する資金支援は一般商業借款の枠外を期待すると述べた。興味深いことに、韓国協議団が日本側に提出した「補充説明」は、日本側の「調査報告書」が指摘したとおり、非鉄金属部門の素材の一つである「伸銅」について触れ、約二万トン前後の伸銅工場建設を計画していることを明らかにしていた[66]。自動車工業、造船工業および電子工業の発展にともない、伸銅の需要増加が見込まれている状況が背景にあったのである。

七一年一月六日、黄次官補は速やかな日本の協力を望んでいると改めて要請するとともに、「四つのプロジェクト」の実行をめぐって明らかになった日韓両国の相違を指摘した。すなわち、韓国側は日本から民間借款ベースでの支援を受けたいと考えているが、「日本側では財政借款を求めていると受け止められ、個々のプロジェクトについて、更に調査を行う考えを持っている。これは意外である[67]」という見解である。この時点で、韓国が重工業調査団の見解を踏まえ、民間ベースによる協力へと方針転換していたことがうかがえる。実際、その頃「四つのプロジェクト」のうち、鋳物銑工場に関しては、民間ベースでの協議が進展していた。また、重機械工場については、三菱重工業との合弁が想定され、同社から専門家が訪韓するようになっていた。

三　重化学工業化の基盤としての「四つのプロジェクト」

（1）資金協力の合意

韓国の経済企画院は重工業調査団の報告書と調査団との協議内容をもとに、事業計画を練り始めた。特に造船所建設に関しては、調査報告書の内容を反映し、既存施設の稼働率を高める方針へと転換した[68]。その代わりに調査団の意見を受け入れ、伸銅工場建設を推進することとなった。[69] こうして協力対象を「四つのプロジェクト」の重機械、特殊鋼、鋳物銑、伸銅工場としたのである。協力資金については七、五六〇万ドルを想定していた。条件面において韓国側は、浦項製鉄所建設に対する協力の際の条件(頭金五%、金利五・八七五%、期間一三年)より緩和された輸銀延払いの供与を希望した。日本外務省の分析によれば、第五回日韓定期閣僚会議(一九七一年八月一〇~一一日)で、条件や金額を明示し、両国政府の協議を経て各プロジェクトの実現可能性が確認されれば、共同声明ではなく別途の合意で延払い供与が行われる可能性があった。それは、すでに赤澤重工業調査団の報告書によって重工業プロジェクトに対する日本側の考えが韓国側に提示されていること、また、各プロジェクトについて、すでに日韓両国の民間企業の間で話し合いが進められていることを前提にしたものであった。つまり、外務省は第五回日韓閣僚会議を前にして、「四つのプロジェクト」を通常の民間延払い輸出案件として取り扱う方針を固めたのである。[70]

七一年八月一〇日に開催された第五回日韓定期閣僚会議の全体会議で金経済企画院長官は、重工業調査団の調査報告書と韓国政府のレスポンスを踏まえて、「現在積極的に推進している重機械総合工場、特殊鋼工場、ならびに伸銅工場などに対する事業計画の見通しが一層明るくなった」と評価した。その上で、「この度の会議において、諸事業に対する資金支援の具体的な方法が確定されることを期待する」と述べ、資金協力を要請した。

金長官によれば、特殊鋼、伸銅工場については韓国と日本の企業の間で契約が進んでおり、韓国政府は、外資導入委員会を通過させて大統領の決済まで取り付け済みであった。他方、重機械工場に関しては韓国の建設会社と日本のメーカーとの間で合意ができていたが、日本政府の対応がはっきりしていなかったため、韓国政府は承認を留保している状況であった。鋳物銑工場については韓国側の建設業者が立場を明確にせず、結論が出ない状

〈表3－1〉五つの重工業事業

事業名	事業主
新造船所の建設	現代建設
伸銅工場の拡張	豊山金属
鋳物銑工場建設	浦項総合製鉄
重機械工場建設	韓国機械
特殊鋼工場建設	大韓重機

（出所）大統領秘書室「報告番号：第318号、重工業事業の推進現況報告（閣下関心事業2号）、1972年9月20日」国家記録院大統領記録館所蔵。

況であった。ここで金長官は資金協力の条件として、浦項総合製鉄所に供与した内容と同じくらいの条件での支援を要望すると述べた。すなわち、金利六％で、償還期限は一三年を想定していたのである。これに対し、水田三喜男大蔵相は一〇年でも一二年でも可能であると答えた。そこで最終的には、金利六％で償還期限一二年の条件で「四つのプロジェクト」に対する日本側の支援が約束されたのである。(71)

このような議論を踏まえ、共同声明には「第三次五カ年計画の中の重工業育成計画に対して必要な融資が行われるように協力する」(72)（第一一項）という一文が謳われた。そして不公表の形で「細目の合意」を交わし、「輸銀ベース」による金利六％、返済期限は一二年という具体的な協力内容が定められた。(73)

その後、駐日韓国大使館経済担当官室が作成した一二月三日の報告書によれば、伸銅工場は一二月二日に通産省重工業局長に早期執行を促しており、借款額八六〇万ドルのうち三〇〇万ドルに当たる原資材を含めるかという問題や据置期間などの未解決問題が残っていた。また、残り三つのプロジェクトについては、一一月三〇日に契約を締結したが、E／C発給交渉を残したままの状態であった。(74)

七二年九月二〇日、「四つのプロジェクト」は新造船所の建設を加えた「五つの重工業事業」として朴大統領に報告され、承認を得た。(75) そこには各事業における韓国国内の事業主選定をはじめ、進捗状況、問題点や対策などがまとめられていた。各事業名と事業主は以下のとおりである。七二年は、第三次五カ年計画の初年度にあたる。

そして「重化学工業化宣言」が出される約半年前の状況である。ここに示された五つの重工業事業が、重化学工業育成の根幹を形成していたと言ってよい。

(2) テストケースとしての伸銅工場

伸銅工場は「四つのプロジェクト」のなかで最も事業の進展が早かった工場であったこともあり、テストケースとして位置付けられた[76]。事業主として選定された豊山金属工業株式会社は一九七一年七月二一日、日商岩井株式会社と契約を結び、七二年一月末には、八六〇万ドルの施設財導入が日本政府によって承認された。豊山は七二年七月からは伸銅の生産以外に小銃弾皮を年間二億一、〇〇〇万発、七六年四月からは小中口径砲弾を二五万発、大口径弾を一〇万発生産できるとの展望を持っていた。そして、追加施設を建設すれば、年間八、〇〇〇万発の小銃弾丸を生産できるという報告書を経済企画院に提出していた[77]。まずは、日本の協力によって基本設備を備えて、七二年四月からは小銃弾施設導入のためにフランスのマニューラン(Manurhin)社と契約を締結した。さらに豊山は、伸銅工場で生産する伸銅を原材料に、年間一億発の小銃弾を生産できる一環施設の導入を計画していたが、この計画は国家の防衛に寄与するものとして認められていた[78]。そして、この時点ですでに、日本からの借款五六〇万ドルに対する日本政府の輸出許可が出されていた。

この伸銅工場が朴大統領の関心であったことは想像に難くない。同年八月、豊山金属は小銃弾施設導入先を米国のアムロン(Amron)社へ変更するようになるが、その承認は二三日、呉源哲経済第二主席秘書官の報告を受けた朴大統領により行われた[79]。

このように伸銅工場をテストケースとして始まった「四つのプロジェクト」をめぐる日韓経済協力は、七〇年代を通じて日韓企業の合弁投資によって実現された。鋳物銑工場は、浦項総合製鉄が主体となって推進された。生産原価の節約の観点で浦項製鉄に建設する方針が固められ、七二年九月二八日には日本の三菱商事と契約を結び、借款が導入されたのである。(80) 特殊鋼工場は、七二年四月一九日、青瓦台の重工業事業推進状況とその対策についての報告がなされた以降、大韓重機によって推進された。大韓重機は七二年一二月二九日、日本の東京産業株式会社と借款契約を締結し、工場建設を進めた。開発品目の中には一般特殊鋼だけでなく、曲射砲砲身、迫撃砲砲身、小銃の銃身などの品目が含まれていた。(81) 借款の認可に際しては、防衛産業が含まれていることから認可の必要性が強調された。それ以降、日本の住友商事株式会社と再契約を締結し、借款導入が進められた。事業推進の根拠としては、七一年から政府の機械工業育成政策に選定され、「五つのプロジェクト」〔五つの重工業事業〕の一環として推進されていること、その後日本輸出入銀行の融資によって借款導入がなされていたことがあげられた。また、現代建設が新たに参入した造船工業は、日本の川崎重工業との技術、資金協力によって推進されていた。(82)

こうした展開は、「四つのプロジェクト」が日本からの協力を得られず、七一年一一月に取りやめとなった、というこれまでの分析とは異なるものである。日韓が同プロジェクトの実現のために協力を行う過程で協力のあり方が変容していったことに注目し、政策的連続性を重視する必要がある。七一年一一月一〇日に政策転換を促した呉源哲経済第二経済主席秘書官の建議は、大きく分けて次の二つであった。第一に、既存工場や技術を活用しての兵器生産が可能であり、「四つのプロジェクト」による新たな工場建設は取りやめる。第二に、重化学工業育成の一環として防衛産業を育成する。(83) 呉秘書官の回顧によれば、朴大統領はこの建議を受け入れた。しかし、この証言だけでは七一年一一月の政策転換と七三年一月の「重化学工業化宣言」までの一年間の空白期を説明することができない。事実、朴大統領が重化学工業化の一環として国防産業を育成するという建議を受け入れたものの、呉源哲を経済第二経済主席秘書官に任命して指示したのは、予備軍二〇個師団を軽装備で武装させるのに必要な兵器を開発することであった(84)。

七二年四月、既存工場で生産された予備軍用の兵器の試射会が開かれ、成功裏に終わったとされたものの、兵器の性能は高い水準ではなかった。試射会当日には性能を発揮したが、その後発射を繰り返すたびに性能は落ちていった。特殊素材を使用しなかったことや加工施設の精密度、加工技術などが兵器の性能を制約したのである。金正濂秘書室長の回顧によれば、七三年一月の「重化学工業化宣言」の動機は、七二年の防衛産業育成の過程で、本格的な防衛産業は重化学工業が前提でなければならないことを悟ったからである。防産素材である鉄と特殊鋼、銅と亜鉛の生産のためには、鉄鋼産業と非金属産業が必要であり、精密高度加工のためには機械工業が、電子武器と電子部品のためには電子工業が育成されなければならなかった(85)。

既存工場を活用した兵器開発は、「四つのプロジェクト」への日本の支援が遅れたことで急遽取られた弥縫策に過ぎなかった。その試行錯誤のゆえに、「四つのプロジェクト」の重要性や期待は以前より高まっていただろう。その意味で、日韓の間で「四つのプロジェクト」の実現をめぐる協議が七一年一一月以後にも継続されていたことは注目に値する。「四つのプロジェクト」をめぐる日韓の協力は、重化学工業化という、より大きな計画を描く基盤になったからである。実際、同プロジェクトの各事業は、本格的に推進すべき重化学工業化を牽引するようになった。興味深いことに、朴大統領が「重化学工業化宣言」を行った直後の七六年一月二五日に、日本の輸出入銀行は「四つのプロジェクト」に対する融資を開始した(86)。

おわりに

在韓米軍削減を受けて韓国政府は、日本政府に「四つのプロジェクト」と呼ばれる防衛産業育成事業への協力を要請した。韓国は同プロジェクトについて有事の際には軍事需要に応ずるものと説明し、軍事援助をしてほしいとの立場で優先的な協力を要請した。しかし、日本には在韓米軍削減との関連性のために防衛産業育成に協力することへの抵抗があった。それにもかかわらず、米国の在韓米軍削減政策と韓国からの経済支援要請の間で自らの立ち位置を認識し、同プロジェクトへの協力を決定していた。

七〇年七月、第四回日韓定期閣僚会議で「四つのプロジェクト」への協力に関する合意がなされ、その一年後の七一年八月に開かれた第五回日韓定期閣僚会議では資金供与の合意に至った。そして七三年一月二五日、日本輸出入銀行は同プロジェクトに対する資金供与を開始した。

当初韓国が協力を要請した計画は日本との協議を経て実現されていく過程で変容していった。造船所を建設する代わりに伸銅工場の拡張事業が「四つのプロジェクト」に加えられ、同プロジェクトのテストケースとして位置付けられた。

青瓦台〔大統領府〕は新造船所の建設計画に、伸銅工場を加えた「五大重工業事業」を重化学産業育成の基盤として位置付けて推進した。「四つのプロジェクト」をめぐる日韓の協力は、韓国の重化学工業化政策と相まって、両国の安全保障協力において大きな比重を占めるようになったのである。

（1） 倉田秀也「韓国の国防産業育成と日米韓関係―『韓国条項』後の安全保障関係の再調整」、小此木政夫・張達重編『戦後日

韓関係の展開』（慶應義塾大学出版会、二〇〇五年）七五～一三二頁。ヴィクター・D・チャ『米日韓反目を越えた提携』（有斐閣、二〇〇三年）。

（2）韓国側は「四大核工場建設計画」と、日本側は「四つのプロジェクト」と称した。本章では、日本側の標記に従い、「四つのプロジェクト」と標記する。

（3）北東アジア課「牛場次官と李厚洛大使の会談」一九七〇年七月九日、日本外務省『日韓関係（第四回日韓定期閣僚会議［2］）』（管理番号2010-3960）、外務省外交史料館所蔵〔以下特に断りのない限り、日本の外交文書は外務省外交史料館所蔵史料である〕。

（4）朴英九「四大核工場事業の過程と性格、一九六九・一一―一九七一・一一」『経済史学』経済史学会、二〇〇八年、八一～一〇七頁。Hyung-A,Kim, *Korea's Development under Park Chung Hee: rapid industrialization,1961-79*, Routledge Curzon, 2004, pp.165-187.

（5）西野純也「朴正熙大統領『重化学工業化宣言』の政治力学―『工業構造改編論』の形成過程を中心に」『慶應の政治学―国際政治』（慶應義塾大学法学部、二〇〇八年）二〇二～二〇八頁。

（6）『日本輸出入銀行史』（国際協力銀行、二〇〇三年）五五八頁。

（7）村田晃嗣『大統領の挫折』（有斐閣、一九九八年）五三頁。

（8）*United States Foreign Policy 1969-1970: A Report of the Secretary of State*（Washington D.C.: United States Government Printing Office, 1971）, p.37.

（9）Richard M. Nixon, U.S. Foreign Policy for the 1970s: A New Strategy for Peace, *Bulletin*, no.1602, March 9, 1970, p.294.

（10）Nation Security Decision Memorandum 48, U.S. Programs in Korea, March 20, 1970, *Foreign Relation of the United States*, 1969-1976, vol.19 Part1 Korea, 1969-1972（以下 *FRUS*, 1969-1976, vol.19, Part1 Korea, 1969-1972）, no.56.

（11）William P. Rogers, "Self-Help and the Search for Peace", *Bulletin*, no.1642, December 14, 1970, p.714.

（12）Interagency Planning-Programming-Budgeting Study for Korea, February 22, 1969, *FRUS*, 1969-1976, vol.19, Part1 Korea, 1969-1972, no.2.

（13）August 14, 1969 NSC Meeting on Korea, August 14, 1969, *FRUS*, 1969-1976, vol.19, Part1 Korea, 1969-1972, no.34.

（14） Haig's Draft Minutes, August 14, 1969 NSC Meeting on Korea, August 14, 1969, *FRUS*, 1969-1976, vol.19, Part1 Korea, 1969-1972, no.34 footnote 13.

（15） Korea（NSSM 27）, February 6, 1970, *FRUS*, 1969-1976, vol.19, Part1 Korea, 1969-1972, no.51.

（16） Draft Minutes of a National Security Council Meeting, March 4, 1970, *FRUS*, 1969-1976, vol.19, Part1 Korea, 1969-1972, no.55.

（17） "U.S. Programs in Korea", Nation Security Decision Memorandum 48, March 20, 1970, *FRUS*, 1969-1976, vol.19, Part1 Korea, 1969-1972, no.56.

（18） 日本外務省国際資料部企画室「第一一回日米政策企画協議報告（一九七〇年三月二、三日）」一九七〇年三月七日（外務省開示文書、請求番号 2006-1143）三〇〜三一頁。

（19） Telegram from the Embassy in Tokyo to the Department of State, Tokyo 4885, Future Japanese Military Posture, June 30, 1970, *Japan and the United States: Diplomatic, Security and Economic Relations, 1960-1976*（Ann Arbor: ProQuest Information and Learning, 2001）（以下 *Japan and the United States*）, no.1293.

（20） Telegram from the Embassy in Tokyo to the Department of State, Tokyo 5139, Far East Security, July 9, 1970（石井修・我部政明・宮里政玄監修『アメリカ合衆国対日政策文書集成』第一五期』第一〇巻、柏書房、二〇〇五年、二七七〜二七九頁。以下『対日政策文書』第一〇巻の要領で略記）.

（21） 「第63回参議院沖縄および北方領土問題に関する特別委員会」、一九七〇年七月一三日。

（22） Memorandum, DOD Budget-Implications for Our Foreign Relations-Your Memorandum to the Under Secretary Dated March 16, 1970, April 1, 1970, Bureau of Politico-Military Affairs - Subject Files of the Office of International Security Policy and Planning, 1969-1971, Box 1, Richard M. Nixon Presidential Library.

（23） Telegram from the Embassy in Tokyo to the Department of State, Whither Japanese Nationalism?, Airgram-602, June 11, 1970（『対日政策文書』第三巻、四三〜四八頁）.

（24） Telegram from the Embassy in Tokyo to the Department of State, Japan and the Region in the Future, Airgram-659, June 26, 1970, *Japan and the United States*, no.1290.

（25） Memorandum from Lynn to DPRC, DPRC Meeting, July 17, 1970, July 15, 1970, H-100, NSC Institutional Files, Richard M. Nixon

Presidential Library.

(26) Memorandum from Spiers to the Secretary, Defense Budget, July 23, 1970, Bureau of Politico-Military Affairs - Subject Files of the Office of International Security Policy and Planning, 1969-1971, Box 1, Richard M. Nixon Presidential Library.

(27) Memorandum from Spires to the Secretary and Johnson, 19 August NSC Meeting on Defense Budget — Action memorandum, August 14, 1970, Bureau of Politico-Military Affairs - Subject Files of the Office of International Security Policy and Planning, 1969-1971, Box 1, Richard M. Nixon Presidential Library.

(28) Memorandum from Cleveland to Green, The Defense Budget, August 18, 1970, *Japan and the United States,* no.1311.

(29) Memorandum from Spires to the Acting Secretary, Future Reductions in Korea, August 26, 1970, Box 1823, Subject-Numeric File, 1970-1973, National Archives II.

(30) Memorandum from Cleveland to Green, The Defense Budget, August 18, 1970, *Japan and the United States,* no.1311.

(31) Memorandum from Secretary of State Rogers to President Nixon, US Force Levels in Europe and Korea, September 22, 1970, H-98, NSC Institutional Files, Richard M. Nixon Presidential Library.

(32) Memorandum from Kissinger to the President, US Forces and Overseas Deployments Planning, undated, H-98, NSC Institutional Files, Richard M. Nixon Presidential Library.

(33) Memorandum from Kissinger to the Secretary of State, the Secretary of Defense, and the Director Office of Management and Budget, FY1971-1976 Interim Guidance of U.S. Deployments, October 27, 1970, H-98, NSC Institutional Files, Richard M. Nixon Presidential Library.

(34) Memorandum from K.Wayne Smith and John H. Holdridge to Kissinger, ROK Forces in South Vietnam, September 1, 1971, *FRUS,* 1969-1976, vol.19, part1 Korea, 1969-1972, no.105.

(35) 北東アジア課長「佐藤総理、丁一権国務総理会談記録（一九七〇年五月二一日）」日本外務省『円借款／対韓国』（管理番号2011-0047）。

(36) 駐韓日本大使館「日韓閣僚会議」（第七三七号、送信：駐韓日本大使、受信：外務大臣）、一九七〇年六月二三日、日本外務省『日韓関係（第四回日韓定期閣僚会議［1］）』（管理番号2010-3959）。

(37) 駐韓日本大使館「日韓閣僚会議」(第七九六号、送信：駐韓日本大使、受信：外務大臣) 一九七〇年七月四日、同右文書綴。

(38) 金正濂『アァ、朴正熙』(ソウル：中央M&B、一九九七年) 二八六頁。

(39) 呉源哲『朴正熙はどうやって経済強国をつくったのか』(ソウル：東西文化社、二〇〇六年) 一一六頁。

(40) 金正濂『最貧国から先進国の間近まで』(ソウル：ランダムハウス中央、二〇〇六年) 三九二頁。

(41) 駐韓日本大使館「日韓閣僚会議」(第七九〇号、送信：駐韓日本大使、受信：外務大臣) 一九七〇年七月三日、日本外務省『日韓関係(第四回日韓定期閣僚会議〔1〕)』。

(42) 北東アジア課「牛場次官と李厚洛大使の会談」一九七〇年七月九日、日本外務省『日韓関係(第四回日韓定期閣僚会議〔2〕)』(管理番号 2010-3960)。

(43) 同右。

(44) 「李大使総理訪問」一九七〇年七月一四日、日本外務省『日韓関係(第四回日韓定期閣僚会議〔1〕)』。

(45) 同右。

(46) 「土屋防衛庁義彦防衛庁政務次官の韓国訪問について」政第二八八〇号、発信：上川駐韓臨時代理大使、受信：外務大臣、一九七〇年七月一四日(外務省開示文書、請求番号 2009-756)。

(47) Embtel 5139, Tokyo to DOS, Far East Security, July 9, 1970 (石井修・我部政明・宮里政玄監修『米国合衆国対日政策文書集成、第一五期』第一〇巻、柏書房、二〇〇五年、二七七〜二七九頁).

(48) 北東アジア課「在韓米軍の削減問題」日付なし、日本外務省『日韓関係(第四回日韓定期閣僚会議〔1〕)』。

(49) アジア局「第四回日韓定期閣僚会議について」一九七〇年七月一三日、同右文書綴。

(50) Telegram from the Embassy in Tokyo to the Department of State, Tokyo 5584, July 22, 1970, *Japan and the United States*, no.1304.

(51) 「日韓閣僚会議」第八六五号、発信：駐韓大使、受信：外務大臣、一九七〇年七月一三日、日本外務省『日韓関係(第四回日韓定期閣僚会議〔1〕)』。

(52) 「朴大統領との会見」第九一一号、発信：駐韓大使、受信：外務大臣、一九七〇年七月二〇日、同右文書綴。

(53) 同右。

(54) 「日韓閣僚会議」第九一二号、発信：駐韓大使、受信：外務大臣、一九七〇年七月二〇日、同右文書綴。

(55)「第四次 韓・日定期閣僚会議会議録(一九七〇・七・二一～二三)」、韓国外務部『韓・日定期閣僚会議、第四次、ソウル(一九七〇・七・二一～二三)、全五巻(V．3本会議綴)』(分類番号723.1JA、登録番号3507)、外務部外交史料館所蔵〔以下特に断りのない限り、韓国の外交文書は外務部外交史料館所蔵史料である〕。

(56)「日韓閣僚会議(愛知大臣懇談)」第九二五号、一九七〇年七月二二日、日本外務省『日韓関係(第四回日韓定期閣僚会議〔1〕)』。

(57)同右。

(58)外務省経済協力局「第四回日韓定期閣僚会議における経済協力問題の審議過程(一九七〇年七月二九日)―別紙四、七月二二日朝の福田大臣と金副総理との会談要録」、日本外務省『円借款／対韓国(第三次五カ年計画)』(管理番号2011-0045)。

(59)「第四次韓日定期閣僚会議共同声明(一九七〇年七月二三日)」、高麗大学校亜細亜問題研究所日本研究室編『韓日関係資料集』第二集、一九七七年、六五五頁。

(60)「細目の合意(不公表)(一九七〇年七月二三日)」、日本外務省『日韓関係(第四回日韓定期閣僚会議〔1〕)』。

(61)「日韓閣僚会議(共同記者会見)」第九三三号、一九七〇年七月二四日、同右文書綴。

(62)「重工業調査団」第一三四六号、発信：駐韓大使、受信：外務大臣、一九七〇年一〇月二三日、日本外務省『日韓関係(第四回日韓定期閣僚会議〔2〕)』(管理番号2010-3960)。

(63)「重工業調査団(報告)」第一三八三号、発信：駐韓大使、受信：外務大臣、一九七〇年一〇月三〇日、同右文書綴。

(64)対外経済局国際協力課「韓国重工業調査団の報告書(一九七〇年一二月一〇日)」、経済企画院『重工業計画推進現況』一九七一年、韓国国家記録員所蔵。韓国外務部『第四次韓・日定期閣僚会議合意事項履行、一九七〇―七一』(分類番号723.1JA、登録番号4170)。

(65)外務省経済協力局「韓国重工業調査団報告書の説明について(I)」一九七〇年一二月二一日、日本外務省『日韓関係(第四回日韓定期閣僚会議〔2〕)』。

(66)韓国協議団「日本の韓国重工業調査団報告書に対する韓国協議団の補充説明」一九七〇年一二月二二日、同右文書綴。

(67)「重工業調査団の報告書」第一七号、発信：駐韓大使、受信：外務大臣、一九七一年一月六日、同右文書綴。

(68)裵錫満「一九七〇年代初頭現代グループの造船工業参入過程の分析」『現代韓国朝鮮研究』二〇〇七年。

(69) 韓国外務部『第四次韓・日定期閣僚会議合意事項履行、一九七〇―七一』。

(70) 「討議参考資料、資金協力についての方針」、日本外務省『日韓関係（第五回日韓定期閣僚会議［2］）』（管理番号 2010-3962）。

(71) 「第五回日韓定期閣僚会議における全体会議II議事録」一九七一年八月一〇日、同右文書綴。

(72) 「第五次韓日定期閣僚会議共同声明（一九七一年八月一一日）」、高麗大学校亜細亜問題研究所日本研究室編『日韓関係資料集』第二集、六六九頁。

(73) 「細目の合意（不公表）（一九七一年八月一一日）」、韓国外務部『韓・日定期閣僚会議、第五次、東京、一九七一・八・一〇―一一、全四巻（V.2結果報告）』（分類番号 723.1JA、登録番号 4172）。

(74) 駐日本大使館経済担当官室「第五次韓日定期閣僚会議結果推進現況（一九七一年一二月三日）」、韓国外務部『韓・日定期閣僚会議、第五次、東京、一九七一・八・一〇―一一、全四巻（V.2結果報告）』（分類番号 723.1JA、登録番号 4172）。

(75) 大統領秘書室「報告番号：第三一八号、重工業事業の推進現況報告（閣下関心事業二号）」一九七二年九月二〇日、国家記録院大統領記録館所蔵。

(76) 外務省経済協力一課「対韓経済協力懸案」一九七一年一〇月二日、日本外務省『円借款／対韓国』（管理番号 2011-0047）。

(77) 韓国財務部経済協力局外資管理課「借款先変更（二―一）一九七二―一九七八」一九七二年（管理番号 BA0889859）、国家記録院所蔵。

(78) 韓国財務部経済協力局外資管理課「伸銅加工工場建設のための資本財導入（豊山金属工業株式会社）」一九七二年四月、『豊山金属工業借款関係綴』一九七二年（管理番号 BA0148229）、国家記録院所蔵。

(79) 大統領秘書室「閣下指示事項」一九七二年八月二三日、韓国財務部経済協力局経済協力課『豊山金属関係綴外一件』一九七二年（管理番号 BA0148230）、国家記録院大統領記録館所蔵。

(80) 韓国経済企画院「鋳物銑工場建設のための借款契約認可（浦項総合製鉄株式会社）」一九七二年一一月八日（管理番号 BA0139067）、国家記録院所蔵。

(81) 韓国財務部経済協力局経済協力課『韓国特殊鋼借款関係綴（一九七二―一九七三）』一九七二年（管理番号 BA0148404）、国家記録院所蔵。

（82）裵錫満「一九七〇年代初頭現代グループの造船工業参入過程の分析」『現代韓国朝鮮研究』二〇〇七年。
（83）呉源哲『朴正熙はどうやって経済強国をつくったのか』一一九頁。
（84）同右、一二〇頁。
（85）金正濂『最貧国から先進国の間近まで』三九五～三九六頁。
（86）『日本輸出入銀行史』（国際協力銀行、二〇〇三年）五五八頁。

第四章　米中接近と日韓安全保障関係の再調整（一九七一〜七三年）

一九七一年七月に発表されたリチャード・ニクソン大統領の中国訪問決定は、米中対決という東アジアの冷戦秩序[(1)]を一転させる出来事であった。米中接近により、朝鮮半島の分断体制は、新たな局面を迎えるようになった。すなわち、朝鮮戦争以降一九六〇年代を通じて形成された相互抑止体制の上に、米中の協調体制が結びつくようになった。こうして東アジア国際秩序の形成と転換の舞台である朝鮮半島問題をめぐる米中の「共同行動」の行方が、大きく注目されるようになった。それは米中対立による相互抑止体制が戦争を不可能にした一九六〇年代とは異なり、米中がともに東アジアの安定化を図ることで、共通利益を見出すようになったことを意味していた。このような秩序変動は日本と韓国の外交安保政策にどのような影響を与えたのか、また地域秩序の変動を所与として日韓はどのように両国関係を再調整しようとしたのか。

従来の研究では、冷戦構造の変容への対応をめぐって日本と韓国が対立し、その協力関係は後退したと分析されている。(2)日本は「台湾条項」と「韓国条項」を修正し、日中国交正常化に続いて日朝経済交流の拡大に着手するなど、冷戦構造の変容にうまく適応したとされる。(3)他方、韓国は冷戦規範に埋没して情勢変化にうまく適応できず、日本の動きに抵抗し続けた。このように相反する動きが両国の外交摩擦を生み、その後一九七三年から七四年に「金大中拉致事件」と「文世光事件」を経て、両国関係は最悪の時期を迎えるようになったという分析である。

しかし、緊張緩和期における日韓関係は、「危機の高潮」(4)と言われるほどに悪化し、協力関係が後退したのだろうか。そうであれば、同時期に日韓の政治・経済協力関係が強化されたことは、どのように理解すべきであろうか。秩序変動への対応をめぐる相違がみられるなかで、両国はどのように共通基盤を見出そうとしたのか。米中接近以降、東アジア地域では、安全保障上の要請から既存の同盟関係が重視されながらも、緊張緩和の要請から日中国交正常化や日朝交流の拡大が推進されていた。また、南北朝鮮の間では、従来の軍事対決から、政治・経済中心の体制競争の論理が重視されるようになった。このような米中接近後の地域秩序の変動が日本の持つ朝鮮半島紛争への「巻き込まれ」の懸念を緩和させた側面を看過すべきでない。そして、それが南北体制競争における韓国優位の確保を目標とした日韓経済協力の環境的要素になった。日韓両国は、南北体制競争で韓国が勝利できるように協力するという「戦略的思考」の下で協力関係を再構築したのである。

このような問題意識のもとで、本章では第一に、地域秩序の変動を受けた日本と韓国が冷戦規範をどのように取り扱ったのかを検討する。安全保障の公共財として「佐藤・ニクソン共同声明」(一九六九年)に謳われた「韓国条項」と「台湾条項」の変化に注目する。日中国交正常化により「台湾条項」はその効力を失ったと取り沙汰されているなかで、「韓国条項」の差別化がどのように図られたのかに注意を払う。

第二に、日韓両国の緊張緩和政策の特徴を韓国の対中政策と日本の対北政策から分析する。韓国の対中外交は、どのように開始されたのか、米国と韓国の牽制にもかかわらず、日本はどのように日朝交流を進め、朝鮮半島の緊張緩和に関与しようとしたのかに注目する。

第三に、日本の朝鮮半島政策が中国政策との関連のなかでどのように変容したのかについてである。日本にとって中国政策は、「一つの中国論」を受け入れるかどうかの選択の問題であったが、朝鮮半島政策は中国政策に影響され、革新勢力を中心に転換の必要性が論じられていた。朝鮮半島政策がどのように議論され、政策化されたのかを明らかにする。

第四に、日韓両国の関係がどのように変貌を遂げたのかに注目する。地域秩序の変動を受けて韓国は日本との協力関係をどのように再調整したのか。再調整のプロセスを通して、両国の協力関係の質と幅がどのように拡大したのかを分析する。本章では、これらの諸点の分析を通じて、緊張緩和期における日韓関係の実像を明らかにする。

一　米中接近と朝鮮半島

東アジアにおける冷戦対立の焦点は米中の対立であったが、その対立は域内の三つの地域――ベトナム、台湾、朝鮮半島――における対立と深く関わっていた。[5] 特に、両国は朝鮮戦争で直接的な軍事衝突を経験しており、韓国と北朝鮮との間でそれぞれ軍事同盟を締結していた。しかし、それにもかかわらず、米中接近は、地域対立を解消した上でなされるのではなく、それを棚上げにする形で実現された。[6] 大国間の対立と地域紛争を切り離す、いわゆる「局地化」が重視されたのである。すなわち周辺地域の朝鮮半島問題が米中関係に影響を及ぼさない構造を目指した。(7) 双方は「暗黙の了解」の下、議論の分かれる問題をとことんまで追求しなかったのである。(8) キッシンジャーが回顧しているように、米中接近は、両国が追求してきた原則と現実主義との曖昧な均衡の上に成り立つ妥協の産物であった。(9) 言いかえれば、米中接近は戦略的曖昧さを堅持したからこそ、実現できたと言えよう。それゆえ、地域の安定化を図るための「共通の基盤」(10) を両国が見出せるかが問われていたのである。

一九七一年七月と一〇月の二度にわたって訪中した、キッシンジャー大統領特別補佐官は、周恩来首相との会談を通じて、共通基盤の形成を図っていった。朝鮮半島において到達した共通の基盤の一つが、在韓米軍問題である。周恩来は、ベトナムと台湾のみならず、韓国からも米軍部隊を撤退すべきであると主張した。(11) そして、米軍を日本の自衛隊に置き換えることが米国の政策なのかと繰り返し問うた。これに対してキッシンジャーは、韓国に米軍を駐留させるのは外交政策の恒久的な特徴ではないとした上で、東アジア情勢の変化に応じてニクソン政権の二期目が終わるまでには大多数の米軍を撤退させる計画であると明かした。(12) 米国がすでに一個師団二万人(七一年に撤退を完了した米軍七師団)を削減していたことは、その外交政策の信憑性を裏付けるものとして取り上げられた。

ただし、キッシンジャーは、「もしあなた方の目標が在韓米軍の削減にあるのでしたら、前回すでにお話ししたように、国際的な約束という形を取らなくても、どのみちそれは私たちの政策なのです」(13) と述べていた。在韓米軍の撤退問題があくまでも米国の政策であることを強調し、政策的フリーハンドを確保しようとしたのであろう。そして自衛隊を在韓米軍の代わりに韓国に駐屯させるつもりはないと明言するとともに、在日米軍の撤退が日本の再軍備を触発しかねないとして引き続き米軍が駐屯することが米中両国の利益にかなうものであると述べた。このように両国は東アジアからの米軍の撤退によって「力の真空」が発生することを避けること、日本の再軍備やソ連の拡張によってその真空を埋めないようにすることで一致していた。言いかえれば、それは米国が地域の安全保障問題に深く関与し続けることを意味していたのである。

いま一つは、平和協定の締結問題である。周恩来は、朝鮮半島により永続的な法的基盤を築くべく、朝鮮戦争の停戦協定を平和協定に転換するという問題である。周恩来は、「朝鮮戦争の停戦が合意されて以来、新たな協定が何も締結されていないため、朝鮮半島の分断体制は不安定で他方の領域への侵入や摩擦がしばしば起きるなど、平和的な状態がまだ達成されていない」と述べた。そして、平和協定の締結問題は一九五四年のジュネーブ会談で解決されるはずだったと繰り返し言及し、当時の米国の対応に遺憾の意を表して米国の前向きな対応を促した。これに対してキッシンジャーは、韓国の安全保障を弱めないことを前提に、朝鮮半島により永続的な法的基盤を築く用意があると応じた[14]。キッシンジャーは、周恩来との会談で朝鮮半島問題をめぐる米中両国の利害が以下の点で一致していると、会談の成果をまとめている[15]。それは（1）朝鮮半島を安定化させ、戦争の危険を防ぐこと、（2）他の勢力が朝鮮半島を含む東アジアに向けて膨張することを抑えること、（3）朝鮮半島により永続的な法的地位を築くことであった。

キッシンジャーは、訪中を控えていたニクソン大統領に宛てた政策報告書で、中国の外交政策について興味深い指摘を行っている。それは中国政府が中国の安全保障という観点で朝鮮半島問題を扱っている点であった。朝鮮半島がかつて日本の中国侵略のルートであったことから、中国は日本や潜在的な敵国から自国への直接的な接触を阻止できるバッファーゾーンとして朝鮮半島を位置付けている。その意味で中国は北朝鮮への政治的、軍事的支援を行っているという指摘であった[16]。勢力均衡の原理が理念対立による冷戦構造に取って代わられていたことを見事に説明していたのである。こうした分析の上でキッシンジャーは、韓国に対する米国のコミットメントの維持が容認されるなら、朝鮮半島の安定化に向けた中国の提案を受け入れ可能であるとの政策提言を行った(17)。七二年二月、米中首脳は両国の共通基盤を再度確認し、共同行動を模索するようになった。訪中したニクソン大統領に対し、周恩来は朝鮮問題について以下のように語った。

朝鮮問題について、あなたのお考えは分かっています。そちらも我々の考えをご存じでしょう。第一に、大統領の公式政策では将来朝鮮から最終的に軍隊を撤退する用意があること、また極東の平和に有害であるから日本軍を南朝鮮には入れないこと。どうやって南北の接触を促進するか。どうやって平和統一を促進するか。この問題には時間がかかります(18)。

ここで周恩来は、キッシンジャーの秘密訪中時に暗黙の了解に至った内容をまとめている。これこそが朝鮮半島問題をめぐって米中が到達した「共通の基盤」であったのである。これに対して、ニクソン大統領は、「ここで重要なのは、双方が同盟者を抑制するよう影響力を行使することです」とした上で、五〇年代に韓国の北進統一の主張を抑えた自分の経験を紹介している(19)。ニクソンは、周恩来が北朝鮮に対しても同じ役割を果たしてくれることを期待していた。他方、ニクソンは、台湾やベトナムから米軍をすべて撤退させる意思があると認めたが、在韓米軍はニクソン・ドクトリンによってすでに削減したことを強調しただけで完全撤退については明言を避けた。むしろ、日本との結びつきを理由にその差別化を図った(20)。米中両国はここで朝鮮半島の分断状況を認め合った上で、統一問題のように本格的な現状変更を追求することは困難であるとの立場を共有していた。それまでの、ある一方が他方を統合しようとした際に戦争や緊張が発生した分断の歴史から見出された帰結点であったと言えよう。

同時期ヨーロッパの平和秩序が第二次世界大戦後の現状承認をもとに構築されたように、東アジアにおいては米中がその現状維持を図り、安定的な秩序を構築しようとした。それは中国にとって米国との関係改善が、革命路線の事実上の放棄であったことを意味する。また、米中が対決した朝鮮戦争以前の状況、すなわち第二次世界大戦以降の朝鮮分断の状況への回帰を目指していた。首脳会談で周恩来は、「朝鮮は戦争〔第二次世界大戦〕の結果として南北に分けられました。話し合いの条項に従って、ソ連は北に入りあなた方は南に入った」[21]と述べていた。また、朝鮮戦争当時、米軍が中国の警告を受け入れて三八度線を越えなかったなら、米中の軍事衝突はなかった[22]と述べ、第二次世界大戦後の朝鮮半島の状況を繰り返し確認していた。朝鮮半島の分断体制を朝鮮戦争以前の状況に戻すことを想定していたと考えられる。つまり、第二次世界大戦の結果起きた分断と米中の軍事衝突の結果、体制化された分断を区別しようとしたのである。それによって、第二次世界大戦の戦後処理の過程で行われた朝鮮半島の分断という重い歴史に触れずに、米国との協力を通して分断を管理できるとみていたと考えられる。

米中が共通の基盤を見出し、共同行動を模索することで、六〇年代に形成された相互抑止体制に米中協調体制が結びついた新しい秩序が姿を現した。米中間では戦争を抑止して軍事力による現状の変更を認めない現状固定化を基盤に、外交を通じて両国の利害を調整し、共通の利益を見出すことが可能であるとの考えが共有されたのである[23]。

二　ニクソン・ショックと安全保障

(1) 安全保障上の懸念

ニクソン大統領の訪中は、朝鮮戦争から始まった米国の対中「封じ込め」政策の終息を示すものにほかならなかったが、そのような大国のパワーポリティクスの変化による緊張緩和は、必ずしも地域平和構造の構築に直結するものではなかった(24)。分断国家である韓国と北朝鮮の緊張、日本と中国、そして中韓や日朝という地域における国際関係の対立構図は変わらないまま、米中接近が行われたからである。前述したように、米中接近は地域問題を迂回して行われたため、国際秩序の安定化をもたらすはずの緊張緩和が、東アジアにおいてはむしろ安全保障問題を引き起こした。言いかえれば、大国間の緊張緩和と地域の緊張緩和が連動しない状況が作り出されたのである。

ニクソン大統領の訪中計画が発表されると、沖縄返還交渉の際、佐藤栄作首相の密使を務めた若泉敬は、マイヤー駐日米国大使に、日本側の動揺を明らかにした上で、自民党を中心とした日本の政治リーダーたちの懸念を次のように伝えた。(1) 米国の対台湾政策の行方、(2) 米中首脳は、アジアにおける日本の役割を討議し、日本軍国主義を憂慮して日本をコントロールするのではないか、(3) 米国のアジア政策の軸が戦前のように日本から中国へと変わっていくのではないか(25)。そして、ニクソン・ショック後、米国は公式的ないし非公式的に日本の安全を保障はしたものの、これらの懸念は払拭されず、依然として根強く残っていると述べた。若泉は、より確実な保障策が必要であると強調した。

日本が抱いていた懸念は、日中国交正常化の可能性についてであった。米軍に基地を提供していることから、米中関係は改善されても、日本は中国の反発を受けたまま対立関係を清算できず、孤立状態に取り残されてしまうのではないかという懸念であった[26]。日米同盟および「佐藤・ニクソン共同声明」(一九六九年)の「台湾条項」や「韓国条項」などで明らかにされた日本の「役割増大」を指して、中国が日本軍国主義の復活であると非難し続けていたからである。

このような懸念と動揺のなか、日本外務省には、米国との同盟関係を維持するとしても、米軍駐留の態様に対する検討を含め、より柔軟な形態に変えていくことを想定する向きがあった。ニクソン大統領訪中後の七二年六月、第一五回日米政策企画協議で、深田宏北米一課長は、「極東条項」を廃止する形で日米安保条約を改定する考えを米国側に提示した。これに対し、スナイダー駐日公使は、ニクソン・ドクトリンは米国内の世論の動きに合わせつつ、アジアに対する米国の関与を続けるためのものであると述べた上で、日本の要求は米国をアジアから追い出すことと同様であると反論した[27]。また日本側は、中国が日米安保条約の「極東条項」に対して問題を提起する可能性に神経を尖らせており、安保条約の運営において台湾を韓国やその他の地域から分離して取り扱う考えを述べた[28]。

また、日中国交正常化後の七二年一一月、栗山尚一条約局長は駐日米国大使館での会合で情勢の変化に触れ、極東条項の廃止を含む日米同盟の変更案を提示した[29]。これは具体的な政策を立案する前に米国側の反応を探るためのものであったとはいえ、変動しつつある東アジアにおいて外交のフリーハンドを確保しようとする日本の立場が窺える出来事であったと言えよう。

日本の持つもう一つの懸念材料は、韓国の安全保障問題であった。日本はニクソン大統領の訪中はアジアの平和と安全に寄与するという基本的な認識を示しながらも、米国が在韓米軍を維持し、引き続き韓国の安全保障にコミットするかどうかを懸念していた[30]。そのなかで、佐藤栄作首相は、米中接近に刺激を受けて始まった韓国と北朝鮮の緊張緩和の動きについて懐疑的だった。むしろ、北朝鮮が軍事挑発を行う可能性に触れ、在韓米軍が抑止力として韓国に駐留し続けることを重視していた[31]。大国間の緊張緩和と在韓米軍の削減がもたらしかねない対北抑止失敗の可能性を懸念していたのである。

日本外務省は、中国の国連加盟と米中接近による地域秩序の変動が、それまで朝鮮半島を規定してきた冷戦構造をどのように転換させるかに注意を払っていた。外交の対象としての中国の登場によって、韓国と北朝鮮の外交が中国を中心として再編される可能性に注目していたのである。北朝鮮については、中国の外交的庇護を受け、国際社会で自国の地位を高める一方で、中国の影響力をどのように排除し自主路線を堅持するかという課題を抱えるようになると分析していた。他方、韓国については、米国の支援だけに頼る外交政策を改め、北朝鮮と南北赤十字会談を通して対話の道を開くと同時に、第三国の仲介を通じて中国との関係改善を模索し始めていたことに注意を払っていた。そして、このような南北朝鮮の外交に対して中国は、朝鮮半島の現状維持を基本としながらも、韓国と北朝鮮に影響力を拡大する政策を取るだろうと予想された[32]。つまり、日本外務省は、中国の影響力増大が、朝鮮半島をめぐる地域秩序を左右し、南北朝鮮における外交政策の転換を促す要因になると受け止めていたのである。

他方、韓国政府は、自国の安全保障問題が米中間の取引材料となり、大国間パワーポリティクスの犠牲になる危険性を警戒していた[33]。その懸念を解消するために、ニクソン大統領の北京訪問前に米韓首脳会談を開催することを米国に求めた。七一年九月、朴正煕大統領の親書を持ってワシントンを訪問した金溶植外務長官は、米中首脳会談において韓国との協議なしに韓国と関わるいかなる議論や決定もしないように要請した。[34] 韓国政府が望んだのは、自国の立場を米国が代弁することではなく、自国の利害にまつわる議論そのものを封印することであった。このような消極的な対応から、韓国政府が抱えていた安全保障上の懸念を窺いみることができる。

同年一二月一三日、朴正熙大統領はハビブ（Philip C. Habib）駐韓米国大使に対し、大国間の緊張緩和のなかで小国は思わぬ事態に直面していると指摘し、米中接近により、すでに台湾が犠牲となっていると述べた。[35] 北朝鮮の政策を後押ししている中国が国連安保理理事国として国際社会に登場したことは、国連軍の抑止力と米韓相互防衛条約に依存していた韓国の安全保障の根幹を揺るがしかねない出来事であったからである。韓国外務部は、国連軍司令部の存続問題や沖縄基地からの戦略空軍の発進に影響することを懸念していた。[36] 中朝関係が強化されるなかで、日本が中国との国交を回復し、北朝鮮と経済面を含む交流を拡大していたことは、韓国に「孤立の恐怖」を抱かせるに十分であった。

（2）緊張緩和外交の模索

韓国外務部はニクソン・ショック以降、「韓国安保外交の政策方向」という情勢分析において、冷戦構造の変容という観点から以下のように既存の安全保障政策を再考する必要性を提示していた。

対米一辺倒の外交と相互防衛体制を維持してきた韓国の安全保障は、安全保障の概念上および政策上の新しい局面に直面するようになった。大国間の緊張緩和交渉を通じた現状固定の可能性によって戦争が再発する危険性は一時的には除去されたようにみえる状況のなかで、北朝鮮の戦争再発行為を事前に防止するだけではなく、統一を平和的に達成するための安全保障・外交政策方向の再検討が必要になった。(37)

このように同報告書は、既存の安全保障概念と政策の再検討を求めた上で、次の二つの政策提言を行っている。

（1）北朝鮮との戦争を回避する。

（2）中国とソ連に対し門戸を開放して朝鮮半島でその役割を議論できる道を開拓し、朝鮮半島における軍事力相互削減、相互不可侵を含む議題をもって一九五四年のジュネーブ会議と同様の「関係国会議」を開催する。

地域秩序の変化がもたらした安保懸念を、むしろ中国との関係改善を可能にする機会の窓として捉えていたことは注目に値する。ここに南北対話を含む中国やソ連に対する外交政策の変化など、その後の安全保障政策の変化を窺わせる方向性が示されていたのである。特に、「中国やソ連が朝鮮半島でその役割を議論できる道を開拓する」とされた部分には、中ソ両国が韓国の安全を脅かす存在から、「保障」する存在へと捉え直された、認識の転換が窺える。

実際、韓国はニクソン・ショック後の一九七一年八月、北朝鮮に対し南北赤十字会談を提案しただけではなく、一九七二年七月四日にはソウルと平壌で自主・平和・民族大団結を統一の三大原則とする「南北共同声明」を発表した。これは大国のパワーポリティクスに対する「外交的な抵抗」であるとともに、二つの国家が対立抗争するという新しい形態の共存状態を模索したものであった。(38) 同声明の第二項では、「双方は南北の間の緊張状態を緩和し、信頼の雰囲気を助成するために、互いに相手を中傷誹謗しない、小さいものであれ大きなものであれ武装挑発をしない、不意の軍事的衝突事件を防止するために積極的な措置を取ることを合意した」[39]と謳い、緊張緩和と偶発や誤解による戦争再発の回避という目標を明確に示した。

しかし、新しい韓国の安全保障政策は、対北政策の変化に限定されるものではなかった。停戦委員会への中国軍代表の復帰や中国の国連加盟から明らかになったように、韓国の安全保障において中国との関係改善は、重要な課題として浮上してきていた。そのため、政権内において、中国やソ連との関係改善が韓国の生存と平和に連動していることへの注意が喚起されていた。大統領政治担当特別補佐官であった咸秉春は、中国やソ連との緊張や敵意の激化は朝鮮半島を再び不安定にさせ、戦争の源泉となると指摘した上で、これらの隣国と「正常かつ友好的関係を持つことが韓国の生存と平和の原則である」[40]と強調していたのである。

朴正熙大統領は、一九七三年の年頭記者会見で、「友邦の力に依存しながら、比較的安心できた冷戦時代と違って、われわれは自身の国力に依存するしかできなくなり、北韓〔北朝鮮〕共産集団の動態だけではなく、米国、日本、中国、ソ連などの動きを注視しなければならなくなった」[41]という情勢認識を示した。このような情勢認識の下、朴大統領は、同年六月二三日、「平和統一外交政策特別宣言（六・二三宣言）」を発表するに至ったのである。そこには、国連の朝鮮問題討議への北朝鮮の招請、南北韓の国連同時加盟に反対しないこと、共産圏国家に対して門戸を開放するなどの内容が含まれていた。中国とソ連との関係改善を通して緊張緩和を図るという外交の転換が行われたのである。言いかえれば、緊張緩和政策が安全保障政策の構成要素として取り入れられるようになったのである。

他方、ニクソン・ショックに見舞われた日本は、一気に中国との国交正常化に乗り出した。事実、ニクソン・ショックをきっかけに、日本国内では対米自主外交への声が高まり、政治家やマスコミだけではなく、外務省のアジア局を中心に日本外交の外延を広げる新たな機会として積極的に捉える傾向があった。[42] 一九七二年版『わが外交の近況』（外務省）は、社会主義諸国との多角的友好関係を築きあげていくことこそ「わが国が自らの選択を幅広く確保し、国益の伸長を目指して弾力的に行動することを可能にする所以なのである[43]」と位置付けていた。大国間パワーポリティクスの挟間で孤立することなく、外交における選択肢を増やし、外交のフリーハンドを確保することが重視されていた。[44]

振り返ってみれば、日本国内では、沖縄返還交渉に引き続き、一九七〇年の日米安保条約延長問題を前にして、国内制度や歴史的な観点から安全保障政策の再検討が行われていた。外務省がその頃、部内参考用として発行した『日本の安全保障を考える[45]』という冊子では、冷戦構造が変容する兆候がみられるなか、日米安保条約を維持しながら、緊張緩和政策をどのように推進するかに焦点が当てられていた。安全保障政策の軸として日米同盟の重要性を強調するにとどまらず、理念と体制が異なる中国、ソ連、北朝鮮との友好関係の構築に重きを置き始めたのである。

三　冷戦規範[46]の再検討

（1）「台湾条項」の形骸化

七一年七月一五日、ニクソン大統領の訪中計画が発表されると、日本国内において対中政策に後れを取ってしまったことに対する批判が巻き起こった。[47] その後、中国との国交正常化に政策目標をシフトした日本は、日米関係と日中関係の両立可能性を模索するようになったが、その中心課題として取り上げられたのが、日米安保条約の「極東の範囲」から台湾を除外することであり、「佐藤・ニクソン共同声明」(一九六九年一一月)に謳った「台湾条項」の修正問題であった。[48] 安全保障に関する取り決めが日本外交の自律性を妨げ、日中関係改善の障害要因となりかねないという懸念があった。日米首脳が台湾と韓国の有事を想定してその安全保障に関する内容を盛込んだ、いわゆる「台湾条項」と「韓国条項」を中国が、日本軍国主義の復活として非難し続けていたからである。「佐藤・ニクソン共同声明」に対抗する形を取った「中朝共同声明」(一九七〇年四月七日)において、中朝両国は「戦略的友誼」を確認するとともに、「台湾条項」と「韓国条項」を想定した次のような批判を行った。「日本軍国主義はすでに復活し、アジアの危険な侵略勢力となっている……日本はすでに、アジアにおける新たな侵略戦争の前哨基地と拠点になっているのである。日本軍国主義者は直接、アメリカ帝国主義のベトナム侵略戦争に奉仕し、朝鮮におけるアメリカ帝国主義の新たな戦争陰謀にすすんで参与するとともに、中国人民の神聖な領土台湾をかれらの勢力範囲にくみいれようと夢みている」。[49] 日本外務省は、このような中朝による日本批判が日本国内の分裂をもたらすとともに、防衛力強化を困難にする原因になり得ると憂慮していた。[50]

米中接近を受け、日中国交正常化の早期実現を掲げる日本は、冷戦規範の再検討を必要としていたが、米国は安全保障の側面からその動きを牽制した。サンクレメンテ日米首脳会談を控えた一九七一年一二月九日、若泉敬は米国側の意思を探る目的でマイヤー駐日米国大使との面談に臨んだ。若泉は、台湾問題の解決が武力行使なしで行われるというキッシンジャー補佐官の会見内容を取り上げ、「佐藤・ニクソン共同声明」(一九六九年一一月)が発表された当時とは、かなり情勢が変わっていると述べた。その認識の上で台湾と韓国の防衛に関する内容の「再検討(re-study)」を要請した。そしてその目的は、日本も米国のように対中接近における行動の自由を確保するためであると述べた。これに対し、マイヤーは、同条項を「パンドラの箱」に例えながら、「再検討は、安保条約の改定をもたらす」[51]として、同条項の再検討が日米関係全体に影響を与える可能性を指摘した。日米両国の間で、冷戦規範の再検討と維持をめぐる緊張感が現れ始めていたのである。

日本国内での議論や問題提起を受け、米国の外交や防衛の関係者は朝鮮有事の際の在日米軍基地使用に関する取り決めを確認する作業に入った[52]。日本に基地使用を拒まれる可能性を懸念したからである。ハビブ駐韓米国大使とマイヤー駐日米国大使、そして米太平洋軍司令官（Commander in Chief, Pacific）は、在日米軍基地の使用問題に関して次の二つの文書、すなわち（1）「マッカーサー・藤山議事録」[53]（一九六〇・一・六）、（2）「吉田・アチソン交換公文に関する交換公文」[54]（一九六〇・一・一九）を取り上げていた。最初の「マッカーサー・藤山議事録」は、日米安全保障協議委員会（SCC）でマッカーサー駐日米国大使と藤山愛一郎外相の間で署名された文書を指しているが、一九六〇年安保条約改定の際に交わされた「朝鮮有事に関する密約」[55]とされる「マッカーサー・藤山議事録」（一九六〇・六・二三）の前身であると考えられる。そして、二つ目の「吉田・アチソン交換公文に関する交換公文」は、朝鮮半島有事の際に日本国内にある米軍基地を、在韓国連軍を構成する米軍などが使用することを認めた「吉田・アチソン交換公文」（一九五一・九・八）を再確認した文書である。一九六〇年の安保条約改定の際に日本側の要請で「事前協議制」が導入されたことを受け、引き続き米軍の基地使用を保証するために取り交わされた。要するに、米国の外交・防衛関係者は朝鮮半島ないし日本から国連軍が撤退しない限りは、朝鮮半島有事の際に事前協議なしに基地の自由使用が確保されていることを改めて確認し合っていたのである。

翌七二年一月七日、サンクレメンテでニクソン大統領と会談を終えた佐藤首相は、記者会見の席上で、「佐藤・

ニクソン共同声明」（一九六九年）にふれ、「当時の情勢認識を示したことで条約ではない」とし、「台湾条項」は事実上なくなったと明言した。[56] しかし、「韓国条項」について聞かれると、日本の政策変更として捉えられるのは行き過ぎであるとし、安保体制から台湾が除去されたとみなすのは適切ではないと改めた。しかし、佐藤首相の発言の波紋を懸念した外務省の進言により、翌日福田赳夫外相は、佐藤首相が台湾条項を「台湾情勢」と間違えていたと訂正した。[57]

この佐藤の発言は冷戦秩序の変動を受けた日本が、既存の外交路線からの脱却を図った転換点として注目を集めた。[58] しかし、福田外相の訂正発言から分かるように、佐藤の発言は明確な政策転換を表すものではなかった。また佐藤首相の首脳会談での発言と記者会見での発言が異なる、とキッシンジャー補佐官がその後不満を漏らしたことを考えても、[59] 日米間の調整によるものでもなかったと言える。なぜ、このような「混乱」が起こったのだろうか。当時駐米日本大使であった牛場信彦の回想によれば、[60] 外交のフリーハンドを確保するための苦肉の策に過ぎなかった。つまり、対中国政策において米国に遅れを取ったことに対する「動揺」と「焦り」、そして自主外交への政治的「衝動」の表れだったのであろう。

田中政権が発足すると、日米安保条約の「極東条項」と「佐藤・ニクソン共同声明」（一九六九年）の「台湾条項」の取り扱いをめぐって米国との調整が本格化した。一九七二年八月、日米首脳会談を控えて行われた実務者会議で、米国側は「極東条項」と「台湾条項」に変化があれば、日米関係にも支障をきたすとして引き続き日本の政策転換を牽制した。これに対し、日本側の安川荘外務審議官は、国内の反発や中国の反応に配慮して、「田中・ニクソン共同声明」では、日米同盟は相変わらず日本の安全保障にとって重要であると謳うにとどめようとした。さらに安川は、日本国内における「佐藤・ニクソン共同声明」（一九六九年）の再検討の動きについて、

「この問題をめぐる日本国内での議論が日米安保の解消論まで発展しないようにするために、日本政府の取れる最小限の防御措置[61]」であると述べた。つまり、田中政権は、日米同盟条約を堅持することを保障する一方で、「台湾条項」の再検討を行っていたのである。

ところが、冷戦規範の再検討と維持をめぐる緊張は、皮肉にも中国によって解消された[62]。それまで日米同盟や「台湾条項」について批判的だった中国政府が日本側に対して方針転換を示したのである。七月二七日、周恩来首相は竹入義勝公明党委員長との会談で、日米安保条約にも「佐藤・ニクソン共同声明」（一九六九年）にも触れないと明言した[63]。中国の日米同盟容認は、日中国交正常化が実現すれば、中国に対する日米安保条約も「台湾条項」の効力もなくなるという論理に基づくものであったが、それは日中国交正常化の障害要因の一つを取り除くものであった。

ホノルルでの日米首脳会議を控えた八月一九日、田中首相は来日したキッシンジャー補佐官に、日米同盟条約の堅持と「佐藤・ニクソン共同声明」（一九六九年）の「台湾条項」の有効性を明言した[64]。おそらく田中首相は、前述の周恩来首相の発言から安全保障の取り決めを維持しながら日中国交正常化を実現できるという確信を得ていただろう。そして、日中国交正常化によって事実上「台湾条項」は形骸化した[65]。このような認識を反映して、同年一一月八日、大平正芳外相は次のように「台湾条項」に対する政府統一見解を発表した。「台湾条項は一九六九年当時の日米両首脳の認識を述べたものである。その後台湾をめぐる情勢は変化をとげ、武力紛争が発生する可能性はなくなった。このような背景にてらし、認識も変化した[66]。」

（2）「韓国条項」の差別化

韓国政府は、日中国交正常化の動きによって「台湾条項」が形骸化される状況を見守っていた。「韓国条項」の行方については、政治的な側面から注目し始めていた。一九七一年七月、朴大統領が佐藤首相に表明したように、まずは兵器体系の発達によって沖縄基地の軍事的機能の重要性が相対的に低下したことがあげられた。いま一つは、「韓国条項」の再検討が日本の北朝鮮政策の転換につながりかねないと懸念していたことである。[67]「台湾条項」が日中国交正常化の過程で形骸化したように、「韓国条項」も日朝交流の進展の中で同じ道をたどる可能性があったからである。それゆえ対日外交の目標は、朝鮮半島問題と中国問題は異なるものであると強調しつつ、二つの対外政策における日本政府の政策「差別化」を導き出すことであった。

前述した一九七二年一月のサンクレメンテ日米首脳会談の「共同発表文」では、「台湾条項」と「韓国条項」に対する言及がなかったことは、日本国内で、対米自主外交の始動として報じられた。[68]従来の研究では、「韓国条項」の削除を北朝鮮との関係改善のための出発点やメッセージとして把握する向きがある。日韓間の安全保障上の関係について一切言及されなかったことは日米安全保障条約に付随する形で生まれた「韓国条項」はもはや不必要なものとなったことを意味し、このことが日韓安保摩擦の火種になったと捉えている。[69]

しかし、実際の韓国の対応は、きわめて慎重なものであった。韓国外務部は、「韓国条項」に対する直接的な言及がなかったことを問題視するより、日米首脳が共同声明の第二、三条で「アジアの平和と安定の維持のために日米間の協力維持は不可欠な要素」であり、「日米安保条約が果たしてきた重要な役割を高く評価した」[70]ことが、まさに米国の極東安保の維持義務とそれに対する日本の協力姿勢を明らかにしていると評価した。[71]それは、中国との国交回復を目指す日本の政策上、「台湾条項」の形骸化はやむを得ないという現状認識に基づいた柔軟な対応であった。佐藤首相の記者会見における「混乱」についても、従来の外交からの脱却を求める日本の「国内政治に対する対応」として韓国外務部は受け止めていた。また「佐藤・ニクソン共同声明」（一九六九年）に比べ、「共同発表文」という非公式的な形を取ったことにも注意を払っていた。それは、同会談で沖縄返還の日取りを翌年五月一五日と決めるとともに、ニクソン・ショック後の日米同盟関係の修復を図ったことを考慮した上での対応であったのである。

事実、朴大統領は、日米首脳会談が開かれる直前に金山政英駐韓日本大使を通じて佐藤首相宛に親書を送るとともに、一月三日には丁一権前国務総理を日本に送り込み、サンクレメンテ日米首脳会談で韓国の立場を代弁してくれるように要請した。佐藤首相は、その日の日記に、丁一権が「独自の軍需産業を起こ《ママ》している現状を説明し、財政援助を依頼した」と記している(72)。それを受けて、佐藤は日米首脳会談で韓国が抱いている安全保障に対する懸念をニクソン大統領に伝え、在韓米軍の追加削減に歯止めをかけようとした。北朝鮮が依然としてソ連の軍事援助に頼っている現状を説明し、韓国の防衛産業育成に対する支援問題を持ち出したのである。

さらに、福田外相は、ロジャース国務長官に対し、一九七五年まで在韓米軍の撤退を中止することを求めるとともに、韓国の防衛産業を育成する必要性を説いた。共同声明の作成において、福田は「佐藤・ニクソン共同声明」（一九六九年）の内容を「当たり前なこと（a matter of course）」(73)とした上、国会で不必要な論争を招きかねない「台湾条項」の再言及を避けるように米国側に要請した。その一方で、在韓米軍の駐屯が日本と韓国の安全保障において重要であることを再び指摘し、その追加削減に反対した(74)。

米国側は、福田外相の発言に注目しながら、日本は韓国のためのみならず、日本の安全のためにも在韓米軍の撤退には反対するだろうと分析していた。[75] このような認識をもとに、ジョンソン国務次官は、金東祚駐米大使らに対し、日本政府の関係者は在韓米軍が維持されるかどうかについて懸念を表していたと明かした上で、日米首脳会談後の記者会見における佐藤首相の発言は、「台湾条項」に限ったものであるとの認識を示した。[76]

福田外相は、「台湾条項」と「韓国条項」との「差別化」を明確に示した。福田は、日米首脳会談後、李澔駐日韓国大使との面談で、「台湾条項」が問題であって「韓国条項」に変化はないと明言した。[77] また、五月一八日、参議院内閣委員会の答弁では、「韓国条項」についてはまだ国会で何も触れていないことを明らかにした。「ニクソン訪中の結果、極東全体として緊張緩和のムードが出てきているが、韓国は、台湾と違って状況を見極めるべきである」[78] と慎重な姿勢を示したのである。

このような日本政府の立場には米国はもちろん、中国も関心を寄せていた。六月二二日、中国の喬冠華外相は、三度目の訪中をしたキッシンジャーに、日本国内で「韓国条項」と「台湾条項」がその効力を失ったと報じられていることについて見解を求めた。周恩来首相は「韓国条項」が有効であるとの日本の立場が、在韓米軍削減後に日本が軍事的な役割を担うようになることを示しているのではないかと懸念していた。これに対しキッシンジャーは、「日本人は台湾問題については混乱しているが、韓国については日本の安全が韓国の安全と密接に関連していると話している」[79] と日本の立場を説明するとともに、米国としては日本人に対して、本土防衛以上の軍事的な役割を求めないと明言した。

八月にホノルルで開かれた「田中・ニクソン会談」で、両首脳は「韓国条項」の有効性を確認しあった。田中角栄首相は、韓国の安全を日本の「ライフ・ライン」と位置付けた。また翌月に開催される第六回日韓定期閣僚会談で韓国の農村と鉄鋼産業への支援を行う予定であると言及するなど、日韓協力の実績をあげ、韓国との経済協力を強化していく方針を伝えた。特に、韓国が北朝鮮より生活水準が高い国になるように協力する意思を表明し、北朝鮮との体制競争に臨んでいる韓国の経済を支える意思を明確に示した。

このような議論の末、田中首相はニクソン大統領に対し、在韓米軍追加削減の中止を要請した[80]。ニクソン大統領は、東西ドイツの緊張緩和にもかかわらず、NATOの弱体化措置は取っていないように、朝鮮半島で南北対話による緊張緩和が訪れても、安全保障の面で明確な変化が起こるまでは在韓米軍の規模を現水準に維持すると約束した。ここでニクソンは、米朝関係の改善は時期尚早であるとも付け加え日朝交流の拡大を牽制した。そして、日本の安全を守るために韓国の安全が緊要であるとして、「日本の基地使用が制限される場合、在韓米軍の撤退は仕方がない」と安全保障における日韓両国の関連性を指摘した。そこで田中首相は、「日米安保条約下で日本にある米軍基地は何の制限もなく使用できる[81]」という保証を与えた。これこそが「韓国条項」の再確認であったと言えよう。安全保障を確保しながら、日中国交正常化を実現しようとした日本にとって、米軍のコミットメントを確固たるものにするための対応であったのだろう。

一方、韓国外務部は、日米共同声明の第二項で、「日米安保条約維持の再確認とそれの円滑および効果的な運用を確保するために緊密な協議を続けることに合意した」と謳ったことに注目していた。韓国は日本政府が「条約論的な立場よりは、政治的な実体論で対処している」と評価したのである[82]。

田中首相は翌年の七月二二日、外信記者向けの会見で、一九六九年以降日本と米国が中国と関係改善している情勢を理由に「台湾条項」が無効になったことを説明しながらも、「韓国条項」については依然として有効であると確認していた[83]。

四　緊張緩和外交の展開

（1）韓国による対中外交の開始

韓国は、「一つの中国」原則をもとに台湾を国連から放逐し、国連におけるプレゼンスを拡大した中国が、朝鮮半島問題にどのように対応するかを懸念していた。実際、中国は国際連合貿易開発会議（UNCTAD）で、韓国を放逐して北朝鮮を韓国に代替するべきだと主張した。[84] 国連に加盟した中国が国連総会で韓国に対してどのような態度を示すかが当初注目されていたが、米中関係を考慮して柔和な態度を取るのか、あるいは自国のプレゼンスが向上したことを利用して厳しい態度を取るのか、という二つの可能性が取りざたされていた。UNCTADで中国が厳しい態度で臨んでいたことから、国連総会における朝鮮問題の扱いにおいても同じ対応が予想された。従来の冷戦的対決からすれば、中国の厳しい態度から生まれる対立は、韓国にとって決して不利なものではなかった。中国の国連加盟や米中接近による国際秩序の変動により国連のような公開の場で支持を獲得するのがかなり困難な状況では、中国が韓国に対して厳しい態度をとり、対立を助長するようになれば、むしろ韓国に支持はまわりやすいと考える向きもあったのである。[85]

しかし、米中接近に続き、日中国交正常化が実現すると、韓国政府は中国との関係改善を想定して本格的に外交政策の転換を図った。駐日韓国大使館は、日中関係正常化が目前に迫ってきていることを受けて、朝鮮半島をめぐる大国の勢力関係が多様かつ複雑化してきていることを指摘し、冷戦構造からの脱却を通して国家利益を追求する外交の必要性を提言していた。中国が国連に加盟し常任理事国になって国際政治上の大国になったとした上で、国際社会で中国との摩擦を回避し、国際機構では中国の立場を支持する必要性に触れていた。また外交官との接触を奨励して公館主催の宴会に中国の外交官を招待することや、文化・体育の面において韓国で開催する国際大会に中国を招待することを提言した。[86] 日中国交正常化が実現すると、外務部はアジアの新たな国際秩序は大国の相互牽制による力の均衡が模索・維持される方向に変化しているとした上で、大国は朝鮮半島の緊張緩和に対する基本的な利害が一致しており、分断状態の現状維持を図ると分析した。[87] そして、中国を仮想敵国とする外交の枠組みから脱皮し、平和外交へその形態の転換が必要であると強調した。[88]

このような韓国政府の外交方針の転換には、アジアに駐留している米軍を自国の安全を威嚇するものではないと中国がみなしたことや、日本が日米同盟を維持したまま中国と国交を正常化したことが大きく作用した。[89] 前述したように周恩来首相が竹入義勝公明党委員長との会談で、日米安保条約や「台湾条項」は田中首相の訪中に影響を与えるものでないと柔軟な姿勢をみせたことに、影響されていたのである。[90] したがって、韓国は中国が日米安保条約の破棄をそれほど重視しないだろうと予想し、日中間の関係正常化を妨げていた難題が両国の歩み寄りによって取り除かれたことに注意を払っていた。韓国にとって、このような中国の変化は、在韓米軍問題に対する中国の態度を測れるものだったのである。事実、中国が在韓米軍問題に対しても、宥和的な姿勢を取ったことが韓国側にも伝えられた。[91] 韓国を取り巻く東アジアの秩序変動、中国外交の変化は、韓国の強硬な冷戦外交の転換を可能にしたのである。

韓国政府は「第三国との協調」を通じて中国へ接近していた。[92] しかし、そのためには、米中接近や南北対話の開始のような新しい国際情勢に適応する明確な方針が求められていた。[93] 冷戦外交の転換を盛り込んだ「平和統一外交政策特別宣言（六・二三宣言）」で、「互恵平等の原則の下ですべての国家に対して門戸を開放する」としたのは、外務部の主導下で推進した新しい外交構想を定式化する意味合いがあった。[94] しかし、それだけですべての制約要因が除去されたわけではなかった。対中関係改善は、台湾との関係調整を伴う問題であった。日本は中国と国交を正常化する際、中国側の「一つの中国」論を受け入れ、日華平和条約の効力停止を宣言したが、韓国はそこまでは踏み出さなかった。朴正熙大統領は、仲介役を担うイギリス外務省が台湾との関係調整の意向を打診してきたことに対して、「今は中国と関係改善できる気配はみられないし、台湾との関係だけが崩れる可能性があるので、中止すべきである」と外務部に指示した。[95]

しかし、これ以降も、第三国の仲介を通じた外務部の中国への接近は続けられた。これは先述した朴大統領の指示がその後修正された可能性を示している。実際、中国外交の主管部署である外務部東北亜二課では、台湾との関係を漸進的かつ段階的に清算する方針を固め、仲介役を引き受けていた第三国に説明していたからである。[96] 九月のポンピドゥ（Georges Pompidou）仏大統領の訪中を控えて、外務部は中国の正式な国号である「中華人民共和国」を使用し、敵対関係から漸進的に善隣関係の樹立を目標としていることを明らかにするとともに、[97] それ以後も、カナダ、オランダ、イギリスの仲介を通じて中国の意向を打診した。その主な内容は以下のとおりである。[98]

（1）朝鮮半島における緊張緩和および平和定着のための韓国と北朝鮮の国連同時加盟問題
（2）軍事的現状維持に不可欠な停戦協定の効力維持と軍事的均衡維持のための国連司令部存続問題
（3）朝鮮半島における平和定着のための中国政府の案は何か

しかし、韓国の打診に対して、中国側は公式的な反応を見せなかった。韓国の積極的な態度と比べ、中国側は留保的な姿勢を崩さなかった。周恩来首相は、訪中したポンピドゥ仏大統領に対し、北朝鮮の立場を強く擁護しなかったが、韓国が要請していた当局間の接触に応じようともしなかった。首脳会談に同席した喬冠華外務次官は、韓国と北朝鮮の国連同時加盟には反対しつつも、力の空白を招きかねない国連司令部の解体は望まず、国連安全保障理事会で議論が可能であるという認識を示しただけであった。[99] それから一カ月後、トルドー（Pierre Elliott Trudeau）カナダ首相との会談で、周恩来首相は米中が朝鮮戦争の停戦協定に署名したことを踏まえ、その協定の効力を維持する責任があると伝えた。またベトナムの状況とは異なり、朝鮮半島には平和協定はないものの、対話があり、紛争もないことを強調した。[100] 中国は、朝鮮半島における冷戦構造を解体し、緊張緩和に積極的に取り組むよりは、その安定と現状維持に関心を寄せていたのである。

（2）日朝交流の進展と日韓対立

日本政府は七一年七月のニクソン・ショック以後、韓国政府に対し、アジアの緊張緩和を進める立場から北朝鮮との人的交流や貿易を推進していると伝えていた。これに対し、韓国政府は、北朝鮮が武力による統一を目的としている状況において、日朝間接触が北朝鮮の戦力強化につながってはならないと強調するとともに、日本政府が民間の対北接触の拡大を阻止してくれるように要請した。[101] 日本社会における日中国交正常化への動きが、日朝間の急速な関係改善を促す要因となりかねないと警戒していたからである。

第六回日韓定期閣僚会議（一九七二年九月五～六日）のために訪韓した日本の代表団に対し、朴大統領は、日中国交正常化がアジア全体の緊張緩和に貢献する方向で実現することを望むと述べたが、台湾問題については憂慮を表した。大国間権力政治の変化のなかで、台湾が犠牲になってしまったという認識を示したのである。また、日中接近の結果、日朝接近の動きが加速化することを懸念し、日本の慎重な対応を求めた[102]。しかし、大平正芳外相は定期閣僚会議で、日本の産業界が北朝鮮向けに鉄鋼、電機、合繊、肥料などの大型プラント輸出を進めている実情を説明し、輸銀資金の使用方針を伝えた。これに対し、韓国は輸銀資金の使用問題は、一国の主権に関わるもので公式に反対することはできないとの控えめの態度を取りながらも、「少なくとも南北の現在の力のバランスを崩さない形で進めてほしい[103]」と述べ、鉄鋼など軍事力強化につながりかねないプラント輸出について懸念を表明した。韓国側が抱いていたもう一つの懸念は、日本の資金が北朝鮮に流れ込むことによって、日韓経済協力が停滞することであった[104]。それゆえ、北朝鮮の戦力増強を助ける日朝経済接触増大の阻止に向けて日本に働きかける一方で、日韓経済協力のさらなる強化を図っていた[105]。

このように日朝間の交流の拡大は、それを緊張緩和の促進要因として捉える日本と、朝鮮半島の均衡を崩しかねない阻害要因として捉える韓国との間で政策対立を生んだ。日韓の間で問題となったのは、その「内容」と「速度」であった。まず「内容」に関しては、日朝貿易が北朝鮮の戦力を強化することを韓国は憂慮した。一九七二年一月二三日に北朝鮮と日朝議員連盟所属の日本議員使節団の間で「覚書貿易協定」が調印されたことを受けて、韓国外務部は「覚書貿易で貿易量を拡大することは、北傀〔北朝鮮〕を孤立させ、武力増強をあきらめさせ、平和的に統一しようとする政府の努力に正面から挑戦することで、むしろ緊張を激化することである[106]」との懸念を表した。また、同月二六日国会外務委員会では、覚書の中で日本の輸出品である精油プラントが取り上げられ、日朝間貿易の拡大は、北朝鮮が武力によって韓国を侵略するのを助けることであると非難されたのである[107]。

他方、「速度」の問題に関しては、日朝関係だけが進展してしまうと、南北対話に支障が出かねない上、中国とソ連が韓国を承認しないまま、日本が北朝鮮を政治的に承認する道をたどることを最も警戒していた。韓国は

「孤立の恐怖」を抱いていたのである。[108] それゆえに、いかなる日朝交流にも反対する強硬な立場を取らざるを得なかった。

韓国政府は、日朝交流の拡大に対して、日本外交の修正を迫る「抗議外交」を展開したが、緊張緩和という時代の流れを相殺するほどのインパクトを持たなかった。むしろ相次ぐ抗議は、日本の政界や財界だけではなく、マスコミにおいて韓国のイメージに打撃を与えていた。一九七三年初め、「抗議外交」の窓口であった駐日韓国大使館より、実利なしの表面的な「抗議外交」よりは実質的な外交を展開すべきであるとの提言がなされた。[109] また、新しい情勢を反映して、民間商業ベースによる経済交流と、輸出入銀行の資金使用等の政府が介入した交流とは切り離して対応するほうが現実的であるとの提言もあった。[110] 日本への経済依存度が高まりつつあった韓国にとって、[111] 情勢変化を反映した実用的で柔軟な対応が求められていたのである。こうして一九七三年を機に「抗議外交」から日韓関係の強化を通じて、北朝鮮に対する優位を確保する方向へ転ずることになる。つまり、抗議に重きをおくよりは、日本との経済協力関係を強化、拡大することに対日政策の重点が変わり始めたのである。

外務部のなかには、対北優位の確保を基本方針としながらも、具体的な対日政策指針では、日朝経済交流を地域の緊張緩和に貢献するものとして捉える向きもあった。[112] 外務部が一九七三年年明けに大統領に行った報告をみれば、北朝鮮の戦力強化につながるプラント輸出や輸銀資金の使用を警戒しつつも、日本の消費物資の対北朝鮮輸出を勧めるとともに人事、言論、文化、スポーツ、芸術交流の拡大を進める方針であった。一見すれば、戦争の再発防止を緊張緩和政策の核心としていた韓国にとって、日本が主導的に北朝鮮との交流を拡大することにより北朝鮮が開放的な社会へ変化することは、朝鮮半島だけではなく、新しい東アジア秩序の安定の側面からもっとも望ましいことであった。

しかし、「孤立の恐怖」に耐えながら、長期的な観点から日本の役割に期待をかけて、安全保障を危険にさらすことはできなかった。言いかえれば、中国とソ連が韓国を承認する前に、日本が北朝鮮を政治的に承認するとの「最悪のシナリオ」を避けながら、どこまで日朝交流を容認して北朝鮮を開放させるかが、残された政策課題になったのである。

(3) 日本外交の重層化

日朝間の交流拡大をめぐる日本国内の要求と韓国の反発のなか、日本の外交担当者の間では朝鮮半島政策の再調整に関する議論が行われていた。一九七二年三月、後宮虎郎駐韓日本大使が外務省に宛てた「北鮮問題処理振りに関する所見」[113]という電報で、朝鮮半島政策が中国政策やベトナム政策と異なる点を指摘した。日本にとって中国政策は「一つの中国」を受け入れるかどうかの問題であった。また、中国の国連安保理入りと米中接近により、国際的地位が向上したことで、台湾を犠牲にしてでも中国との関係を正常化することが正当化されていた。しかし、北朝鮮との接触増進は、中国との接触増進に触発された側面が大きいが、本質的な違いが存在していた。後宮大使は日朝間の交流増大を北朝鮮との国交正常化ではなく、地域の緊張緩和の促進に限ると、その位置付けを明確にした。その理由としては以下の二つを指摘した。

(1) 韓国成立に関する国連決議や日韓基本条約をはじめ、各国の韓国承認の際にとった態度によって国際法的には南側のみの国家である。

(2) 人口、面積、国際社会における地域などからして、武力ないし暴力革命方式の統一がない限り、北朝鮮が韓国を圧倒し、その地位を代替できるとは考えられない。

この二つの理由をもとに、後宮大使は韓国の立場に十二分に配慮して北朝鮮との交流を行うように政策提言を行った。事情の異なる中国やベトナムのケースから類推して「次は北鮮も」という国内のムードに流されることのないように注意を呼びかけたのである。そして、朝鮮半島においては深刻な緊張は存在しないとした上で、日韓の離間を招いてまで懸命に緊張緩和外交を推進するに値しないと、慎重な対応を求めた[114]。

日本外務省の朝鮮半島政策の基本方針は、韓国と北朝鮮の平和的共存を促す方向に収斂していった[115]。韓国に対しては、民生の安定をもとに、民主主義国家としての基盤を強固なものとするように経済協力を中心に友好関係の促進を図ることであった。他方、北朝鮮との交流については、緊張緩和を促進する方向で、南北対話や国際情勢の推移を見守りつつ弾力的に対応していく方針を固めていた。

一九七二年五月二四日の衆議院外務委員会で[116]、佐藤首相は中華人民共和国が主張している国交正常化三原則を受け入れるかを迫る青木正久（自民）の質問に対し、国連の決議を尊重するとした上で、「中国を代表するものは中華人民共和国であるという、これはやはり動かすことのできない状況であ」ると答えた。そして、日中国交正常化は何としてもやらなければならない第一の基本的な問題として位置付けた。一方、韓国と北朝鮮の関係については、「人民共和国との関係もそのうち調整されるもの」であると答弁した。中国との国交正常化を明言しながら、北朝鮮との「関係調整」に言及していることは、注目に値する。それは日本の朝鮮半島政策の基本的な方向を示すものにほかならなかった。

日中国交正常化前後における韓国の懸念を目の当たりにした田中政権は、日中国交正常化以後、木村俊夫前経済企画庁長官を特使として韓国に送り込み、韓国の憂慮を払拭しようとした。木村特使は、朴大統領との面談で、日韓両国の友好・協力関係は従来と変わらないと述べるとともに、日米同盟のもとで安全保障の側面における日本の役割を果たすと明言した[117]。また、中国は日本や韓国からの米軍撤退が北東アジアの現状を変え、ソ連の介入を招く恐れから、日米安保条約や米軍駐留について一切言及してこなかったと述べ、安全保障の側面からは、現状維持のもとで日中国交正常化を実現したことを明かした。さらに「周四原則」について木村は、周恩来首相が「三菱の社長が台湾を訪問している間に、同企業の会長を北京に受け入れた」と言及したことを取り上げ、事実上、同原則は効力を失ったと述べた[118]。

他方、北朝鮮は、北朝鮮との交流拡大を求める日本国内の動きを受けて、日韓基本条約の破棄を前提にした日朝関係改善というそれまでの立場を改め、同条約を維持したままの等距離政策を求める柔軟な立場を取り始めた。朴成哲第二副首相は、平壌訪問中の日本の新聞記者団に、日本政府は朝鮮統一の妨害となる韓国一辺倒政策を取りやめ、南北等距離の「均衡外交」を取るべきだと主張した[119]。金日成主席も、『毎日新聞』とのインタビューで、「朝鮮半島の南と北に対してどのような侵略的性格も持たない均衡な政策を実施すべきである[120]」と語った。

日本外務省の情報によれば、金日成は、韓国を唯一の合法政府と規定している日韓基本条約第三条を無視すれば、日朝の国交正常化は実現できるとみていた。つまり日朝国交が樹立されれば、日韓基本条約第三条は八〇%ぐらい効力を失うだろうと見通して、日韓条約が存在していても、日朝国交正常化は可能であると語っていた。北東アジア課では、このような北朝鮮の対日接近を経済問題として捉える向きがあった。北朝鮮は一九七一年から実施していた六カ年計画において技術革新を中心課題として設定していたが、それは共産諸国、特に中ソから多くの支援を期待できないでいたからである。そこで日本外務省は北朝鮮が技術革新のために西側の自由主義先進諸国、特に日本からの援助に頼らざるを得ない状況にあると分析していた[121]。

日本国内では、社会党を中心とする革新勢力から、北朝鮮に対して韓国と対等な外交を展開すべきであるとの声があがった。日中国交正常化後の一九七二年一一月一〇日の参議院予算委員会で、足鹿覺（社会）議員は、日中の経緯からみて北朝鮮に対しても均衡ある政策を取る必要性を主張した。これに対し、大平外相は、次のように答えた(122)。

日韓の間に国交があり濃密な関係が持たれておるという状況の上で南北の対話が始まった……いまバランスのとれた状況で対話が始まったわけでございますから、……そういう状況のないところ、白紙に、いまから朝鮮半島に対する政策がスタートするという場合における均衡という概念のとらえ方と、それから現にそういう過去を持って、今日そういう状況のもとで南北対話が始まっておるという現実を踏まえての均衡ということを考えますと、……南北等距離政策をとるというようなことはたいへん危険な道じゃないか……

一九七三年五月一七日の北朝鮮の世界保健機構（ＷＨＯ）加盟と同年六月二三日の韓国の「平和統一外交政策特別宣言（六・二三宣言）(123)」以後、社会党の働きかけは強まった。赤松勇（社会）議員は、七月七日と二一日の二回にわたって「朝鮮の統一に関する質問注意書(124)」を政府に提出した。赤松は、朝鮮半島内部の緊張緩和の気運が表面化しているなかで、韓国との関係に傾斜している外交姿勢は是正すべきであるとし、北朝鮮を承認し国交を樹立すべきであると主張した。これに対し、日本政府は、南北を対等に扱うのは、「わが国の対外関係全般、南北対話への影響など諸般の要素を相互して判断すべきである」、「わが国としてはあくまでも韓国との友好協力関係の維持発展が第一であり、現状においては北朝鮮との関係は自ら限られた範囲のものたらざるを得ないと考える」[125]と答えた。ここで「わが国の対外関係全般」とは、ソ連や中国などの社会主義諸国が韓国に対する態度を変えない状況下で、日本だけが一方的に対北朝鮮政策を変えることはできないという説明であった。これは、韓国政府が「六・二三宣言」の際、ソ連と中国が韓国を承認する前に米国と日本が北朝鮮へ接近することを防ぐために米国と日本に要請した内容であった。しかも米国に対しては、北朝鮮に接近する日本の動きを抑制するように要請していた[126]。金鍾泌国務総理は田中角栄首相との会談で日中国交正常化方式で北朝鮮との関係改善を図らないように念を押すとともに、政策転換においては米国と緊密に協議するように要請し、田中首相の同意を得ていた。また、金国務総理は、朝鮮政策においては田中首相よりは大平外相がより実用的な外交姿勢を持っているとして、米国が大平とより緊密に意見交換する必要性を提起した[127]。

興味深いことに、大平外相は七三年八月一日、日米首脳会談の席上で、戦前日本は安全保障のために、朝鮮半島に二個師団を駐留させていたと振り返った。そして、直接的な軍事支援を排除するようになった戦後には、戦前の二個師団を維持した際と同様の費用を経済援助に当てていると語った[128]。大平の発言は、安全保障の観点で朝鮮半島と日本の関わりは戦前から続くものであり、その手段が軍事から経済に代わっていることを示している。日本政府が韓国との経済協力が持つ安全保障的な性格をどのように認識していたのかを表すものとして注目に値する。それはまた、安全保障問題における米国の役割分担要求に対して、日本側が見出していた回答であったとも言える。

日本政府は、韓国との安保関係を重視しながら、慎重に北朝鮮との経済交流を拡大していた。それは北朝鮮と政治的な関係を結ぶことを時期尚早とした米国の朝鮮半島政策の枠を破るものではなく、「積み上げ方式」[129]をもとに、関係進展を図るものであった。すなわち、政府の公式的な介入は避けながら、民間交流の幅を広げる国内の要求を黙認する形で、北朝鮮との経済交流を推進したのである。大平外相の言葉を借りれば、南北等距離外交という考え方は「センチメンタルなもの」に過ぎない[130]という考えのもとで、慎重に進められたのである。日本外務省は日朝貿易の意義について、（1）日本が徐々に北朝鮮と関係を拡大したほうが、韓国に対して経済援助を維持し、増大することを容易にする、（2）北朝鮮社会に国際的な影響を与えるのに役立つ[131]との二点をあげていた。

この二つの意義のうち、一つ目で、日朝関係の拡大を韓国に対する経済援助維持と関連付けたのは、国内の圧力に対して韓国一辺倒政策を取り続けることの政治的な負担の表れであった。また、国内の圧力にかかわらず、韓国との経済協力を重視していることを米国にアピールして、北朝鮮との交流拡大に反対する米国を説得しようとする意図が隠されていたのだろう。二つ目は、朝鮮半島における軍事的対立状況に対する緊張緩和外交としての意義付けであった。経済交流という限られた手段ではあるが、米国の対北朝鮮「封じ込め」政策とは異なり、北朝鮮内部の変化を促し、朝鮮半島の緊張緩和に貢献できるとみていたのである。

日本政府は、このような意義付けに基づいて、日本の北朝鮮政策を牽制していた米国と韓国を説得した。一九七三年八月、大平外相はロジャーズ国務長官との会談で、前述した日朝貿易の意義を再度伝え、[132]米国側の理解を求めた。韓国に対しては、同年六月に来日した金鍾泌国務総理に政策転換の必要性を披歴した。日本の国内情勢からして「従来の韓国一〇〇％、北朝鮮〇％の関係をこれ以上維持することはできない[133]」という立場を明らかにし、プラント輸出に輸銀融資を許可する方針を伝えたのである。[134]

外務省の中江要介アジア局参事官は、韓国外務当局者に対し、拡大しつつある日朝間交流にともない、北朝鮮政策変化を求める日本国内の圧力が増していると紹介し、「外務省の一部から日韓間の関係をもっと緊密にするためには北朝鮮とある程度融通を発揮することが有利である」[135]という見方があると伝えた。さらに、法眼晋作外務次官は、李澔駐日大使に対し、「韓国の戦力増強に協力するためにも、民間部分が北朝鮮と取引することを阻止できない」[136]と述べた。そして、一〇月二九日、通商産業省の内田禎夫通商政策局北東アジア課長が、北朝鮮に対して初めての輸銀融資を許可する方針を韓国側に明らかにした[137]。

リベラルな中江参事官はもちろん、韓国寄りの立場を取り続けた保守主義者の法眼外務次官までが朝鮮半島問題において共通的な考え方を持ち始めたことは注目に値する。東アジアの秩序変動を反映した形で、新しい朝鮮半島政策が外務省内で形成されつつあったことを表しているからである。そして、大平外相により、新たな外交が展開されていたのである。それはまさに、安全保障の観点で韓国との関係を重視せざるを得ない安全保障の要請と地域の緊張緩和の要請という相反する政治外交的な立場の間で、それらを調整しながら、外交の「重層化」を図っていたことを示している。

五　日韓安全保障関係の再調整

（1）「体制競争」への対応

米中接近以降の北東アジアでは、軍事的な緊張が緩和する反面、政治・経済的な安定のための協力がより重視され始めた。日本外務省は、北朝鮮による武力挑発は段々困難になっており、朝鮮半島問題は政治・経済的側面がより重要になっていくと判断していた。韓国側に対し、韓国問題は台湾問題と全く重さが違うとし、国連で韓国問題に対して共同提案国になることを明言していた。[138] また「韓国条項」の堅持を通して、北朝鮮に対する抑止力を確保しながら、北朝鮮に「体制競争」を呼びかけた韓国の政治・経済の安定に協力する態度を示したのである。要するに緊張緩和により戦争再発の可能性が低下するなかで、主な問題は政治・経済問題になるだろうという結論に到達したのである。

このような状況下で、田中首相の訪中を控えて開かれた第六回（一九七二年九月五〜六日）とその翌年の第七回日韓定期閣僚会議（一九七三年一二月二五〜二六日）は、日韓両国の協力のあり方を再調整する機会となった。両会議の特徴は、民間ベースの投資拡大と政府ベースによるインフラ整備への支援が分けて議論され、両国の協力の質と幅が変貌を遂げたことである。言いかえれば、重化学工業への協力は日本の産業界が中心となり、「セマウル〔新しい村づくり〕事業」のような企業の投資を期待できないインフラ整備については政府ベースの協力を推進する方向に調整が行われたのである。

このような変化は、韓国が先に民間と外資による投資促進が有利である重化学工業を育成し、資金と技術を蓄積した上で、精密度が高い軍需品を生産するという経済開発政策を推進したことと密接に関連していた。それは日本の重化学工業からの技術移転を図るとともに、国内で不足していた資本の調達も可能にするという認識の下で推進されたものであった。[139] そのため日本の資本、すなわち日本産業界を韓国に誘致するための努力が積極的に展開されるようになった。[140] 韓国は、日本政府に対し、産業界の対韓投資促進のための支援を要請した。実際、第六回定期閣僚会議で韓国が、日本の民間企業による対韓投資促進のために韓国内に企業誘致協議会を設置することを要請したのに対し、日本側は民間企業の対韓投資が増大していることに鑑み、民間ベースによる対韓投資調査団の派遣、民間機関による投資斡旋事業などの相互提携関係の積極化が望ましいと応じた。[141]

一九七三年の朴大統領による「重化学工業化宣言」以後に開催された第七回定期閣僚会議で、韓国は重化学関連部分の民間経済交流を促進するために日本政府の適切な支援を要請した[142]。実際、日本の産業界の対韓投資は、一九七一年に二、一〇〇万ドル、一九七二年には七、七〇〇万ドル、そして一九七三年には前年度投資額の二倍を超える一億七、三〇〇万ドルへと増加し、外国からの投資全体の九〇・六％の割合を占めるようになった。青瓦台〔大統領府〕で第二経済主席秘書官として重化学工業化を主導した呉源哲によれば、重化学工業の所要資金は内外資本を合わせ一〇〇億ドルだったが、五八億ドルは外資、三八億ドルは国内資本を充てることにし、一九七三年五月末、太完善副総理を中心とした投資誘致団が米国と日本で「韓国投資セミナー」を開催した。投資誘致団の活動もあって一九七三年から一九七五年までの三年間韓国は三一億ドルの外資を呼び込むことができた。またこの期間外国の直接投資は四億一、五三〇万ドルに達した[143]。

このような民間ベースの協力強化を政府の経済協力意思の低下として分析し、両国間の協力関係の退潮と捉える向きもあるが[144]、むしろ一九六五年国交正常化と同時に開始した政府ベースの協力がより多角化したことを物語っていると捉えるべきであろう。第七回日韓定期閣僚会談で、韓国側の首席代表を務めた太完善経済企画院長は、経済交流および協力の重点が両国の民間ベースの接触と協力に移り始めていることを指摘し、「相互補完的条件を背景にした両国の経済協力関係は、政府主導ベースから徐々に民間ベースの協力体制に転換されねばならないと私は確信するのであります[145]」と述べた。大平外相は、両国の経済協力が民間ベースを中心とするものに移行することは誠に自然な姿であると賛同しながらも、民間企業の参加を期待できない農業開発、経済基盤、インフラストラクチャー建設は引き続き政府ベースで協力を行うことを約束したのである[146]。

民間と政府の役割の分担の側面から、日韓両国が重視したのは、「セマウル事業」をめぐる協力であった。しかも、この事業を日本は、韓国以上に重視していた。日本側は、この事業を「韓国が南北体制競争で勝利するために」重要な事業であると位置付けて協力に臨んだ。それは「体制競争で勝利するために」という「戦略的な思考」[147]が緊張緩和期における日韓の経済協力を支えていたことを物語っている。韓国政府は、日本の政界の関心が日中国交正常化にあるなかで日韓協力関係の強化に成功したのは、日本の官僚たちの関心と努力によるものであると評価した。また、協力の規模については、物価「安定」のための商品借款、持続的な「成長」のための工業施設支援、「均衡」のための「セマウル事業」への支援など、あわせて三億五〇〇〇万ドルの協力が決まったことに満足を示した。特に「セマウル事業」に関して、韓国は、当初八つの事業で一〇億ドルだった事業規模から、五つの事業で八億ドルにその規模が縮小されたものの、初年度から八、〇〇〇万ドルの支援が決まったほどの「予想外」の日本のコミットメントを好意的な態度として高く評価した。[148]

（2）日韓定期閣僚会議の「政治フォーラム」化

日韓経済協力と友好関係の象徴として毎年開催されていた日韓定期閣僚会議は、一九七三年八月に起きた金大中拉致事件の影響により、四カ月も延期を余儀なくされた。日本の世論においては、対韓イメージの悪化とともに、それまでの対韓経済協力が朴正熙政権を民主化させるどころか、独裁政権を支えてきただけであるという政府批判が広がった。

同事件の政治決着を受け、同年一二月に開催された第七回日韓定期閣僚会議は、両国間の友好関係を回復するとともに、従来の定期閣僚会議とは異なる形式で進められた。それは第一に、日本国内の世論に配慮した措置が講じられたことである。日本国内世論の悪化により、会議の中断や韓国代表団の安全までもが懸念されるなかでの開催であった。それゆえ日本政府は事前交渉の段階から、国会と世論対策として金大中の出国問題および犯人捜査に関する中間報告を韓国側に求め、会議開催の雰囲気を整えようとした[149]。また世論の批判を避けるために、共同声明中に「日本の対韓経済協力が国民福祉に寄与する」という文句を盛り込むように要請した[150]。これに対して韓国側は「両国間の経済協力は……韓国経済の発展と国民福祉の向上へ寄与[151]」すると修正したが、最終的には、共同声明の第七項に「国民福祉の充実を図ることが政府の基本目標」であるという一文が盛り込まれた[152]。

第二に、両国間の経済協力問題を中心に扱う会議から、「政治フォーラム」への転換が図られた[153]。日本が定期閣僚会議を開催している開発途上国は韓国のみであっただけに、同会議は日韓両国の経済協力関係の特殊性を象徴するものであった。しかし、経済協力問題を閣僚会議と分離することで、両国の閣僚が日本の対韓経済援助の規模を議論し合う会議から、共通の政策問題を扱う政治会談へと性格の変化が模索されたのである。日本政府は、その方向性を韓国政府に提案した際、日本が他国と行う閣僚会議と同様に日韓両国間でより高い次元の政策問題を協議する会議として格上げしようとする意図を明らかにした。それまで議論してきた経済協力問題は、実務レベルで事前に協議した上、閣僚会議では、それを公式的に追認する方法が取られた[154]。

同会議終了後、韓国政府は、日韓両国の閣僚が政策問題をはじめ、国際経済、エネルギー問題などの幅広い議題を協議する会議進行の方式と共同声明の作成で、より一層高い次元の関係を樹立しただけでなく、協力増進ができ、それが閣僚会議の新しい方向性を設定する機会になったと会議の成果を振り返った[155]。経済協力問題を閣僚会議と分離することで、韓国の経済開発が日本の協力なしには不可能であるという日本人の認識を是正した効果があり、韓国に批判的な日本世論の柔軟化も達成できたとみていたからである。

実際、経済協力問題は、韓国経済企画院経済協力局と日本外務省経済協力一課との実務者間の折衝と事前交渉を通してその規模を決定された。そして閣僚会議の前日の一二月二五日に韓国経済企画院運営次官補と日本外務省経済協力局長の間で、経済協力の内容と円借款の規模に関する了解記録が非公開の形で交わされた(156)。この了解記録では、「セマウル事業」の一環として揷橋川、界火島、金昌および昌寧地区の農業基盤整備、農村電化および農業器械化事業の支援に第六回定期閣僚会議での合意額八、〇〇〇万ドルと大清多目的ダム建設計画への支援を含む新規四、五〇〇万ドルの借款が合意された。さらに浦項製鉄所拡張計画に対する四、五〇〇万ドルまでの長期低利の輸銀融資が決定された。当初韓国側が協力を要請した協力額には及ばなかったが、オイル・ショックに伴う日本の経済状況と翌年度予算編成という状況に鑑み、相互理解の上で合意がなされたのである。

おわりに

米中接近がもたらした東アジア冷戦秩序の変容は、日韓両国に冷戦外交からの脱却を迫っていた。日中国交正常化、南北共同声明、日朝交流の拡大などは、秩序変動に対する日韓それぞれの対応の表れだった。地域秩序の変動を所与として、日韓両国は安全保障上の要請と緊張緩和の要請という政治外交的立場の間で揺れ動きながら、関係調整を行った。

中国や北朝鮮との関係改善を模索する日本は、冷戦政策の転換を阻んでいた「韓国条項」を再評価しようとした。しかし、その動きは実際の政策転換にまでは結びつかなかった。むしろ朝鮮半島政策は中国政策と異なるものであることが外務当局者の間で共有され、「台湾条項」との差別化が図られた。また日米首脳の間では「韓国条項」が在韓米軍の削減問題と深く関わっていることを確認し合った。他方、韓国は「韓国条項」の軍事的な意味を重視しながらも、柔軟な態度をとって日本との政治・経済協力関係を強化することに重点を置いた。日韓両国は中国と北朝鮮に対して緊張緩和外交を展開しながらも、「韓国条項」を「台湾条項」と差別化することで安全保障上の関係を維持した上で東アジアの秩序変動に対応したのである。この時期、日本の朝鮮半島政策は、従来の研究が指摘するような明確な方針転換がなされたのではなく、安全保障上の要請と緊張緩和の要請を融合する形で外交の重層化を図るものであった。

日韓の経済協力は南北「体制競争」における韓国の勝利に日本が貢献するという観点で重視された。韓国は日本との協力の余地を広げようと重化学や農村開発などの発展を重視した協力を要請した。日本政府は農村開発や経済基盤の助成など企業が参加できないインフラ整備について引き続き政府ベースの借款で協力することを約束し、その一環として「セマウル事業」に対する協力を実施した。その一方で、日本政府は日朝経済交流が北朝鮮内部の変化を促し、緊張緩和に貢献できるとの立場を堅持しながら、北朝鮮との交流を推進していった。

このように日韓は安全保障上の要請と緊張緩和の要請という政治外交的な立場を調整するなかで、冷戦秩序の変容下における両国関係の再調整を行ったのである。

（1）国分良成「東アジアにおける冷戦とその終焉」、鴨武彦編『講座 世紀間の世界政治 第三巻』（日本評論社、一九九三年）四三～四六頁。
（2）ヴィクター・D・チャ『米日韓 反目を超えた提携』（有斐閣、二〇〇三年）第三章。
（3）若月秀和『全方位外交の時代―冷戦変容期の日本とアジア・一九七一～八〇年』（日本経済評論社、二〇〇六年）。
（4）チャは、一九七二年から一九七四年の間を日韓関係の「危機の高潮」の時期だと定義した。チャはその根拠として、日本による韓国条項の修正、日韓経済協力の後退、日韓定期閣僚会議での政策対立、北朝鮮政策の乖離、日朝間人事交流の拡大などをあげている。チャ『米日韓　反目を超えた提携』一一八〜一二七頁。

（5）韓国と米国は朝鮮戦争の停戦後の一九五三年一〇月一日に「米韓相互防衛条約」を締結した。一方、北朝鮮と中国は一九六一年「中朝友好協力相互援助条約」を締結した。

（6）ヘンリー・A・キッシンジャー（塚越敏彦ほか訳）『キッシンジャー回顧録　中国（上）』岩波書店（Henry Kissinger, *On China*, New York, Penguin Books, 2012）二六八頁。

（7）平岩俊司『朝鮮民主主義人民共和国と中華人民共和国』（世織書房、二〇一〇年）一三五〜一四〇頁。

（8）ヘンリー・A・キッシンジャー（斎藤弥三郎ほか訳）『キッシンジャー秘録　第三巻　北京へ飛ぶ』（小学館、一九八〇年）一九五〜一九六頁。

（9）ヘンリー・A・キッシンジャー『中国（上）』二九二〜二九三頁。

（10）第一回目のニクソン・周恩来会談では、米中両国の利害からみて「共通の基盤」を見出せる可能性があるかという問題が議論されていた。「資料三　一九七二年二月二二日　ニクソン・周恩来第一回会談」、毛里和子・毛里興三郎訳『ニクソン訪中機密会議録』（名古屋大学出版会、二〇〇一年）四九〜五一頁。

（11）「文書一　第一回周恩来・キッシンジャー会談、一九七一年七月九日」、毛里和子・増田弘監訳『周恩来・キッシンジャー秘密会談録』（岩波書店、二〇〇四年）三二頁。

（12）「文書一　第一回周恩来・キッシンジャー会談（一九七一年七月九日）」三四〜三五頁。

（13）「文書一〇　第四回周恩来・キッシンジャー会談（一九七一年一〇月二一日）」一八五〜一八六頁。

（14）同右、一八一、一八六頁。

（15）同右、一八六頁。

（16）PRC briefing papers to President, February 1972, National Security Council Files Henry A. Kissinger Office Files, Country Files-Far East, Box91, Nixon presidentional Library.

（17）Ibid.

（18）「資料四　一九七二年二月二三日ニクソン・周恩来第二回会談」九九頁。

（19） 同右、九九〜一〇〇頁。
（20） 「資料五　一九七二年二月二四日ニクソン・周恩来第三回会談」一五一頁。
（21） 「資料三　一九七二年二月二二日ニクソン・周恩来第一回会談」六九頁。
（22） 同右、六一〜六二頁。
（23） しかし、米国務省は、朝鮮半島の平和体制構築問題をめぐる米中の政策協調が難航するなか、中国との間で朝鮮半島問題を外交で調整することはできないと展望していた。これについては、次の第五章で詳しく論じる。
（24） この時期の朝鮮半島をめぐる大国間の議論については、倉田秀也「米中接近と韓国―『大国間の協調』と軍事停戦体制」、増田弘編『ニクソン訪中と冷戦構造の変容』（慶應義塾大学出版会、二〇〇六年）一五三〜一七九頁。
（25） Telegram, China Policy, American Embassy Tokyo sent to Rogers, Department of State Secretary, POL 1 Japan-US, Tokyo 11421, November 16, 1971（石井修・我部政明・宮里政玄監修『アメリカ合衆国対日政策文書集成』第一六期、第八巻、柏書房、二〇〇五年、一二九頁。以下『対日政策文書（一九七一年）』第八巻の要領で略記）.
（26） Memorandum, U. Alexis Johnson to the Secretary, SRG Meeting, August27, on NSSM122, August 31, 1971, *Japan and the United States: Diplomatic, Security and Economic Relations, 1960-1976,*（Ann Arbor: ProQuest Information and Learning, 2001）（以下、*Japan and the United States*）, no.1425.
（27） 日本外務省調査部企画課「第一五回日米政策企画協議報告」、一九七二年六月三〇日（外務省開示文書、請求番号 2006-975）。15th US-Japan Planning Talks, August 9, 1972, Box 403, Record of the planning Coordination Staff, 1969-1973, Subject Country and Area Files, RG59, National Archive II.
（28） 同右。
（29） 栗山尚一『外交証言録：沖縄返還・日中国交正常化・日米「密約」』（岩波書店、二〇一〇年）一四六〜一四九頁。
（30） Memorandum of Conversation, ROK/US Relations, Jan 17, 1972, Subject Numeric File 1970-73, Box 2424, RG59, National Archive II.
（31） Telegram from the Embassy Tokyo to the Department of State, President/Sato Talk, POL 7 Japan, Tokyo 12458, December 20, 1971（『対日政策文書（一九七一年）』第七巻、二七二頁）.
（32） 中国課「中共と韓国、北鮮との関係（一九七二年六月二七日）」日本外務省『朝鮮問題』（管理番号 2012-1788）。

(33) 金溶植『希望と挑戦』(ソウル:東亜出版社、一九八七年)二一九頁、Memorandum, for Mr. Henry A. Kissinger The White House, Letter from President Park Chung Hee to President Nixon, Sep. 21, 1971, POL 7 KOR S, RG59, National Archive II.

(34) Telegram from Department of State to the Embassy in Seoul, Kim Yong-sik in Washington, State 174893, September 21, 1971, Subject Numeric File 1970-73, Box 2424, RG59, National Archive II.

(35) Telegram from the Embassy in Seoul sent to the Department of State, Seoul 7507 December 13, 1971, Subject Numeric File 1970-73, Box 2425, RG59, National Archive II.

(36)「米・中共関係と韓国の安保」、韓国外務部『韓国の安保関係資料、一九六八—七一』(分類番号 729.19、登録番号 4323)二九三〜二九八頁。

(37)「韓国安保外交の方向」、韓国外務部『韓国安保外交の政策方向、一九七二』(分類番号 729.12、登録番号 5129)。

(38) 小此木政夫「工業化の政治力学」、服部民夫編『発展の構図—韓国の工業化』(アジア経済研究所、一九八七年)九七頁。

(39)「七・四南北共同声明」、韓国外務部『韓国外交三〇年—一九四八〜一九七八』一九七九年、三八二〜三八三頁。

(40) Pyong-choon Hahm, "Korea and the Emerging Asian Power Balance", *Foreign Affairs,* vol.50, no.2 (January 1972), p.349(倉田秀也「韓国『北方外交』の萌芽—朴正熙『平和統一外交宣言』の諸相」、日本国際政治学会編『国際政治』第九二号、一九八九年一〇月、八五頁から再引用).

(41)『朝鮮日報』一九七三年一月二一日。

(42)「中江要介インタビュー(一九九六年二月二二日)」The National Security Archive, US-Japan Project, Oral History Program 〈http://www2.gwu.edu/~nsarchiv/japan/nakae. pdf〉.

(43) 日本外務省編『わが外交の近況(一九七一年四月〜一九七二年三月)』一九七二年(第一六号)、八〇〜八二頁。

(44) 中江要介『日中外交の証言』(蒼天社出版、二〇〇八年)二六〜二七頁。

(45) 日本外務省『日本の安全保障を考える』一九六九年。

(46) ここで冷戦規範とは、超大国米ソを中心とする東西軍事的対決、東西イデオロギー対立、分断国家の同盟への統合といった冷戦構造のなかで、国家間関係を規定する行動論理を指す。このような側面から、韓国条項と台湾条項は、関係国の政策を規定する冷戦規範の一つであったと言えよう。冷戦の緊張が緩和された時期に、同じ同盟システムの中の日本と韓国が、この規範をどのように扱ったのかを検討することは、緊張緩和期における東アジアの特徴を理解するために重要である。

（47）井上正也『日中国交正常化の政治史』（名古屋大学出版会、二〇一〇年）四四〇～四四二頁。

（48）Memorandum, U. Alexis Johnson sent to the Secretary, SRG Meeting, August27, on NSSM122, August 31, 1971, *Japan and the United States*, no.1425, 橋本恕アジア局中国課長「中国政策要綱（案）」一九七二年四月一七日（井上正也、同右、四九三～四九五頁から再引用）。

（49）「周恩来中国首相と金日成北朝鮮首相の共同声明」一九七〇年四月七日」『北京週報』第八巻一六号、三～五頁（データベース『世界と日本』日本政治・国際関係データベース東京大学東洋文化研究所田中明彦研究室）〈http://www.ioc.u-tokyo.ac.jp/~worldjpn/documents/texts/JPCH/19700407.D1J.html〉、高一『北朝鮮外交と東北アジア一九七〇―一九七三』（信山社、二〇一〇年）三六頁。

（50）Japanese and U.S. Policy toward the Korean Peninsula, Research and Planning Department, GAIMUSHO, November. 23, 1971, 14th US-Japan Planning Talks Brifing Book, Planning Cordination Staff, Record of the Planning Cordination Staff, 1969-1973, Subject Country, Box 403, National Archive II.

（51）Telegram from the Embassy in Tokyo to the Department of State, President/Sato Talk: Wakaizumi's view, POL 7 Japan-US, Tokyo 12155, December 9, 1971 (『対日政策文書』第五巻、九八～一〇一頁).

（52）Telegram from the Embassy in Seoul to the Department of State, the Embassy in Tokyo, CINCPAC, The UN Korea and US bases in Japan, DEF 15 Japan-US, Seoul 7104, November 23, 1971, Telegram, from the Embassy in Tokyo to the Department of State, and the Embassy in Seoul, CINCPAC, CINCUNC KOREA, COMUSFJ, JCS, The UN Korea and US bases in Japan. DEF 15 Japan-US, Tokyo 12409, December 17, 1971 (『対日政策文書（一九七一年）』第一〇巻、一九三頁).

（53）外岡秀俊他『日米同盟半世紀―安保と密約』（朝日新聞社、二〇〇一年）五五九～五六二頁。なお、「マッカーサー・藤山議事録」（一九六〇・六・二三）の全文は、春名幹男「日米条約岸・佐藤の裏切り」『文藝春秋』二〇〇八年七月号、二一三頁、Memorandum for the Assistant to the President for National Security Affairs, Use of U.S. Bases in Japan in the Event of Aggression in Korea, Attachments: Korean Minute, U.S. National Security Council: Institutional Files, 1974-77, Box 53, Institutional Files-MSDMs, Gerald R. Ford Presidential Library.

(54)「吉田・アチソン交換公文等に関する交換公文」一九六〇年一月一九日、日本外務省編『わが外交の近況』(第四号、一九六〇年六月)、二四二〜二四三頁。
(55) 日本外務省調査チーム「いわゆる『密約』問題に関する調査報告書」二〇一〇年三月五日〈http://www.mofa.go.jp/mofaj/gaiko/mitsuyaku/kekka.html〉。
(56)「佐藤首相の記者会見内容」『読売新聞』一九七二年一月八日(夕)。
(57)『読売新聞』一九七二年一月九日。
(58) チャ『米日韓　反目を超えた提携』第三章、辛貞和『日本の対北政策』(ソウル:オルム、二〇〇四年)。
(59) 牛場信彦『外交の瞬間—私の履歴書』(日本経済新聞社、一九八四年)一四四頁。
(60) 同右、一四三〜一四四頁。
(61) Telegram from the Embassy in Tokyo to Department of State, China Policy, POL Japan-US Tokyo 8036, July 27, 1972 (『対日政策文書(一九七二年)』第八巻、七二〜七四頁).
(62) 井上正也『日中国交正常化の政治史』五四四頁。
(63)「竹入義勝公明党委員長・周恩来総理会議」、石井明ほか編『記録と考証—日中国交正常化・日中平和友好条約締結交渉』(岩波書店、二〇〇三年)一一頁。
(64) Memorandum for The President from Henry A. Kissinger, Your Meeting with Japanese Prime Minister Tanaka in Honolulu on August 31 and September 1, August 29, 1972, *Japan and the United States*, no.1624.
(65) 添谷芳秀「米中和解から日中国交正常化」、石井明ほか編『記録と考証』、三四三〜三四八頁。
(66)『朝日新聞』一九七二年一一月八日(夕刊)。
(67) Telegram from the Embassy in Seoul to the Department of State, PM Sato statements on Okinawa reversion and ROK security, POL JAPAN-KOR S, Seoul 3928, July 3, 1971 (『対日政策文書(一九七一年)』第二巻、九四〜九五頁).
(68)『朝日新聞』一九七二年一月八日(夕刊)。
(69) チャ『米日韓　反目を超えた提携』一一八〜一二二頁。
(70)「佐藤総理大臣・ニクソン米大統領共同発表」、外務省編『わが外交の近況』(第一六号、一九七二年七月)、四五八〜四五九頁。

（71）「七二年一月の日米首脳会議について」、韓国外務部『佐藤栄作日本首相米国訪問、一九七二年』（分類番号 722.12JA1US、登録番号 4895）、七三～八二頁。

（72）佐藤栄作『佐藤栄作日記』第五巻（朝日新聞社、一九九七年）一八頁。

（73）Memorandum of Conversation, US-Japan Summit Talks, POL 7 JAPAN, January 8, 1972（石井修・我部政明・宮里政玄監修『アメリカ合衆国対日政策文書集成、第一九期』第二巻、柏書房、二〇〇六年、一八〇頁。以下『対日政策文書（一九七二年）』第二巻、の要領で略記）.

（74）同右文書集、一六二～一六三、一七六頁。

（75）Telegram from the Embassy in Seoul to the Department of State, Sato meeting with Chung Il kwon, POL JAPAN-KOR S, Seoul 59, January 5, 1972（『対日政策文書（一九七二年）』第二巻、一五二～一五三頁）.

（76）Memorandum of Conversation, ROK/US Relations, January 17, 1972, Subject Numeric File 1970-73, Box 2424, RG59, Nation Archive II.

（77）「日・米首脳会議で討議された内容―福田外相との面談（一九七二・一・一一）」、韓国外務部『佐藤栄作日本首相米国訪問、一九七二年』（分類番号 722.12JA1US、登録番号 4895）一〇八～一一三頁。

（78）「第六八回国会参議院内閣委員会議事録」第一二号、一九七二年五月一八日。

（79）Memorandum of Conversation, June 22, 1972, *FRUS*, 1969-1976, vol.17, China 1969-1972, no.233.

（80）Memorandum of Conversation, Prime Minister Tanaka's call on President Nixon, August 31, 1972, *Japan and the United States*, no. 1635.

（81）Memorandum of Conversation, Prime Minister Tanaka's call on President Nixon, September 1, 1972, *Japan and the United States*, no.1637.

（82）「米日首脳会議の評価報告書（一九七二・九・一八）」、韓国外務部『田中角栄日本首相米国訪問、一九七二・八・三一―九・一』（分類番号 722.12JA、登録番号 4893）一七二～一八二頁。

（83）Telegram from the Embassy Tokyo to the Department of State, Primin Tanaka on Taiwan clause in 1969 Nixon-Sato Joint Commuique, Tokyo 9781, August 1, 1973, Central Foreign Policy Files, RG59, Access to Archival Databases（以下 AAD）〈http://aad.archives.gov〉.

（84）「第六八一号、送信：駐韓日本大使、受信：外務大臣、国連における朝鮮問題（一九七二・四・二六）」、日本外務省『朝鮮問題』（管理番号 2012-1786）。

（85）同右。

（86）駐日韓国大使館「日—中共関係改善の展望とその影響及び対策（日付なし）」、韓国外務部『日本・中国（旧中共）関係、一九七二』（分類番号 727.4JA/CP、登録番号 5106）一五〇～一五一頁。

（87）「日・中共国交正常化に対する情勢分析とわれわれの対策（一九七二・一〇・四）」、韓国外務部『日本・中国（旧中共）関係、一九七二』二二六～二二七頁。

（88）「日・中共国交正常化が韓国に与える影響（一九七二・一〇・二）」、韓国外務部『日本・中国（旧中共）関係、一九七二』二二一～二二二頁。

（89）Telegram from the Embassy in Tokyo to Department of States, GOJ-ROK RELATIONS, POL 7 Japan, Tokyo 11088, October 18,1972（『対日政策文書』第五巻、一五七～一五九頁）.

（90）駐日韓国大使館「日—中共関係改善の展望とその影響および対策（日付なし）」一三八～一四三頁。

（91）「USW-3291、送信：駐米大使、受信：外務長官」、韓国外務部『韓・中国（旧中共）関係改善、一九七三』（分類番号 722.2CP, 登録番号 5807）一五頁。

（92）「対中共関係改善のための諸般試み」、同右文書綴、四～七頁。

（93）「FRW-245（1973.2.21）、送信：駐仏大使、受信：外務長官」、同右文書綴、一〇～一一頁。

（94）金溶植『希望と挑戦』二八三頁。

（95）「韓国の対中共関係改善問題（一九七三・六・二七）」『韓・中国（旧中共）関係改善、一九七三』二一頁。

（96）「オランダ外務省東北アジア太平洋地域課長エリック（A.Erich）との面談要録（一九七三・一〇・一六）」、「駐和蘭大使館参事官宛の東北亜二課長の手紙（一九七三・一一・一五）」、同右文書綴、五九～六二頁。

（97）「欧州七二一—三〇六、送信：外務長官、受信：駐仏大使、フランス政府当局に対する協調要請事項」、同右文書綴、二六～二九頁。

（98）これらの提案は、冷戦崩壊後一九九〇年代における韓国外交の「原型」であると言える。南北国連同時加盟の際、中国の支援は北朝鮮の態度を変えさせ、同時加盟を実現させる原動力となった。そして中韓国交正常化の際に「共同声明」で、「相互不可侵原則」に合意することにより、中朝「友好協力および相互援助条約」の軍事同盟の性格は変化し、半世紀にわたる敵対関係は清算したのである。二〇年前に中韓の間で、これらの問題が議論され、解決に向かっていたなら、東アジア冷戦構造の変化は、旧ソ連の崩壊を待つこともなく、早く訪れたかもしれない。

(99) 「FRW-955、送信：駐仏韓国大使、受信：外務長官、仏亜州局長との面談（一九七三・一〇・三〇）」『韓・中国（旧中共）関係改善、一九七三』三一～三三頁。

(100) 「カ大政七二〇―六〇五、韓国問題に対する中共の態度（一九七三・一一・八）」、同右文書綴、六九～七三頁。

(101) 「JAW-08130、送信：駐日韓国大使（亜州局長）、受信：外務長官（次官）（一九七一・八・一一）」、韓国外務部『韓・日定期閣僚会議、第五次、東京、一九七一・八・一―一一、全四巻（V．2結果報告）』（分類番号723.1JA、登録番号4172）一一七～一一八頁。

(102) 「大統領閣下表敬訪問記録」、韓国外務部『韓・日定期閣僚会議、第六次、ソウル、一九七二・九・五―六、全五巻（V．3結果報告）』（分類番号723.1JA、登録番号4950）一七八～一八〇頁。

(103) 『朝日新聞』一九七二年九月六日。

(104) 「韓国安保外交の政策方向（一九七二・一二・一三）」、韓国外務部『韓国の安保外交政策、一九七二年』（分類番号729.12、登録番号5129）三六頁。

(105) 「対日本外交政策強化策（一九七二・三・二五）」、韓国外務部『青瓦台安保情勢報告会議資料、一九七二～七四年』（分類番号729.19、登録番号7123）三二～三八頁。

(106) 『朝鮮日報』一九七二年一月二三日、二五日。

(107) 「日本国の対北傀貿易拡大に関する件」『第八代、第七九回国会外務委員会会議録、第二号』大韓民国国会事務處、一九七二年一月二六日。

(108) 「尹錫憲外務部次官・ハビブ駐韓米国大使会議録（一九七二・八・二二）」、韓国外務部『田中角栄日本首相米国訪問、一九七二』（分類番号722.12JA, 登録番号）五三～五八頁。

(109) 「送信：駐日大使、受信：外務長官、日・北韓経済交流の問題点、一九七三・一）」、同右文書綴、三四～三五頁。

(110)「JAW-7458(一九七三・七・二一)、送信：駐日大使、受信：外務長官」、同右文書綴、九二頁。

(111)一九七三年の日本からの韓国への投資額は、七、七六〇万ドルで、前年対比二倍以上増加した。全体構成比においては、九〇・六%で絶対的な位置を占めていた。これは米国の投資が減りつつあったこととは対照的なものであった(下表参照)。

(112)「一九七三年初頭巡視資料」、韓国外務部『韓国の対日外交政策、一九七三』(分類番号721.1JA、登録番号5741)七~二一頁。

(113)駐韓日本大使館「北鮮問題処理振りに関する所見(I)」一九七二年三月三〇日(第四五五号、駐韓日本大使発、外務大臣宛)『朝鮮問題』(管理番号2012-1786)。

(114)駐韓日本大使館で勤務した岡崎久彦元駐タイ大使によれば、大使館内に、岸・佐藤時代の韓国・台湾優先の姿勢を正す意味で「台湾切ってあとは韓国だ」という雰囲気があった。そこで岡崎は「本省に向かってね、韓国に対する姿勢を正すという言葉までいう人間がいるのは遺憾だと言ってやりましたよ。それきりね、いう奴なくなっちゃった……台湾は負け戦だったけど、韓国はどうみたって勝ち戦なんだ。がんばったら必ず勝つんだからっていって、みんなを叱咤激励した」と語っている。「岡崎久彦氏インタビュー」一九九五年一二月一八日、The National Security Archive, US-Japan Project, Oral History Program 〈http://www2.gwu.edu/~nsarchiv〉.

(115)北東アジア課「国連における朝鮮問題に対する対処振り(案)」一九七二年五月一〇日、『朝鮮問題』(管理番号2012-1787)。

(116)「衆議院外務委員会議事録」第一八号、一九七二年五月二四日。

(117)「面談要録(一九七二・一〇・一二)」、韓国外務部『木村俊夫日本首相特使訪韓、一九七二・一〇・一二』(分類番号724.42JA、登録番号4991)二七頁。

(118)「外務部長官と木村俊夫日本首相特使との面談要旨報告(一九七二・一〇・一〇)」、同右文書綴、一八頁。

(119)『読売新聞』一九七二年九月一二日。

(単位：百万ドル、%)

	1971	1972	1973		1974	
			金額	構成比	金額	構成比
日本	24.8	77.6	173.2	90.6	130.6	80.3
米国	21.7	29.7	11.7	6.1	20.2	12.4

(出所)韓国外務部『韓国外交30年：1948－1978』、1979年、161～162頁。

(120)『毎日新聞』一九七二年九月一九日。

(121) 北東アジア課「東北亜第七二〇〇三五号、北朝鮮情勢について」、日本外務省『朝鮮問題』（管理番号 2012-1787）。

(122)「第七〇回参議院予算委員会議事録三号」一九七二年一一月一〇日。

(123) 冷戦期における韓国外交の転換点として知られる同宣言は、①理念と体制を異にするすべての国家に門戸を開放する、②南北同時国連加盟を支持、③北朝鮮の国際機構加盟に反対しないなどの内容が盛り込まれている。「平和統一外交政策宣言」、韓国国土統一院『南北対話白書』（ソウル、一九八二年）三一九～三二二頁。

(124) 赤松勇「朝鮮の統一に関する質問注意書（一九七三・七・七）」、「朝鮮の統一に関する再質問注意書（一九七三・七・二一）」、韓国外務部『日本の対韓半島政策、一九七三年』（分類番号 721.21JA）。

(125)「衆議院議員赤松勇君が提出朝鮮の統一に関する再質問に関する答弁書（一九七三・七・三一）」、同右文書綴。

(126) Telegram from the Embassy Seoul to the Department of State, foreign policy changes, Seoul 3353, May 25, 1973, Central Foreign Policy Files, RG59, AAD.

(127) Telegram from the Embassy Seoul to the Department of State, Secretary's July 18 meeting with Primin Kim Choin-pil, Seoul 4706, July 19, 1973, Central Foreign Policy Files, RG59, AAD.

(128) Memorandum of Conversation, Second Meeting between the President and Prime Minister, August 1, 1973, *Japan and the United States*, no.1792.

(129) 小此木政夫「南北朝鮮関係の推移と日本の対応—東京・ソウル・平壌関係の基本構造」『国際政治』第九二号（一九八九年一〇月）八～一〇頁。

(130) 日本外務省アジア局地域政策課『アジア太平洋地域大使会談議事要録』一九七三年。

(131) Memorandum of Conversation, U.S.-Japan Talks-May 9, May 9, 1973, *Japan and the United States*, no.1731.

(132) Telegram from the Department of State to the Embassy in Tokyo, Seoul, Saigon, Moscow, Vientiane, US Mission OECD Paris CINCPAC Honlulu HI, Tanaka Summit: Secretary Rogers' meeting with Fonmin, State154728, August 6, 1973, Central Foreign Policy Files, RG59,.「尹錫憲外務次官とハビブ駐韓米国大使の面談録（一九七三・八・七）」、韓国外務部『駐韓米国大使及び公使との面談録（一九七三）』（分類番号 722.9US、登録番号 5863）。

(133)「JAW-10448（一九七三・一〇・二九）」、同右文書綴、一六九頁。

(134)『日本経済新聞』一九七三年七月二〇日、「JAW-10448、送信：駐日大使、送信：外務長官、対北韓タオルプラント輸出入銀行資金使用許可（一九七三・一〇・二九）」、韓国外務部『日本の対北韓プラント輸出および輸銀（輸出入銀行）資金使用承認問題』（分類番号 725.6JA, 登録番号 6048）一七〇～一七一頁。

(135)「JAW-7458（一九七三・七・二一）、送信：駐日大使、受信：外務長官」、同右文書綴、九一頁。

(136)「JAW-08196（一九七三・八・九）、送信：駐日大使、受信：外務長官」、同右文書綴、一一七頁、「北日七〇〇―七五二大統領報告事項、日本の対北韓プラント輸出」、同右文書綴、一二四～一二六頁。

(137)「JAW-10445（一九七三・一〇・二八）、送信：駐日大使、受信：外務長官」、同右文書綴、一六八頁。

(138)「JAW-11278、送信：駐日大使、受信：外務長官、須之部・姜面談報告（一九七一・一一・二二）」、韓国外務部『韓国安保に対する日本の見解、一九七一』（分類番号 729.13JA、登録番号 4319）、一一～一四頁。

(139) 呉源哲、『朴正煕はどうやって経済強国を作ったか』一四三頁。韓国の産業政策の形成と重化学産業育成をめぐる日韓間の政策ネットワークに関しては、西野純也「韓国の産業政策変化と日本からの学習―一九六〇～一九七〇年代を中心に」延世大学政治学科博士論文、二〇〇五年、二三一～二三四頁。

(140) 例えば、呉源哲は一九七三年六月日本の日韓経済協会が主催して経団連会館で開かれた「韓国の重化学工業開発計画説明会」に直接参加し、自ら広報活動も行った。日韓経済協会『日韓経済協会三〇年史』（日韓経済協会、一九九一年）二四四頁。

(141)「第六次韓日閣僚会議共同声明（一九七二・九・六）」、高麗大学亜細亜問題研究所編『韓日関係資料集②』一九九七年、六七三頁。

(142)「第七次韓日閣僚会議共同声明（一九七三・一二・二六）」、高麗大学亜細亜問題研究所編、同右、六七七頁。

(143) 韓国外務部『韓国外交三十年』一九七九年、一六一～一六二頁。Kim Hyung-A, *Korea's Development under Park Chung Hee: Rapid Industrialization, 1961-79*, RoutledgeCurzon, 2004, pp.182- 184.

(144) チャ、『米日韓　反目を超えた提携』一四〇～一四一頁。

(145)「第七次韓日閣僚会議韓日間経済協力―韓国主席代表太完善演説文」、韓国外務部『韓・日本定期閣僚会議、第七次、V. 2 本会議』（分類番号 723.1JA、登録番号 5866）一六一～一六二頁。

(146)「日韓経済関係「経済協力」に対する大平外務大臣演説文」、韓国外務部『韓・日本定期閣僚会議、第七次、V．2本会議』（分類番号723.1JA、登録番号5866）一七二〜一七七頁。

(147) この認識は、会議後、外務省の中平北東アジア課長と遠藤次席によって表明された。「JAW-9372, 送信：駐日大使、受信：外務長官（一九七二・九・二二）」、同右文書綴、三七七〜三七八頁。

(148) 経済企画院（運営次官補黄秉泰）「第六次韓日定期閣僚会議に対備した対日実務交渉結果報告（一九七二・九）」、韓国外務部『韓日定期閣僚会議、第六次、V．3結果報告』（分類番号723.1JA、登録番号4950）一八五〜一九五頁。「第六次韓日閣僚会議経済協力関係合意文書（不公表）」、同右文書綴、六五〜六八頁。

(149)「JAW-11507、送信：駐日大使、受信：外務長官、中江外務省アジア局との面談（一九七三・一一・二八）」、韓国外務部『韓・日本定期閣僚会議、第七次、V．1事前交渉』（分類番号723.1JA, 登録番号5865）、一一八頁。

(150)「駐韓日本大使館大高参事官・東北亜一課長朴秀吉の面談要録（一九七三・一一・五）」、韓国外務部『韓・日本定期閣僚会議、第七次、V．1事前交渉』（分類番号723.1JA、登録番号5865）八六〜八八頁。

(151)「第七次韓・日閣僚会議共同声明」、韓国外務部『韓・日本定期閣僚会議、第七次、V．2本会議』（分類番号723.1JA、登録番号5866）三五〜三六頁。

(152)「第七次韓日閣僚会議共同声明（一九七三・一二・二六）」、高麗大学亜細亜問題研究所編、『韓日関係資料集②』六七七頁。

(153)「第七次韓・日閣僚会議報告」、韓国外務部『韓・日本定期閣僚会議、第七次、V．3結果報告』（分類番号723.1JA、登録番号5867）七〇〜八六頁。

(154)「JAW-11279, 送信：駐日大使、受信：外務長官、駐日公使と外務省経済協力局長との面談報告（一九七三・一一・一五）」、韓国外務部『韓・日本定期閣僚会議、第七次、V．1事前交渉』（分類番号723.1JA、登録番号5865）九三〜九五頁。

(155)「第七次韓・日閣僚会議報告（経済企画院、一九七三・一二）」同右文書綴、三三〜四〇頁。

(156)「第七次韓日閣僚会議経済協力関係合意文書（不公表）」、韓国外務部『韓・日本定期閣僚会議、第七次、V．3結果報告』（分類番号723.1JA、登録番号5867）八八〜一〇四頁。

第五章——南北平和共存秩序の模索（一九七四〜七五年）

一九七五年四月、インドシナ半島の共産化を受けて北朝鮮の金日成国家主席が北京を訪問すると、朝鮮半島には再び緊張が高まった。金主席が中国指導部を前に朝鮮半島の武力統一を連想させる発言を行ったが、それは一九五〇年朝鮮戦争当時、金主席が中国とソ連を訪問して軍事的支援を受けたことを連想させるに十分であった。それゆえ、第二の朝鮮戦争勃発の懸念が広がったのである。しかも、危機は軍事的な側面にとどまらなかった。国連軍司令部の解体問題をめぐって展開されていた北朝鮮の外交攻勢に対して、分断体制の安定化を図るための日韓の対応は、危機対応のもう一つの側面であった。

本章では、一九七五年の「安保危機」に日本と韓国がどのように対応したのかを検討し、その事が七〇年代中盤の日韓安全保障関係にどのような影響を及ぼしたのかを明らかにする。特に七〇年代初頭の秩序変動が、同時期の「安保危機」への危機認識とその対応に与えた影響に注意を払いながら分析を進める。

従来の研究では、「安保危機」に日本と韓国が共同で対抗するようになり、緊張緩和期に発生した両国の摩擦が解消され、米中接近以降に見られた両国の緊張関係が修復されたと分析している。ベトナムからの敗退が象徴するアジアにおける米軍プレゼンスの縮小は、日韓に米国からの「見捨てられ」の懸念を抱かせ、両国の協力を可能にしたとされる。(1)また、日韓両国が北朝鮮の脅威を共有するようになったことが、協力再開の要因とされている。(2)その結果、日韓関係は一九七三年の金大中拉致事件と一九七四年の文世光事件による摩擦を克服し、関係強化を図った反面、緊張緩和期に進展した日朝関係は後退したという。

しかし、米中接近以降、東アジアの冷戦構造の変化を巧みに利用して中国との国交正常化を実現した日本と、それに失敗した韓国の脅威認識と安全保障政策は果たして容易に収斂しただろうか。また、日朝関係の後退を日本の政治的措置による政策転換としてみるべきだろうか、という疑問が残る。なぜなら、危機対応の一環として安全保障関係の再確認が謳われると予想された、第八回日韓定期閣僚会議(一九七五年九月一五日、於ソウル)の共同声明において、両国は韓国の安全保障に関して一言も言及しなかったのである。それは安保危機への対応をめぐる日韓の意見対立の産物ではなかったのか。(3)日韓両国が国際政治の変動を受けて関係を回復したと分析しているだけにとどまり、両国が情勢変化を実際にどのように受け止め、安全保障問題に対応したのかについて、十分な分析が行われたとは言い難い。協力の再開といった過去への単純な回帰としてではなく、日韓両国の情勢認識と実際の議論を分析することを通して、安全保障関係の質的変化に迫る必要がある。もし、第八回日韓定期閣僚会議で示された日本の見解や共同声明に対する日本の立場が、安全保障協力を要請した韓国に対する答えだったとするのであれば、安全保障問題をめぐる両国の政策調整は、それ以降どのように展開されたのか、そして日本はどのような外交を準備し、地域秩序の構築および朝鮮半島の分断体制に関わろうとしたのだろうか。

本章ではまず、七〇年代初頭から始まった米中の共同行動が、この時期になって停滞してしまったことを取り上げる。朝鮮半島の新たな秩序を模索する上で、それが大きな影響を及ぼしたと思われるからである。第二に、日韓両国の間では、危機認識だけではなく、その対応においても乖離が存在していたことを明らかにする。第三に、その危機対応の形態が、対北抑止力の強化にとどまらず、朝鮮半島における平和共存という新しい政策を模索するようになったことを指摘する。第四に、分断体制の安定化を図る日本のイニシアティブに注目する。これらの分析を通じて日韓安保関係に質的な変化が現れたことを明らかにする。

一 サイゴン陥落と朝鮮半島

(1) 米中共同行動の停滞

一九七五年五月、米国政府内では東アジアの地域問題をめぐる中国との協力について懐疑的な分析がなされていた。中国はソ連と対抗することにおいては米国の協力を得ようとしていたが、インドシナや朝鮮半島問題においては非協力的で、曖昧な態度を取っていたからである。特に、米国は朝鮮半島問題をめぐり、どのように中国との協力を進展させていくかの問題に直面していた。(4) 五月九日に行われた米中協議で、中国側の黄鎮連絡事務所長はキッシンジャー国務長官に対し、金日成主席の平和統一路線に対する支持を明確にする一方、韓国からの国連軍司令部と在韓米軍の撤退を主張した。キッシンジャーは、南北朝鮮のどちらも紛争を起こさないように米中が引き続き抑制の役割を果たすべきであるとの従来の立場を再確認するしかなかった。(5) 米国は北朝鮮に対して中国が影響力を行使することを願っていたが、中国側は米国に北朝鮮との直接交渉を促した。

東アジアにおける米軍駐留問題において、七〇年代初頭に形成された米国の対中認識、すなわち中国はアジアの米軍が早急に撤退することを願っていないという認識は変わっていなかった。しかし米国政府内では、中国が米軍の駐留地域を日本と沖縄、グアムに限定しようとしているとの分析がなされていたことは注目に値する。[6]米中接近後、日本の軍国主義復活を懸念しつつ在韓米軍の駐留に暗黙的に同意していた中国の立場は、変わりつつあると分析していたのである。また、朝鮮問題と国連軍司令部問題に対する米国のレバレッジが限定的であり、米中の国交正常化が実現しても、中国の協力は期待できないとみていた。[7]このように中国との共同行動が停滞しているなかで、米国は、もし中国と北朝鮮が米韓連合司令部を国連軍司令部に代わる「後続司令官（successors in command）」として認め、停戦協定の維持の役割を担わせることに同意するなら、一九七六年一月一日に国連軍司令部を解体するとの書簡を国連安全保障理事会に提出した。[8]言いかえれば、米国は中国との共同行動が困難であるとの前提のもとで、単独行動を模索し始めたのである。

振り返ってみれば、朝鮮半島問題をめぐる米中の共同行動は、早くも一九七三年から限界を露呈していた。一九七三年六月一九日、キッシンジャーは、黄鎮との会談で、その四日後に韓国が発表する予定の「六・二三宣言」の内容を知らせ、米国は北朝鮮と接触する準備ができているとしたうえで、中国に韓国との接触を要請した。[9]しかし、中国は国連軍司令部が南北関係の進展を妨げていると主張するとともに、韓国の「六・二三」宣言でなされた国連南北同時加盟案が分断を固定化するものだと批判した。そして韓国政府が「六・二三」宣言を撤回するように米国に説得を求めたのである。[10]

一九七五年九月二二日、キッシンジャー国務長官は国連総会での演説で、朝鮮半島の平和体制構築のための構想を明らかにした。その内容をみれば、第一に、米韓両国は、停戦協定の当事国〔北朝鮮、中国〕と停戦体制の維持のための会議を開く、第二に、停戦体制を「より根本的な措置（more fundamental arrangement）」に換えるための「もっとも直接に関与するすべての側」で構成される協議を提案する。第三に、米国政府は韓国と北朝鮮の国連同時加盟を支持する。北朝鮮およびその同盟国が韓国との関係を改善すれば、米韓両国も北朝鮮に対して同様な措置を取る用意があることを明らかにした[11]。いわゆる「クロス承認」構想である。さらに、キッシンジャーは同演説で、韓国を討議から除外した朝鮮半島での安全保障取り決めは、米国にとって受け入れられないと述べ、北朝鮮が主張していた「米朝直接交渉」の要請に応じないとの立場を明確に示した。

ここでキッシンジャーが提示した「クロス承認」構想は、中国に対して韓国との接触を促しつつ、北朝鮮との直接対話を避けてきた、ニクソン政権期からの政策を再確認するものであった。そして、停戦協定を維持するだけでなく、「より根本的な措置」について触れたのは、米国が進めてきた国連軍司令部の再編を朝鮮半島の現状維持策に過ぎないものだと批判していた中国と北朝鮮に対する対応であった。

キッシンジャーの演説に表れている米国の対応は、サイゴン陥落以後の危機に対して対北抑止力の強化のような短期策にとどまらず、緊張緩和のために有効かつ新しい枠組みを作ろうとした動きであった。米国はインドシナ半島の情勢変化により、中ソによる北朝鮮の抑制と、米国による韓国の抑制が有効に作用しなくなったとして、朝鮮半島の局地紛争に大国が巻き込まれてしまう危険性を懸念していたからである[12]。実際、キッシンジャーは国連演説の翌日、メディアとのインタビューにおいて、「米国は国連軍司令部の解体に同意しており、平和体制構築のためのより根本的な枠組みを作る目的で大きな会議を要請した」と確認したのである[13]。

しかし、キッシンジャーの提案した「関係国会議」に対して、中国は消極的な立場を崩さなかった。それどころか、むしろ問題解決のために米国が北朝鮮との直接対話（direct talk）に臨むべきであると主張した。九月二八日、喬冠華外交部長はキッシンジャーとの会談で、インドシナ情勢変化以降、米国が朝鮮半島の不安定を過剰に強調していると指摘し、早急に在韓米軍を撤退させるべきであると述べた。喬冠華は在韓米軍の駐留を認めさせようとする米国の政策に反論し、北朝鮮との直接対話に臨むように促したのである。[14] 米中の間で在韓米軍の早期撤退をめぐり対立が生じたことは、注目に値する。第四章でふれたように、周恩来とキッシンジャーは会談で、東アジアからの米軍の撤退によって「力の真空」が発生することを避けることと、日本の再軍備によってその真空を埋めないようにすることで一致していたからである。この「暗黙の同意」は、ニクソン大統領の訪中時にも確認されていた。しかし、米国の政策を在韓米軍の継続駐屯として受け止めた中国は、反対の意思を明確に示した。両国の「共通の基盤」は崩壊しつつあったのである。

一〇月二二日に北京で開かれた鄧小平副首相とキッシンジャーの会談で、米中の立場の相違は明確になる。米国は国連軍司令部の解体が停戦協定の法的基盤を揺るがすとして、米韓連合司令部の創設によってまず停戦協定の維持を図り、情勢を安定化させることを重視していた。これに対し、中国は国連軍司令部の解体とともに、停戦協定を平和協定に転換すべきであると主張した。代替協定なしに国連軍司令部が解体されれば、停戦協定の法的基盤がなくなってしまうとするキッシンジャーに対し、喬冠華外交部長は、停戦協定と平和協定は互いに連携している問題であり、それほど困難な問題ではないと述べ、暫定協定なしに平和協定を締結することを主張した。[15] 朝鮮半島の平和共存をめぐる米韓の「二つの朝鮮」論の立場と中朝の「一つの朝鮮」論との対立構図のなか、米中協力の枠組み下で、朝鮮半島の緊張緩和のために具体的な代案を生みだすことはできなかったのである。

（2）金日成国家主席の中国訪問

一九七五年四月一八日から二六日にかけて、金日成国家主席が中国を公式訪問した。訪中の前日、カンボジアの首都プノンペンが共産側によって陥落しただけではなく、南ベトナムにおけるベトコンの勝利も見込まれていた。つまり金日成主席の訪中は、インドシナ半島の急激な情勢変化を受けて行われたものであった。一八日、中国指導部による歓迎レセプションで、金日成はカンボジアでの革命勢力の「偉大な勝利」と崩壊寸前の南ベトナム情勢はアジアにおける米国の敗退を示していると主張した。そして、朝鮮半島の統一に向けた北朝鮮の努力を国際的な「反帝国主義者たちの民族解放闘争」として位置付けた上、それまで韓国内の「反朴正熙」の動きを支援してきたと語った。さらに、金主席は「もし、韓国で革命が起これば、同じ民族として傍観することなく、強力に支援する。もし敵が無謀に戦争を起こせば、われわれは戦争で断固として応え、完全に無力化させる。この戦争でわれわれが失うのは停戦ラインであり、得るのは祖国の統一である」[16]と述べ、武力による統一実現の可能性を示したのである。一九六〇年代末にベトナム情勢に鼓舞され、「南朝鮮革命」論の下で武装遊撃闘争を展開した金日成にとって、ベトナムにおける革命の成功は朝鮮半島の武力統一の可能性を一層高めた出来事として映っていただろう。

このような金日成の発言は単なる政治的なレトリックではなかった。中国に滞在した間、金日成は中国の指導部との会談で南北統一のために軍事的手段の使用も考慮していることを明らかにし、中国の支援を要請したのである。駐朝中国大使によれば、金日成は朴正熙政権に対する韓国内の抵抗や騒動を利用して軍事的に関与できると主張し、中国側を説得した。[17]金日成は共産側の勝利以前のベトナムのような状況を韓国で作り出そうとした。

言いかえれば、インドシナ情勢の急変を受けて、「南朝鮮革命」論が再び浮上したのである。

金日成を迎えた中国共産党の鄧小平副主席は、中朝関係を「唇歯の関係」と称したが、金日成の発言でみられた「血盟関係」や運命共同体、中国人民志願軍の朝鮮戦争参加といった部分については言及しなかった。[18] むしろ、中国は金日成一行が北京に滞在する間、朝鮮半島の平和的統一の重要性を強調した。このような中国の立場は、四月二六日に発表された共同声明にも反映された。[19] おそらく、中国は米中接近以降、米国との関係を考慮して朝鮮半島における新しい戦争への関与を避けるために、北朝鮮の支援要請を断ったのだろう。もし、朝鮮半島で再び戦争が勃発すれば、それは南北だけの局地戦ににとどまらず、米中の衝突が再燃するのは必至であったからである。駐朝東ドイツ大使館の報告によれば、中国側は金日成主席の要求に応じなかった代わりに、韓国との国交正常化を行わないことと、朴政権を国際的に孤立させるために協力し続けることを確認した。また、北朝鮮に対し、科学技術や貿易における協力を約束した。[20]

その後、金日成主席はブルガリアを訪問した際（六月二～五日）、[21] ブルガリア共産党のトドルジフコフ（Todor Zhivkov）書記長との会談で、「米韓の軍事力の優位のため、もはや軍事的手段による統一の道は閉ざされた」と述べた。また、ベトナムにおける米軍の敗退に鼓舞された北朝鮮が韓国を攻撃するだろうと予測されていることに触れ、絶対に先制攻撃をする意思はないと明言した。軍事的手段の代わりに、長い時間を要するが、平和的な外交を通して統一を目指すとし、統一政策の戦術的変化を明らかにした。具体的には、増大している韓国内部の分裂を利用しつつ、在韓米軍の撤退を強制し、国際的に朴正熙政権を孤立させる方法を取ると、公式会談や非公式会談で繰り返し強調したのである。[22]

興味深いことに、ここで金日成は、韓国はベトナムと異なり、ゲリラ戦に適していないと指摘していた。それは第一に、韓国は三面が海に囲まれており、ベトナムにとってのカンボジアとラオスのような隣国が存在しないことである。それゆえ浸透に成功しても、直ちに鎮圧されてしまうと金日成は指摘した。第二に、米韓の軍事力が強力なので、小規模部隊の浸透による戦闘は有効的ではないとのことであった[23]。

サイゴン陥落で鼓舞されていたはずの金日成が武装遊撃闘争の失敗とその限界に言及している部分は、注目に値する。金日成自身が戦術転換の必要性に気付いていたことを示唆しているからである。さらに言えば、前述したように、期待をかけていた中国が軍事行動に慎重であったこと、その中国を説得できなかったことが大きな影響を与えたのだろう。

このような北朝鮮の戦術的転換をみるとき、一九七五年の「安保危機」の持つもう一つの側面が浮び上がる。それは軍事的な側面のみならず、政治・外交的な側面が重視されるようになったことである。振り返ってみれば、北朝鮮は一九七〇年代初頭の東アジアにおける緊張緩和のなかで、国際舞台での地位向上や韓国の孤立を目標とした「外交戦」を展開した[24]。西側諸国との国交を正常化するとともに、一九七四年三月二七日には停戦協定を平和協定に換えるためにそれまで南北平和協定案を主張してきた立場を改め、米朝直接対話を呼びかけた。また、非同盟中立主義をかかげる第三世界の支持のもと、国連軍司令部の解体案を国連総会に提出するなど、外交攻勢を強めていた。このように国際社会における北朝鮮の外交的地位の向上により、一九七五年の「安保危機」以降、国連軍司令部の解体問題は、再び重要懸案として浮上し、これをめぐる外交戦が繰り広げられるようになった。

（3）韓国の安保懸念

金日成の中国訪問について、韓国政府内には二つの見方が存在していた。まず、金日成主席が武力統一を目標に中国に支援を打診した可能性である。朴正煕大統領は朝鮮戦争の際、金日成がソ連を訪問して軍備増強を図ったことを想起し、警戒を強めていた(25)。韓国外務部は、一八日のレセプションでの金日成の演説、特に南朝鮮革命と戦争に対する発言に注目し、全面戦争による武力統一の意思を表明したものだと捉えていた(26)。

サイゴン陥落後に米軍のプレゼンスがさらに弱体化することを懸念していた韓国は、米国に対して防衛コミットメントの確約だけではなく、迅速な軍事的対応を求めた。とりわけ、重視したのは、黄海における北朝鮮の挑発に対する迅速な対応であった。この地域は朝鮮戦争の停戦以来、NLL（北方限界線）をめぐって南北間で論争が続いていた。一九七五年だけでも二月に北朝鮮船舶の領海侵犯による衝突や沈没事件が起きたことをはじめ、三月には北朝鮮機が島嶼付近上空を侵犯する事件や、七月一二日にも北朝鮮船舶による島嶼付近領海侵犯事件が起きるなど、局地的軍事紛争が発生し続けていた(27)。韓国は、北朝鮮がこの地域への挑発を通じて米国のコミットメントの確実さを試している可能性があると警戒していた。

八月二六日、第八回米韓年例安保協議会議で徐鐘喆国防長官は、シュレジンジャー（James R. Schlesinger）国防長官との国防長官会談で、金日成のソウル奇襲攻撃を抑止することは、黄海島嶼付近での北朝鮮の挑発に対する対応次第だと指摘した。徐国防長官はまた、済州島に新たな米軍基地を建設する案を提示し、米軍基地廃止を求めている東南アジアのタイとフィリピン、そして日本からの米軍基地移転を要請した。シュレジンジャーは済州島米軍基地建設案には賛同しなかったが、黄海での北朝鮮の挑発に対して迅速に対応するだけでなく、対北抑止力強化のために、それ以後五年間米軍撤退はしないと、その政策を明らかにした[28]。翌日発表された同安保協議会議の共同声明には、在韓米軍の維持のほか、北朝鮮の脅威と攪乱行為への対処〔ゲリラ浸透への対処〕、相互防衛条約に基づく即刻・効果的援助が盛り込まれた。さらに、シュレジンジャーは記者会見に臨んで、朝鮮有事の際に核兵器使用を最終的手段として考慮していることを明らかにした[29]。

他方、朴正熙大統領は動揺している国内を安定させ、起こりうる戦争に備えるために「国家安保と時局に関する特別談話[30]」を発表した。そこで朴大統領は、インドシナ事態の教訓は共産主義者との平和協定などの取引は力の均衡が維持される時のみ可能であるものだと述べた。そして、金日成の訪中に触れ、北朝鮮の「南朝鮮革命」論を徹底的に粉砕するために反共精神で渾然一体となって「総力戦」に臨むように国民に呼びかけた。それに続いて、五月一三日に「国家安全と公共秩序の守護のための大統領緊急措置〔緊急措置第九号[31]〕」を発動し、国内の引き締めを図った。さらに、七月には国軍の装備近代化（栗谷事業）を早期に実現するための財源確保を目的に、防衛税を新設した[32]。これらの措置は、韓国が情勢変化をどれほど深刻に受け止めていたのかを表している。

しかし、その一方で、中国がどこまで北朝鮮の要求に応えるのかについては懐疑的な見方も存在していた。金日成を迎え入れた鄧小平副首相の発言からは、インドシナ情勢と朝鮮半島を直結させる意図がみられなかったからである。また、共同声明においては、南朝鮮革命や戦争に対する金日成の発言が反映されなかった。このような側面から、外務部は北朝鮮の好戦的な主張が受け入れられなかったと分析した[33]。その理由として以下の四つがあげられた。（1）中国が北朝鮮の自主的平和統一を支持すると確認した、（2）中国が共同声明で支持した三大原則は、「七・四南北共同声明」の原則と一致している、（3）中国が共同声明で支持した五大綱領のなかには、南・北朝鮮の軍事的対立解消および多角的な南北交流が含まれている、（4）共同声明の中で中国が韓国を非難した内容は、「七・四南北共同声明」を破ったことや、南北会談を妨害した点、そして朝鮮半島の緊張を生み出したことが含まれている点であった。(34) このような分析を基に、当分の間、少なくとも米軍が駐屯している間には、中国は北朝鮮が冒険的な「戦争政策」を取ることを願っていないと結論付けた。中国の軍事的な直接関与の可能性は、それほど高く評価されていなかったのである。

この側面から重視されたのは、北朝鮮の外交攻勢である。外務部は「中朝共同声明」を指して「北朝鮮の対外政策に広く活用できる価値のある」ものだとみていた。つまり、国連の舞台で第三世界の支持と同調を得るのに必要な先例として、中国の支持を活用するとされた。このような支持のもと、第三〇回国連での「北朝鮮の唯一合法性、在韓米軍撤退および国連軍司令部の解体、南朝鮮革命への支援」を主張する可能性をあげていた。それによって、韓国政府は安全保障だけでなく、国際社会からも孤立してしまう可能性について懸念していたのである。(35)

(4) 米国の対韓政策の再検討

フォード(Gerald R. Ford)政権の対韓政策は、短期的にインドシナ情勢が朝鮮半島に波及することを防ぎ、韓国と日本が抱いていた対北抑止失敗の懸念を払拭させることに焦点を置いていた。そのために、ベトナムと異なる韓国の内部事情、米国のコミットメント、戦略的重要性を強調した。つまり、韓国防衛の「差別化」を明言したのである。(36) 一九七五年四月、フォード大統領は上下両院合同演説で、ベトナム戦争後のアジアとヨーロッパの同盟国との関係を強化していく方針を打ち出した。そのなかで対韓安保公約の確認を繰り返し行い、韓国と安全保障の利益を共有していると明言した[37]。また、キッシンジャーは「ベトナムの教訓」を「ミュンヘンの教訓」とは異なる特殊なケースとして位置付けた[38]。柔和政策による失敗として受け止められていた当時の雰囲気を払拭することに懸命であったのである。とりわけ、韓国の防衛については「南ベトナムの場合と違って米国のコミットメントに曖昧な点はない。もし米国が米韓相互防衛条約を放棄すれば、日本をはじめアジア全体に重大な結果をもたらすだろう。なぜならば、それは米国のアジアからの、そして戦後の外交政策からの最終的な撤退と解釈されるからである[39]」と述べ、韓国防衛が日本だけでなく、アジアにおける米国のコミットメントの信頼性とかかわっているとの認識を示した。さらに、翌月二〇日、シュレジンジャー国防長官は「北朝鮮が南侵すれば、米国は韓国に保有している戦術核兵器を使用する」と明言し、それまで肯定も否定もしなかった、韓国内に配備されている戦術核兵器の存在を明らかにした。

ところが、このような米国の対応は朝鮮半島における紛争発生可能性を高く見積っていたからではなかったことは注目に値する。ハビブ国務次官補が言及したように、金日成の訪中後に発表された中朝共同声明は一般的な外交修辞を使用しており、中国側が北朝鮮側の武力挑発を激励したとみることはできないとされた[40]。また、スナイダー駐韓大使は韓国外務部長官に手交した情勢分析のなかで、中朝両国の主張は「すでに確立された儀礼的なもので新しいところはない[41]」と結論付けていた。在韓米軍撤退の主張には期限が明示されていないなど、軍事的な脅威よりは、国連総会に控えて北朝鮮の対外的なイメージを改善するという外交的な側面に重点が置かれたものだと分析した。一方中国は軍事的支援をしなくても、北朝鮮がソ連に傾斜するのを防ぐために、政治的には国連軍司令部の解体問題や在韓米軍問題などにおいて米国との妥協をせず、北朝鮮の立場を支持する可能性が指摘された[42]。

それ以降、政府内では、動揺しているアジア諸国の安保懸念を払拭させるとともに、平壌、北京、モスクワの誤った情勢判断による紛争発生を事前に防ぐためにアジア政策の検討作業が開始された(43)。五月七日、スマイサー(W. R. Smyser)国家安全保障会議(NSC)スタッフは、キッシンジャー国務長官に宛てた「アジア政策の再検討(44)」で、以下の二つの重点をあげた。それは第一に、サイゴン陥落の影響を受けた度合いが国別に異なっている現状である。韓国、タイ、インドネシア、フィリピン、シンガポール、マレーシアは、かなりの影響を受けた国で特別な対策が必要だとされた。一方、日本、オーストラリア、ニュージーランドはそれほど影響を受けていない国として分類された。第二に、アジアの国々が米国のコミットメントに対して懐疑的な立場を取るようになった点である。それゆえ米議会と国民の支持が得られない限り、それは解消できないとされた。なかでも、最も大きな影響を受けている韓国とタイに対する個別的な政策検討を開始するよう提起した。なぜなら、韓国は金日成の訪中を受けて安保懸念を抱いていたし、タイの新政府は中国と北朝鮮政策の調整のために一二カ月以内にすべての米軍が撤退するよう申し出ていたからである。

日本は情勢変化の影響を受けていない国として分類されていたが、その理由について、国務省と政策企画部の別の文書はこう分析した。日本における米国の防衛公約の信頼性に対する疑問は、ベトナムではなく、在韓米軍の変動であると明示したのである(45)。サイゴン陥落直前にNSCで行われたアジア政策検討会議において、日本は「不明確」であり、変動する国際情勢のなかで核武装が懸念されるという議論がなされていたことを想起すれば(46)、在韓米軍を維持し、韓国に対する防衛公約の信頼性を高めることは、日本に対する最も有効な政策手段と判断されていたのである。

キッシンジャーはアジアに対する防衛コミットメントを維持する基本的な前提に、アジア政策の再検討を大統領に建議した。特に韓国に関し、北朝鮮の外交攻勢への対応の必要を主張した。第三世界の支援のもと、北朝鮮が国連でその支持の幅を広げていたからである。そして、米国のコミットメントの信頼性が低下し、韓国がより自立的な防衛政策を立てる可能性を指摘していた(47)。朴政権が核兵器開発を開始したことを受けて対応に迫られるようになったのである。

このような建議を受けて、五月二七日にフォード大統領は朝鮮半島政策の再検討を指示した。そして、NSCの政策検討覚書（NSSM）226では北朝鮮の侵略に対する軍事的対応だけでなく、国連軍司令部の解体問題と韓国の核開発と関連して米国の軍事援助、南北と周辺大国に対する米国の立場などについての検討が盛り込まれていたのである(48)。これに対する政策レスポンスは、遅くとも六月三〇日までに完了させ、政策高位グループ（Senior Review Group）の検討を経ることになっていた。しかし、ベトナム後のアジア太平洋地域における安全保障と米国の国益というより広い視野での政策検討が必要となり、韓国に対する具体的な政策検討は、見送られることになった(49)。したがって、対韓政策は在韓米軍を維持する上で、秋の国連総会に備えることになったのである。

二　日韓安全保障協力をめぐる攻防

（1）「脅威」対「リスク」(50)

韓国政府が朝鮮半島情勢への中国の関与可能性を低くみていたことはすでに述べた通りである。しかし、それは中国の黙認の下、北朝鮮単独による第二の朝鮮戦争が勃発する可能性まで排除したものではなかった。サイゴンが陥落した四月三〇日、朴大統領はスナイダー駐韓米国大使との会談に臨み、このような情勢認識を明らかにした。ここでスナイダーは、「中朝共同声明」を取り上げ、インドシナ情勢と朝鮮半島の直接関連性は回避されたと指摘した。また中国は米中間の直接的な衝突を願っていないとし、中国が戦争遂行のために北朝鮮を支援する可能性を否定した。これに対し、朴大統領は中国が直接的な軍事支援に出るとは思わないと述べつつ、むしろ「中国の黙認」の下で、北朝鮮が攻撃を敢行してくる可能性について指摘した。[51] 北朝鮮が単独で奇襲攻撃を行い、ソウルや韓国の北部を占領した後、中国が停戦を呼びかける可能性を最も懸念していた。もしそうなるとすれば、韓国はその後、国として維持していくことが困難になり、いつか北朝鮮に吸収されかねない。しかも、これは中国に不利なことではないと考えられた。地域の紛争問題に介入することによって、大国としての地位をアピールできるだけではなく、北朝鮮に対しても政治的な影響力を駆使できるからである。とりわけ、中国は停戦協定の署名国である。朝鮮戦争の停戦以来、平和協定が結ばれていない中で、中国は停戦協定維持の責任を負っている朝鮮問題の「関係国」である。それゆえ、中国が朝鮮有事の際に発言力を持つのは十分考えられることであった。このように韓国にとっては、中国の介入の可能性だけではなく、その影響力は重要な関心事項であったのである。

一方、日本の国会では、朝鮮有事の際、在日米軍基地の使用と核兵器の持ち込みにどのように対応するかに安全保障論議の焦点が当てられた。対北抑止失敗の懸念と、在日米軍基地からの米軍の軍事行動によって第二の朝鮮戦争に巻き込まれてしまうのではないかという懸念が広がっていた。宮澤喜一外相は、日米安保条約下の事前協議制を修正する意図を持っていないとし、巻き込まれの懸念を払拭しようとした。三木武夫首相も、朝鮮有事の際に米軍基地を発進基地として使うのは、その時の国益に基づいて判断すると答弁していた。[52]

しかし、早くも五月から、政府・与党を中心にサイゴン陥落後の状況を一時的なものとして捉えるようになり、緊張緩和を促す外交方針を転換しようとはしなかった。日本がみるベトナム戦争の終結は、「戦後のアジア史における画期的[53]」な出来事で、長い紛争の終息としての意味が強かった[54]。宮澤外相は、外交政策の転換に関し、国会答弁で「特にこの際、わが国の韓国あるいは朝鮮半島に対する姿勢を意識をして変えよう、あるいは変えるべきであるというふうには考えておりません」とし、「ベトナムというものはすんだことであって、そしてこのショックからそういう関係者が立ち直ってまいりますと、いままでの大きな意味でのデタントというものはやはり変わるものでないと、そういうところにまた問題はかえってくるであろう[55]。」と答えていた。宮澤はこのような情勢認識に基づき、米国や韓国の心理的な動揺は理解できるが、だからといって何か新しい対応をしなければならないとは考えていないと付け加えた。

このような宮澤外相の発言は、単なる政府の公式見解にとどまるものではなかった。五月一一日に自民党外交調査委員会に属した六一名を対象に実施した面談調査[56]でも、インドシナ情勢と朝鮮半島の情勢は結びつけて考えられていないことが明らかにされた。「朝鮮半島に飛び火するのか」について回答した四六名のうち、三〇名が「可能性なし」と答えた。一方で、「飛び火する可能性あり」と答えたのは八名に過ぎなかった。

興味深いことに、この調査結果はベトナム戦争や朝鮮半島問題をみる、それまでの自民党内の理念的な違いをそのまま反映していた。飛び火の可能性がないと答えた議員たちは、船田中、北沢直吉、正示啓次郎などといったタカ派が主流を占めていて、サイゴン陥落の原因を米軍撤退に求めていた人々である。韓国の情勢はベトナムと違って在韓米軍が維持されている上、韓国政府がしっかりしているという認識であった。一方、飛び火する可能性があると答えた議員は、宇都宮徳馬、石井一など党内でハト派を代表する人々であった。彼らはサイゴン陥落の原因を政権そのものの脆弱さによる内部崩壊として認識していた。韓国政府も南ベトナムと同じく民族主義を代表しておらず、また民主主義政権でないことも取り上げ、内部崩壊の可能性に重きを置いていたのである。ただし、このようにベトナム情勢と朝鮮半島情勢に対する分析は異なったものの、国の安全保障政策は修正する必要がなく、現在の路線を肯定するとの意見が、回答した四六名のうち、四四名で大多数を占めていた。

四月に坂田道太防衛庁長官の傘下に設置された「わが国の防衛を考える会」の活動からも当時の日本の情勢認識が窺える。「防衛計画の大綱」作成の基盤[57]ともなった同会の報告書『わが国の防衛を考える』[58]では、日本の防衛力整備の前提となるアジア情勢について、以下のような分析がなされていた。

将来の問題としては、インドシナ半島全体が徐々に共産化されるかもしれないが、他地域にまで、「ドミノ現象」が波及することはないと考えてよいだろう……おそらく、米中、日中関係が良好な状態であることが、ASEAN諸国には心理的な救いになり、それが安定につながることになるのではないだろうか。[59]

緊張緩和期に形成された大国間の協調によって地域の安定も保たれているという分析は、次のように朝鮮半島情勢を分析するにおいても前提となっている。

サイゴン陥落直前に中国を訪れた金日成主席が、はじめは武力統一も辞さないような決意を表明したり、これに対して、韓国も国をあげて防衛体制の強化を急いだため、三十八度線を境に分裂している南北両朝鮮の緊張が、一挙に高まったような印象を与えたからだろう。けれども、米中ソいずれの国にとっても、朝鮮半島は、アジア政策上重要な地域だから、紛争は好まないだろう。米国は、在韓米軍を撤退させる様子はないし、中ソも米国との友好関係を続ける努力をする一方、お互いに牽制しながら、北朝鮮の動きを抑えているようにみえる。だから、この緊張が紛争に発展する危険は、南北両朝鮮いずれかの国が情勢の判断を誤った場合に限られると思うが、それ以外には、まず大きな武力衝突は起きないとみてよいのではないだろうか。(60)

要するに、韓国には在韓米軍が維持されていて北朝鮮を抑止しており、大国が絡んだ大規模の武力紛争は起きないと分析している。米中関係正常化や日中国交正常化によって、安定的な国際システムが構築されたとの判断に至っていたのである。この中で中国が北朝鮮を抑制するとの展望もなされていた。ただ、韓国ないし北朝鮮が情勢判断を誤る危険性についても指摘していた。

このような情勢認識に立った日本政府は、北朝鮮の脅威による第二の朝鮮戦争の勃発は回避されたとみなし、その代わりに南北朝鮮の誤った情勢判断と韓国内部の混乱と動揺に対する対応を重視し始めた。八月末、坂田防衛庁長官とシュレジンジャー国防長官は、中国が北朝鮮を抑制していることによって、朝鮮半島の危機は回避されたという一致した認識に到達していた。また、三木首相と宮澤外相も、シュレジンジャーとの会談で、北朝鮮の脅威による第二の朝鮮戦争の危険はないと結論付けていた。南北を問わず、誤った情勢判断が軍事行動につながる可能性を念頭に置きつつ、外的脅威よりは韓国内の政治・経済不安定性による内部崩壊といった混乱が招く「リスク」に注目していたのである。(61)それゆえ、「ベトナム後」においてアジアの国々が国内基盤を強化するように支援していくという観点から、政治・経済の混乱で危うい朴政権を支援する政策方針を固めたのである。日本の外交が南北対話だけでなく、米朝直接対話を促し、日朝間チャンネルの維持に外交的努力を傾けたのは、朝鮮半島の安定の鍵が韓国の指摘するような「脅威」ではなく、「リスク」をいかに除去するかにあると判断していたからであろう。

（2）安全保障協力の問題

韓国政府は金大中拉致事件と文世光事件で悪化してしまった日本との関係修復と安全保障協力の進展を求めた。しかし、金日成の北京訪問に対する中国側の対応をめぐって、日韓の間ではかなりの認識の差が存在していた。米中接近に刺激され日中国交正常化を成し遂げた日本と、それに失敗した韓国の対中観が一致することは容易なことではなかった。日本は、韓国を武力で解放しようとする金日成の意図は、地域紛争の発生を願わない中国の抑制によって実現できなくなったとみなしていた。たとえば、東郷外務次官は日本工業倶楽部での演説で、中国によって金日成の行動が抑制されたとした上で、朝鮮半島においては当分の間、南北共存が続くとの見方を示した。[62] さらに、八月に安全保障問題を協議するために東京を訪れたシュレシンジャー国防長官と坂田道太防衛庁長官との会談でも、中国の「対北抑制」論に到達していた。[63] 東アジアの国際関係の構造変化に対応しつつ、中国との国交正常化を実現し、日中両国間の対立を解消したことによる対中観の変化であったと言えるだろう。

しかし、中国との国交正常化を目標に緊張緩和外交を展開したにもかかわらず、関係改善に失敗した韓国の立場は、極めて懐疑的であった。中国により北朝鮮が抑制されるという日本の立場は、情勢認識の甘さをそのまま表しているものに過ぎないと韓国はみなした。

振り返ってみれば、韓国は緊張緩和政策として中国との関係改善を打ち出した「平和統一外交政策特別宣言」（六・二三宣言、一九七三年六月二三日）以来、安全保障に直結する事項について中国に見解を打診していた。その大まかな内容は、（1）朝鮮半島における緊張緩和および平和定着のための南北国連同時加盟問題、（2）軍事的現状維持に不可欠な休戦協定の効力維持と軍事的均衡維持のための国連軍司令部存続問題、（3）朝鮮半島において平和を定着させるための中国側の考えを問うものであった。[64]これに対し、喬冠華外務次官は、国連同時加盟には反対し、国連司令部の解体問題を安保理で議論することは可能であるとの認識を示しただけで、韓国が要請した当局間の接触には応じなかった。[65]緊張緩和政策が成果を見出せないなかでのサイゴン陥落は、中国と北朝鮮に対する韓国の脅威認識を高めてしまった。

サイゴン陥落後間もない五月九日に宮澤外相と会談した金鍾泌国務総理は、北京が金日成の意図を抑制したかのように伝えられているのは、対外的なプロパガンダに過ぎないとした上で、局地的であれ、全面攻撃であれ、北朝鮮が韓国を挑発することは、中国にとって望ましいことであると述べた。仮に、韓国の反撃によって北朝鮮が敗北した場合にも、中国は余裕を持って調停に乗り出すために北朝鮮を抑制したかのような態度を取っただけであると主張した。[66]また、日本が韓国の安全保障について明確な立場を表明し、日米韓の安保三角関係における頂点の役割を担ってほしいと要請した。そして輸銀資金使用による輸出制限とともに輸出品目に対しても日本政府の厳格な選別を要請した。検挙された北朝鮮工作員が使用していたボートが日本製であったことをあげ、無人飛行機や潜水服など、日本の北朝鮮向け輸出品が戦争物資に転用されかねないと指摘したのである。

このようにサイゴン陥落後、韓国は日本に対し、日韓両国関係が緊密であることを対外的に明確にして行動すべきであると伝え、金大中拉致事件と文世光事件以降、「体制摩擦」化していた両国関係の改善を図った。そして、七六年一二月の第七回日韓定期閣僚会議を最後に中断していた日韓定期閣僚会議を早期に再開し、関係回復を内外にアピールしようとした。しかし、日本は相変わらず金大中事件の解決にこだわっていた。韓国が他の外

交的措置を取らない限り、閣僚会議の開催は難しい状態であったのである。(67)

日本との安保関係を深めることを目的とした韓国の要請は、七月に宮澤外相が訪韓した際にも続いた。(68)宮澤の訪韓に備え、韓国外務部の亜州局は、「北東アジアの安全は、韓半島〔朝鮮半島〕の安定」であり、「日本の安保は韓国の安保と直結する」との認識に立ち、日米韓三国の安保協力関係の強化を目標として設定した。日韓の安保協力に関しては、次の三点に重点を置いた。（1）米国が米韓安保条約を履行できるような日本による寄与と協力について、具体的には発進基地の問題や後方支援問題、そして情報交流など防衛問題に関連する提携をあげていた。在日米軍基地を戦闘発進基地として使用する問題については、日本政府の「事前協議制」の存在をあげ、日本政府の立場を確認する方針を固めていた。すなわち、韓国は、日米安保条約と同条約第六条の実施に関する交換公文に従い、米軍が日本にある基地を日本以外の他地域の防衛のための戦闘発進基地として使用する場合も、日本政府の事前協議の対象になるとみていた。それゆえ、「佐藤・ニクソン共同声明」（一九六九年）と佐藤首相のナショナル・プレス・クラブ演説での戦闘発進基地使用に関する発言が有効であることを確認する必要性に触れていた。（2）韓国の防衛能力向上のための日本の協力、特に経済開発計画事業と防衛産業への協力、また（3）対北朝鮮対策に関する協力において、日朝間政治的交流の抑制や朝鮮総連を拠点とする浸透工作の封鎖、そして経済交流抑制と同時に、潜水服や無人飛行機などの軍需物資輸出の抑制をあげた。(69)

実際、同月二三日、訪韓した宮澤外相と会談に臨んだ金東祚外務長官は、日本と韓国が「共に核を保有していない」ことをあげ、「米国との同盟なしでは安全保障の確保が困難であ」り、国際政治上同じ立場に置かれていると指摘し、日韓安全保障協力の重要性を強調した。その具体的な協力の内容については、万が一、戦争が起こった場合、日本による米軍の発進基地と後方基地としての役割が絶対不可欠であり、それ以外にも相互情報交換などをすることが重要であると述べた。要するに、米韓相互防衛条約の履行のためには日本の寄与が必要であるという側面から「韓国条項」の再確認を求めたのである。また、相互情報交換を求めたことは、それまでの安保交流が人事交流にとどまっていたことから考えれば、両国間の安保交流を一段階レベルアップさせたい意図の表れであった。さらに、日韓の経済協力については、「日本の安全保障のために考慮してほしい」と述べ、日韓経済協力が持つ、安全保障政策的な側面を強調した。かつ、その経済協力の内容においては、有事の際に国家安保に動員できる産業育成に必要な経済協力だと述べ、防衛産業育成を念頭に入れた経済協力を願っていることを明確に伝えたのである。

翌日二四日、朴大統領は、宮澤外相の表敬訪問を受けた際に、北朝鮮の背後にある中国の脅威を指摘し、日米韓三国の緊密な協力関係の重要性を強調した。その上で、日韓関係は米国を介した同盟関係にほかならないと述べた。[70]すなわち「米国は韓国と同盟を結んでおり、また日本とも同盟関係にある。言いかえれば、AとBが同盟関係にあり、またAとCが同盟関係にある場合、BとCの間には、たとえ同盟関係がなくても、実際的な同盟関係にほかならない」という「日韓同盟論」を展開したのである。もちろん、朴大統領が日韓の間で軍事同盟を結ぶことは非現実的であり、そのような与件はまだ整っていないと付け加えているように、この発言は日韓の間で直ちに軍事同盟を結ぶことを目標とした発言ではなかったとみるべきであろう。しかし、公式的な同盟関係ではないとしても、韓国の安全保障が日本の安全保障、ひいては北東アジアの安全保障に重要であるとの共通の認識のもとに、日韓間でより実質的な安全保障協力関係を構築しようとする意図の表れであったと言えよう。

この朴大統領の発言と前述した金外務長官の「日韓は核を保有していないし、米国との同盟なしでは安全保障を確保できない」という発言を併せてみれば、当時韓国が持っていた日本像がみえてくる。それは戦略的な側面から、大国としてのイメージよりは、米国によって安全を確保するしかない国であり、そのような類似した立場を活かして、従来の安保経済協力を超えた領域、すなわち情報交換などで新たな協力を生み出すことができる安全保障協力のパートナーというものであった。その可能性に韓国が早くから気付いており、協力領域を見出していたことは興味深い。

日韓の安保一体性を強調する韓国の要請に対する日本の反応は、極めて慎重なものであった。サイゴン陥落以降、安全保障を最優先的な政策目標として設定していた韓国の要請は受け入れがたいものであった。それにもかかわらず、日韓が「体制摩擦」を乗り越え、外相会談の実現に漕ぎ着けたのは、日本との関係改善の必要性を強く求めていた韓国側の外交的努力によるものであった。韓国政府は金大中拉致事件との関わりが疑われていた金東雲問題の処理を盛り込んだ「口上書」を渡し、金大中拉致事件の「第二の政治決着」に漕ぎ着けたのである。

宮澤外相は韓国の立場に一定の理解を示した。前述した五月金総理との会談の際、「維新体制」による韓国国内の引き締めに対する日本国内や海外からの批判は不当であるという見解を示し、韓国に共感を示していた。特に、日本国内のジャーナリストや若い世代による韓国批判は、日本の民主主義が一〇〇年、一、〇〇〇年持続していると錯覚し、韓国に干渉しようとしていることだと述べ、日韓「体制摩擦」の原因が韓国の状況に対する日本社会の理解不足にあるとの認識を示した(71)。加えて、在日米軍基地の戦闘発進基地としての使用問題をめぐっては、同年四月のワシントンでの記者会見で、韓国記者から「韓国条項」に変化はないのか、韓国の安全保障は日本の安全保障に緊要であることを再確認するのか、という質問に対して再確認を行った旨を述べていた(72)。

しかし、宮澤外相は「韓国の平和と安定が日本の平和と安定へ直結する」との見解を日本政府の基本的な立場として繰り返したものの、実際の政策においては、既存の立場を踏襲するにとどまった。朴大統領は、対北物資輸出に関して政府が日本企業の輸出を牽制する役割を担うよう求めた。政府が止めることができない場合でも、関係商社が北朝鮮に軍事目的に使用することを禁ずる覚書を求めるなどの手段を講じるように促した。そして、朝鮮総連の取締りが行われていないことには遺憾の意を表した。朴大統領は、この問題が日韓関係を離間させるための北朝鮮の取り組みであると指摘し、同組織の規制のための根本的な方針を立てるように要請した。これに対して、宮澤は、武器の輸出は統制されており、特に紛争当事国ないし紛争の可能性がある地域の当事者の戦力を増強する恐れがある武器の輸出は禁止している政府方針を説明し、武器の範囲は国際的通念に従うしかないと対応した。北朝鮮の工作員が浸透する際に、日本産の潜水服や先端装備などをつけている現状をあげ、その制限を求めた韓国側の要請に対して、そこまで制限するのは困難であるという立場を表明した。しかも、日本政府が貿易の徹底的な自由化を追求してきた結果、「政府が輸出入についてほぼ統制できない状態まできてしまった」と説明した。また、朝鮮総連の取締りを強化することに関しても、日本の刑事法体系は日本政府の転覆を模擬したり、文章化したりするだけで取り締まることはできないという国内法の限界を理由に、それらが具体的に行動に移される場合、検挙するように努力することを約束するだけにとどまった[73]。

当時の日本の報道や従来の研究では、三木政権が対北朝鮮貿易の輸銀資金使用を凍結したのは、サイゴン陥落後の「安保危機」に対応するための政治的措置であったと捉える向きがある[74]。しかし、すでに一九七四年半ばから北朝鮮が対日債務返済不能に陥っていたことに注意を払うべきであろう。西ヨーロッパ諸国が北朝鮮に対する輸出保険の中止を決めたことも、日本の決断を促す一因となった。このような現状を踏まえ、早くも一九七五年一月には外務省が対北朝鮮輸出への輸銀資金融資を当分認めないという方針を明らかにした[75]。この時期、日朝貿易会が日朝間の仲介役として債務返済期限延長交渉に携わっていた[76]。訪韓した宮澤外相も、債務返済が遅れている日朝貿易の現状から、「当分の間これ以上進行されない部分が多くなるだろう[77]」と述べ、輸銀資金使用の許可は不可能であるという見解を示した。

（3）「韓国条項」の再確認をめぐる論議

①NSC政策決定覚書（NSDM）251の変更

一九七五年八月に日米首脳会談を控えていた七月二一日、三木首相と宮澤外相、東郷外務次官が会合を持ち、日米首脳会談では「韓国条項」は確認しないという方針が固められた[78]。それは会談の準備段階接触において米国側から要請がなかったからである。七月七日、安川荘駐米日本大使は、キッシンジャー国務長官と会談し、その後記者団に対し、韓国問題は日米安保条約の枠内のものであるとした上で、「八月の首脳会談で『韓国条項』の確認は不必要[79]」であると公表した。会談では三木首相の訪米の際に「韓国条項」を再確認するのが効果的であると提起したのは安川のほうであったが[80]、会談後には完全に異なる見解を示したのである。この問題に対し、キッシンジャーから何の要請もなかったことが理由であることは容易に想像できる。

キッシンジャー国務長官はなぜ、日本側に「韓国条項」の再確認を要請しなかったのだろうか。国家安全保障会議（NSC）で国連軍司令部の解体について政策検討が行われた際に、それが実現されても、朝鮮有事の際、在日米軍基地の自由使用を保証した「朝鮮議事録（the Korean minute of 1960）[81]」は維持する方針を決めていたことが作用したからであると考えられる。「韓国条項」を再確認するように日本側に圧力をかけた場合、かえって「朝鮮議事録」を維持することまで困難になるのではないか、という懸念があった。当初米国は、国連軍司令部の解体とともに、同覚書に代わるより明確な新しい合意を日本政府と締結しようとしていた。なぜなら、国連軍司令部が解体されれば、在日米軍基地の使用に関する法的根拠がなくなってしまうからである。国連軍司令部の解体についての交渉戦略をまとめたNSDM251の中で、国連軍司令部が解体されても同密約の運用には支障がないように、日本政府の明確な同意を取り付ける必要性をあげていたのはそのためであった。

ところが、この密約を公式的な形にするために日本政府からの同意を取り付けることは、容易なことではなかった。日本側の抵抗が十分予想されたからである。この問題をめぐり米国務省では再検討が行われた。国務省は米国にとっては新しい合意が望ましいが、日本は同意しないだろうと予想した。「韓国条項」が成立した一九六九年の沖縄返還交渉過程で日本側の東郷文彦アメリカ局長が「朝鮮議事録」を佐藤首相のナショナルクラブでの「一方的な声明」に替えようとしたことからみても、日本が新しい合意に同意する可能性は大きくなかった。もし、新しい合意が得られない場合、「佐藤・ニクソン共同声明（一九六九年）」までも薄められてしまうとの懸念が示された。そして「朝鮮議事録」は消滅する可能性さえ論じられた。それゆえ、スナイダー国務次官補は、沖縄返還交渉における「一九六九年の経験」からみて、日本から明確な形で新しい合意を引き出すのは無理であるとの見解を示した。この問題を明確に取り上げる代わりに、韓国における国連軍司令部と日本における国連軍地位協定（UNSOFA）が解体されても、米軍の対北抑止力には何の影響もないことを明確に示す必要性があると主張した。他方、統合参謀本部（JCS）は、その運用を明確にする必要から「朝鮮議事録」の再確認を求めた。そのなかで、国防総省（DOD）は「朝鮮議事録」の消滅に備えていた。なぜならこの秘密合意は日本側の政治的な支持がなければ効果的ではないとされたからである。[82] 結局のところ、国連軍司令部が解体されようと、日本側から覚書の廃棄が提起されようと、未解決のままにしておき、公式的に消滅しないようにする政策方針が固められた。これを受けてニクソン大統領は、一九七四年七月二九日、ＮＳＤＭ２６２を承認して日本政府に「朝鮮議事録」の更新をあえて提起しない方針を決めたのである。[83]

その後、駐韓米国大使として赴任したスナイダーは、日本の米軍基地にある国連軍施設指定を維持することに注意を払っていた。[84]日本では国連軍司令部解体問題と関連して在日米軍基地の使用問題が議論されていたからである。木村俊夫外相によって「韓国条項」の意味が一九六九年当時の軍事的・法的意味から、政治的な意味へと変えられつつあった。木村は国会の答弁で、日本の安全保障のためには、韓国だけではなく、朝鮮半島の安定が重要であるとの見解を示した。木村の発言は、「韓国条項」を修正しようとする日本政府の動きとして受け止められ、国連軍司令部の解体を先送りする一因となった。

このような経緯を受けて、ＮＳＣスタッフは一九七五年八月、三木首相との会談に臨むフォード大統領に、「韓国条項」問題を首脳会談で提起しないよう建議した。[85]また、キッシンジャーはフォード大統領宛の覚書で、三木首相が安全保障における日韓両国の関係を重視しながらも、公には日本の安全が脅かされない限り、在日米軍基地の利用を承認しないとしていると指摘した。しかし、明確な発言を求めて三木を「圧迫（press）」することには否定的であった。[86]

一方、日本政府としては、対北抑止のために在韓米軍の継続駐留を要請しながらも、野党の批判の的になりかねない「韓国条項」については、明言を避け、韓国の安全保障問題に関心を表明する程度にとどめようとした。日米首脳会談を控えた七月末に外務省が作成した会談発言要領では、韓国の安全が日本にとって重要であることは「韓国条項」の有無に関わるものではないという原則的な立場が示されていたのである。[87]

②三木・フォード首脳会談

韓国は八月の三木・フォード日米首脳会談の共同声明に米軍による基地の自由使用が保証されることを求めた。外務省の山崎敏夫アメリカ局長は日米首脳会談を控えた七月二六日、韓国側に「共同声明に謳われる韓国の安全保障についての言及は、ポストベトナムにおける朝鮮半島の安定問題に関心を払った『常識的』なものである」と伝えた。尹河珽駐日韓国公使がその経緯を問うと、山崎局長は「日本政府としては現在当面北朝鮮による侵略危険はないと認識しているし、現在最も重要なのは、朝鮮半島における平和を定着させることである」とした上で、「韓国条項」をめぐる協議については「従来の韓国条項が法的意味を持つものとして解釈されたこととは違って今回の共同声明では常識的な表現になると考えられる(88)」と説明した。つまり、一九六九年の日米共同声明が在日米軍基地からの発進問題と関わる法的な意味合いを持っていたのに対し、今回は情勢認識の表れに過ぎないとの説明であったのである。

実際の首脳会談において、日本の関心はベトナム後のアジアにおける経済協力を進展させることにあった。首脳会談で三木首相は、ベトナム戦争にまつわる感情的要素が除去されたとし、ベトナムの教訓として国内政治情勢の安定と民生の向上に努めるべきことを痛感するようになったと述べた(89)。朝鮮半島の情勢については、米軍が駐屯している限り、北朝鮮による全面戦争の可能性はないとし、北朝鮮の過剰な期待と韓国の過剰な安保懸念を落ち着かせる必要性を指摘した。すなわち、北朝鮮は、韓国社会の朴政権に対する反対運動が不安定を生み出すという期待を持って、韓国のベトナム化を望んでいる。一方、韓国は、安保懸念のために国内の引き締めを強めている。両方の過剰な反応を和らげ、軍事衝突の危険性を解消することが必要であると主張したのである(90)。三木は、そのような目的で、五月に宮澤外相を韓国に派遣したと述べた。それは、日韓関係を改善することで、北朝鮮の期待が過剰であることを認識させると同時に、韓国への経済協力を進めて韓国が抱いている懸念を払拭するためであったと付け加えた。[91] これに対し、フォード大統領は、韓国内部にベトナムのような不安定な状況が生じれば、北朝鮮の軍事行動を招いてしまうと、三木首相の発言に賛同した。そして、在韓米軍の継続駐留を約束するとともに、安全保障上、不可分の関係にある日韓関係の安定化を求めた。

宮澤外相は、対北抑止力を強化することによって緊張を緩和させようとする米国の短期的な政策ではなく、朝鮮半島に平和を定着させる、より長期的な観点を重視していた。[92] 宮澤は訪米直前の記者会見で韓国の安全保障問題を重視しながらも、北朝鮮を孤立させないことが重要であると強調したのである。それはまさに韓国との対話を一切拒否するだけでなく、国連南北同時加盟に反対し、国連軍司令部解体後の停戦協定の維持についての交渉にも応じない北朝鮮をどのように対話の場に引き出すかに外交の重点をおいていたことを示している。[93]

このような三木首相の取り組みは、在韓米軍が北朝鮮の対南武力行使を抑制して安定を維持していることを前提としつつ、軍事的オプション以外の措置を模索している点で注目に値する。特に宮澤外相の訪韓を通して、南北朝鮮両方の過剰反応を和らげ、情勢の安定化を図ろうとしたという説明は、より広い観点から朝鮮半島政策を展開していたことを物語っている。このことは、サイゴン陥落後、緊張緩和外交から韓国との関係強化へシフトしたという従来の認識では見逃されてきた部分であろう。

日米首脳会談における議論は情勢の「現実認識上」の問題に限られたものにとどまり、「韓国条項」の再確認に関する議論は行われなかった。それを受け、韓国外務部は三木・フォードの「共同新聞発表」に対する論評を控えた。八月七日、対日外交の主管部署である外務部東北亜一課は、日米共同声明を歓迎する文案を作成していたが、外務長官命令で廃案になった。[94] そして日本の態度に安保上の懸念を抱いた韓国政府は日本外務省に説明を求めた。それに対して、中江要介アジア局長代理は、「極東の安全と平和のために現体制である日米韓の安全保障上の結束の重要性を認識し、再確認する方向に重点が置かれていた」と答えた。そして、「韓国条項」については、「過去の韓国条項がより拡大、明確になった」(95)と論評し、韓国側の懸念を払拭しようとした。山崎アメリカ局長も、一九六九年の「韓国条項」は、日本単独の認識を佐藤首相が「一方的な宣言」で表現したものであるが、今回の共同新聞発表のなかの韓国関係部分は日米両国の見解が合致した共同認識の表現で、以前より強力なものになったと述べた。また、その変化の側面においては一九六九年当時と現在の国際情勢の違いや三木首相個人の信念が反映されているものだと付け加えた(96)。議論の重点が一九六九年の「韓国条項」より弱くなったかどうかではなく、情勢の変化に見合った対応であったことを主張したのである。

③第八回日韓定期閣僚会議

「韓国条項」の再確認をめぐる日韓の政策攻防は、日米首脳会談終了後間もない九月一五日に開かれる予定の第八回日韓定期閣僚会議に向けた共同声明作成過程において、浮き彫りになった。「韓国条項」を含む安全保障問題をめぐる議論がまとまらなかったのである。韓国は共同声明草案の三項に「両国の閣僚は国際的な緊張緩和の潮流にもかかわらず、この地域においては緊張と武力紛争発生の可能性が常に存在している現実に深い憂慮を表し、韓国の安全が日本の安全に緊要であることを認識し、この地域の平和と安定維持のために両国が今後とも引き続き相互協力していくことを合意した」と挿入していた。日米首脳の共同新聞発表を基に、少なくとも「この地域の平和と安全の維持のために協力する」との一文を入れようとしたのである。これに対し、日本側は「実体がないのみならず、『日・韓軍事協力』を意味するのではないかと誤解をまねくので削除する」ことを求めた。

また、韓国側が在韓米軍問題を取り上げ、「両国の閣僚は情勢下では、在韓米軍がこの地域の平和と安全の維持に引き続き必要であることに意見をともにした」という内容を挿入したことに対し、在韓米軍問題は、日韓間の共同声明で言及すべきことではないとした。三木首相の訪米時に出された日米共同新聞発表にも触れられていなかったことを取りあげ、共同声明案から削除することを求めた。[97] このような実務レベルでの攻防は、日韓の情勢認識や安全保障協力に対する認識のギャップがそのまま浮き彫りになったものであり、ベトナム戦争後、両国の安全保障政策の方向性が収斂するどころか、むしろその協力がいかに困難であったのかを物語っている。

このような状況を受け、三木首相は、九月一一日に宮澤外相と外務省アジア局長に対し、日韓定期閣僚会議の共同声明案に一九六九年の「韓国条項」を思わせる箇所が含まれていることを指摘し、「韓国条項」を再確認したとみなされかねない表現は、必ず回避するように指示した。[98] また、自身の訪米の際にもフォード大統領と「韓国条項」について言及したことはないとした上で、一九六九年当時の「韓国条項」を再確認する必要はないと判断したからであると付け加えた。在韓米軍問題に関しても、三木首相自身がフォード大統領に引き続き駐留することをすでに要請しており、それを信頼せず日韓共同声明への明記を要求する韓国側の主張を受け入れることはできないと述べた。さらに、もし「韓国条項」を再確認したかのようにみなされる表現を共同声明に含めるのであれば、共同声明発表は取り止めるよう指示した。三木首相は、日韓間の安保一体感を向上させようとする韓国の要請に抵抗を示し、通例とされていた共同声明の発表まで見送る姿勢をみせることで、韓国の要請を拒否したのである。

このような日本側の対応に対し、韓国は「日本側は安保問題に関して相互協力の実体がないとしたが、これは姿勢の問題」だと指摘し、韓国案が反映されるように要請し続けた。しかし、両国間の見解の溝は埋まることなく、最終的には日本側の共同声明案を韓国側が受け入れた。そして共同声明の発表後の記者会見においては、日本側が提示した妥協案通りに双方に都合よい返答をする方式が取られたのである[99]。事実、記者会見では韓国の安全保障問題が日韓共同声明に含まれなかった理由についての質問に対し、金外務長官は「特別な理由はなく、日韓両国の認識のギャップは少しもなかった[100]」と明言した。宮澤外相も同じく韓国側との異見はないと答え、日韓両国の協力関係を印象づけるために努力した。

三　国連軍司令部解体案の変容

(1) 国連軍司令部再編の模索

サイゴン陥落は、国連軍司令部解体案に影響を及ぼした。国連軍司令部の解体は、停戦体制の維持や平和協定の締結、在韓米軍の駐留など、韓国の安全保障と深く関わっている問題であり、朝鮮戦争以降に、米中対決下で形成された安全保障体制の枠組みを修正する意味合いを持っていた。しかし、インドシナ情勢の急変を受けて、米国は安全保障体制の根本的変化よりは、現状維持に重点を置かざるを得なくなった。

国連軍司令部が存続したことについて、国連軍司令部を解体して停戦体制を変化させることを望まない、米中の現状維持路線の表れだったという分析がある[101]。しかし、実際には国連軍司令部の解体を通して停戦協定を平和協定に転換させようとした中朝と、停戦協定の維持を優先課題として設定し、国連軍司令部に代わる米韓連合司令部の創設を計画していた米韓との間で政策調整が進展しなかったのである。たとえば、一九七三年一一月一二日に周恩来は、かつて朝鮮半島問題の解決のために開かれた「ジュネーブ会議」(一九五四年)はダレスによって失敗したものの、その後の二〇年の間再び紛争が起こることなく、停戦協定は維持されたと述べた。この平和を維持してきた経験が南北間の平和定着をもたらすだろうと語り、国連軍司令部解体と停戦協定の平和協定への転換に期待を表した。[102] ここで周恩来が取り上げた「ジュネーブ会議」は、一九五三年七月二七日に調印された停戦協定にしたがって、完全な平和のための戦争終結を達成するために開かれた政治会談である。周恩来はここで、停戦協定を平和協定に転換することを視野に入れ、国連軍司令部解体問題を扱っていたことが分かる。一方、キッシンジャーは国連軍司令部が解体されれば、停戦協定の維持のための法的根拠がなくなると述べ、停戦協定維持の法的根拠を改めて設定しようとしていた。停戦協定の平和協定への転換は、その代案措置が備えられた以降の問題として捉えていたのである。

実際米国は、解体案(国家安全保障会議政策決定覚書(ＮＳＤＭ２５１)[103]「韓国における国連軍司令部解体」)を立案する際、停戦協定を維持するための代替措置を重視していた。ＮＳＤＭ２５１は、国連軍司令部に代わる米韓連合軍司令部を創設し、停戦協定の署名者として国連軍司令部が担ってきた停戦体制維持の機能を担わせることを明確にした。その上で、韓国と北朝鮮の代表で軍事停戦委員会を構成し、不可侵協定を結ぶことを提案していた。そして、短期的には中国と北朝鮮に在韓米軍の存在を黙認させ、朝鮮半島の情勢が安定化するにつれて削減し、究極的には撤退するという内容を「上海コミュニケ」の形式で宣言することまで検討していた。米国は在韓米軍の撤退は北朝鮮の最大の政策課題であることから、中国の前向きな対応を期待していた。[104] つまり在韓米軍の漸進的な撤退が朝鮮半島の現状維持と緊張緩和に役立つという米中の共通認識下で、[105] 停戦協定の維持を前提に国連軍司令部に代わる代替措置について中国と北朝鮮の同意を取り付けるための交渉を準備していたのである。国連軍司令部の解体は停戦協定の履行と関連する重要な修正を加えることであるがゆえに、その代替措置については、停戦協定第六一項に基づいて停戦協定に署名した双方の合意が必要だった。[106]

しかし、その交渉案に基づいて一九七四年六月から開始した米中交渉は進展しなかった。六月一三日、ウィンストン・ロード（Winston Lord）国務省政策企画室長は、ＮＳＤＭ２５１で描いた政策方針を韓叙駐米中国連絡事務所副所長に伝えた。その交渉パッケージには、国連軍司令部を米韓連合司令部に代替し、その新しい協定を国連安全保障理事会が承認することや、韓国と北朝鮮の間で不可侵協定を結ぶこと、そして中国と北朝鮮が暫定的な措置として在韓米軍の駐留を受け入れることが盛り込まれていた。[107] 米国の提案に対し、中国は南北不可侵条約が二つの朝鮮を固定化し、南北統一の妨げになると批判した。また在韓米軍については永久駐留がその目的であるとした上で、早急に撤退するように求めた。[108] 中国を通じて米国の提案を受け取った北朝鮮も、「米軍撤退と停戦協定の平和協定への代替なしに国連軍の旗だけを下ろすのは欺瞞策に過ぎない」[109]と非難し、米国の提案を退けた。それでも、米国は交渉の余地が残っていると判断し、南北不可侵条約締結案を取り下げ、停戦協定の維持に限定した修正案で再交渉に臨んだ。すなわち、南北不可侵条約案を除いて、中国と北朝鮮が米韓連合司令官を国連軍司令官に代わるものとして受け入れるなら、国連軍司令部は解体する用意があるという提案であった。[110] しかし、中国と北朝鮮から新たな回答を得ることはできなかった。

同年一〇月二日、喬冠華外務次官はキッシンジャーとの会談で、米国の要請を北朝鮮に伝えたものの、北朝鮮から何の返事も得られてないことを明らかにした。その後、北朝鮮は中国と意見調整を行わず、独断で第二九回国連総会に国連軍司令部解体と在韓米軍撤退を盛り込んだ決議案を上程した。[111] これに対抗する形で韓国支持案が出されたが、そこにはＮＳＤＭ２５１で示された、停戦協定の維持を前提にした国連軍司令部の解体案が盛り込まれていた。結局国連総会では、「安全保障理事会が、停戦協定を引続き堅持することを念頭に置いて国連軍司令部を解体することを含む朝鮮問題の諸部分に対し、適当な時期に直接当事者と協議しつつ考慮を与えるよう希望を表明する」[112]という内容が盛り込まれた韓国支持案が採択された。米国は、中国が北朝鮮を説得してくれるだろうと期待していたが、中国が北朝鮮を説得して合意を導き出すことは容易なことではなかったのである。言いかえれば、それは北朝鮮への直接の「関与」を避け、中国との共同行動に頼っていた米国の政策の限界を表していた。

このような状況のなかで、サイゴンが陥落すると、キッシンジャーは国連軍司令部の「解体(termination)」を「再編(restructuring)」[113]として捉え直し、NSDM251の修正を行った。キッシンジャーが再編を掲げた理由は、第一に、サイゴン陥落後における停戦協定の管理・運用の軍事的問題である。解体後の停戦協定の維持・運用を担う代案措置を模索する状況ではなくなり、国連軍司令部を中心とした既存の安全保障体制を維持する方向に政策を転換したのである。このような政策転換を行ったのは、中国との協力がうまく進まなかったことだけではなく、後述するように韓国への作戦統制権委譲問題など厄介な問題が発生していたからである。

第二に、国連軍司令部の解体をめぐる北朝鮮の外交攻勢に対抗するためであった。キッシンジャーは、再編を論じる際、望ましい措置として、まず国連軍の記章と旗の使用を板門店に限定し、その機能を停戦協定の管理および運用に限定する方針を固めた。実際、国連軍司令部は同年八月一六日、国連軍の業務と直接関連がある在韓国連軍司令部、板門店軍事停戦委員会施設を除く軍事施設で国連旗を降ろした。この措置について在韓米軍司令部のスポークスマンは、「三〇回国連総会の開幕を控え、国連で韓国問題の討議で有利になるための措置」であると説明した[114]。また、それ以後の政策方針の一つとして在韓米軍司令部と国連軍司令部の分離をあげていた。

キッシンジャーは、これらの措置が国連総会での戦術的立場を強化してくれると期待していた。なぜなら、第三〇回国連総会を控えて、韓国支持案の提案国のなかで、これ以上国連軍司令部を維持することは、北朝鮮に有利に作用するだけであるという問題提起が行われていたからである。[115] 国連軍司令部の維持が北朝鮮に外交攻勢の口実を与えており、非同盟国家の国連加盟によって国連軍司令部の解体と在韓米軍の撤退を求める共産側の案が可決される可能性が高くなっていた。実際、外国軍の撤退などを盛り込んだ北朝鮮支持案が四二カ国によって提案されたのに対し、停戦協定の維持を前提にした国連軍司令部解体案を盛り込んだ韓国支持案は二八カ国によって提案されるにとどまった。

（2）韓国の「一方的解体」模索

北朝鮮の外交攻勢を目の当たりにした韓国は、自らの外交イニシアティブによる国連軍司令部の一方的な解体を構想していた。韓国が「六・二三宣言」以来推進してきた緊張緩和外交は結果を出せず、一九七二年七月から一九七三年三月まで北朝鮮は、それまで韓国と国交を結んでいた一一カ国と新たに国交を結んだ。それに対し、北朝鮮と国交を結んでいた国のなかで韓国と新たに国交を結ぶ国は現れなかった。また一九七一年に南北それぞれと国交を結んだ国は八〇対三四であったが、一九七五年には九〇対八八となり、それまで韓国が持っていた外交的な優位はほぼなくなっていた。それにより、北朝鮮を支持する共産側の国連軍司令部解体案と米軍撤退案が通る可能性は高まり、韓国は北朝鮮の外交攻勢に対処しなければならなくなっていた。北朝鮮の外交攻勢を無力化するために国連軍司令部の解体は不可避になっただけでなく、外交イニシアティブを取るために一方的に解体する必要性まで提起されたのである。

一九七五年四月二九日、咸秉春駐米韓国大使はハビブ国務次官補に、外務長官と青瓦台特別補佐官の要請であるとした上で、国連軍司令部の一方的な解体可能性について国務省の見解を打診した[116]。国連軍司令部が負ってきた停戦協定維持の責任をすべて韓国軍に渡すことを真剣に考慮するように要請したのである。これは七四年に国連軍司令部解体に伴う代替措置として米国が考案し、中国と北朝鮮に打診していた米韓連合司令部創設案を中朝が拒否したことで交渉が行き詰り、七五年の第三〇回国連総会で共産側の案を破るほどの得票が得られなかったことから講じられたものであった。韓国は在韓米軍の撤退まで主張している共産側の案に対抗するためのイニシアティブとして国連軍司令部を一方的に解体し、作戦統制権を移譲してもらう計画を立てた。一九七四年三月二七日からは、それまでの南北平和協定締結を主張していた立場を改め、米朝平和協定の締結を主張し始めた北朝鮮の外交的攻勢に対抗しようとしたのである。

このような韓国側の提案は、有事の際に在日米軍基地からの米軍出動が妨げられないように国連軍司令部の維持を願っていた[117]政策の変更を意味するものであった。もしこの提案を米国側が受け入れていたとすれば、朝鮮戦争以来の韓国の安全保障枠組みを変えるほどの重大な政策変更になっていたであろう。米中接近後の国際政治の変動を受けた外務部が、韓国軍が軍事停戦委員会の主席代表を務めるとする「停戦協定の当事者変更問題」[118]を検討した経緯からみれば、その構想を政策化する機会として捉えていたかもしれない。

しかし、前述したＮＳＤＭ２５１は中国との共同行動、すなわち中国が北朝鮮に米国の提案を受け入れるように影響力を発揮することで、国連総会で論争することなく国連軍司令部が解体されることを前提にしていた。また、中朝の同意の下で米韓連合司令部を新たに創設することにより停戦協定を維持するという政策目標に最も重点を置いたことに注意を払うべきであろう。それが不可能になったと判断した時、韓国は国連軍司令部の一方的な解体案を提起したのである。言いかえれば、韓国の提案は、国連での外交的劣勢のゆえに国連軍司令部どころか、在韓米軍撤退までをも余儀なくされるかもしれないという危機感と焦りによる苦肉の策だったのである。

韓国側の提案に対し、スナイダー駐韓米国大使は、作戦統制権問題に敏感に反応した。当時米国務省では米韓連合軍司令部を創設する際に、作戦統制権をめぐる韓国軍と米軍との関係をどのように調整するかという課題に取り組んでいた。スナイダーは作戦統制権を引き続き米軍におく必要性を強調した。また、国連軍司令部が解体された場合、後方支援基地としての在日米軍基地の利用が妨げられるとの懸念も指摘した。[119] その上で、韓国の反応をベトナム戦争後の米国コミットメントの信頼性の低下によるものだと分析し、作戦統制権問題が国連総会への対策として扱われることを避けるように本省に提言したのである。

これに対し、キッシンジャー国務長官は、一方的な解体のような大転換は北朝鮮の外交的攻勢や国連での守勢のゆえに、米国と韓国が恐れに駆られ、慌てふためいている（panic）印象を与えかねないため、避けるべきであると応えた。[120] そして、韓国との交渉の際、インドシナの情勢と金日成の訪中といった一連の出来事を利用して、現状維持が必要であることを伝えた。つまり、中国と北朝鮮が自己抑制をすることで満足できる保障が得られない限り、米国としては国連軍司令部に対して以前よりもっと大きな変化を加えることは困難であるという立場を明示したのである。

四　日本の「米朝直接交渉」案と日米韓

米中協力体制が停滞し、朝鮮半島問題は妥協策が見出せない状況下、次第に「米韓」対「中朝」という対立構図が浮き彫りになった。そのなかで北朝鮮との直接交渉を米国に促したのは、中国だけではなかった。日本も状況を打開するために米朝直接交渉の必要性を提起したのである。北朝鮮は「一つの朝鮮」論をもとに南北の国連同時加盟を拒否し、米朝平和協定の締結を要求する外交攻勢を強めていたが、韓国側は南北不可侵条約の締結や南北国連同時加盟を打ち出すなど、事実上「二つの朝鮮」論のもとで分断体制の安定化を図る方針に踏み切っていた。日本も韓国の政策転換を受け、北朝鮮に「二つの朝鮮」を認めさせることが重要であるとの認識のもとで朝鮮半島政策を立案していた。三木政権が、日本の頭越しに米朝が関係を正常化することを恐れ、それに抵抗しようとしたとの評価もあるが、実際には、むしろ米朝直接交渉の重要性を強調していた。もしそれが実現された場合、日朝関係の進展も期待できるとみていたからである。米国の仲介によって一九七四年八月の文世光事件後の日韓摩擦をようやく収束できた日本にとって、米韓の牽制を克服し、北朝鮮に対する独自外交を展開することはできなかったのである。

日本外務省は、南北朝鮮の共存、すなわち分断体制の安定化のために次の二つの政策代案を構想していた[121]。第一に、金日成主席に「二つの朝鮮」を認めさせることである。韓国が「六・二三宣言」以降、事実上「二つの朝鮮」論に基づいて南北国連同時加盟を主張するなどして北朝鮮との共存を模索していたのに対し、北朝鮮は分断を固定化する恐れがあるとして韓国の提案を批判し、「一つの朝鮮」論にこだわり続けていた。日本は朝鮮半島の安定は、南北朝鮮の平和共存にかかっており、そのために「クロス承認」方式よりは、「南北朝鮮国連（同時）

加盟」方式が望ましいと見ていた。具体的には、米国が南北ベトナム加盟を支持するように働きかけ、同じ「分裂国家」の国連加盟を材料に金日成を説得しようとしたのである。当時、南北ベトナムの国連加盟申請は、米国が安保理で拒否権を行使するとの観測からほぼ絶望視されていた。そのなかで韓国は、南北ベトナムの国連加盟申請に刺激を受け、第三〇回国連総会を控えて加盟を申請したが、やはり中国とソ連が拒否権を行使することが予想されていた。もし、米国が方針転換を行って南北ベトナムの国連加盟を支持し、それが実現されれば、韓国の加盟申請も受け入れられる可能性が高くなったかもしれない。日本外務省はそれが国連加盟に反対していた金日成主席への圧力となり、北朝鮮の政策転換をもたらすと期待していたのである。

第二に、米朝直接交渉の推進である。これは国連司令部解体問題を含む国連対策の行き詰まりに対する打開策として提示したものである。日本は国連という場で南北の支持案が対立する前に、米朝直接交渉で解決を模索することを提案した。北朝鮮を封じ込めて孤立させるのではなく、共存を促そうとしたのである。また、このような対北政策の転換は、国内での反応や日本の北朝鮮への接近に対する韓国からの反発を穏健化させるとの期待も含まれていた。これは朝鮮半島において不必要な対立を避けるとともに、日朝関係の打開のためにも望ましいこととされた。米中接近以降、日中国交正常化を実現したように、米国が先に動いてくれれば、日本外交の選択肢も広がると考えられたのである。

興味深いことに、この二つの構想には韓国と北朝鮮の間でバランスを保っている日本の姿をみることができる。「二つの朝鮮」は北朝鮮が拒否していたし、米朝直接交渉は韓国が拒否していた案である。日本はこの二つを一つの構想のなかに組み入れて、行き詰った状況を打開しようとしたのである。

外務省の構想は、朝鮮半島に対する二つの立場を反映していた。まず、朝鮮半島の現状維持にとどまらず、もう一歩を踏み出して平和共存体制を確立し、定着させることが朝鮮半島の緊張緩和の第一歩であるとの考えである。もう一つは、最終的には北朝鮮との外交関係樹立を目標に北朝鮮との接触を図っていく必要があるがゆえに、北朝鮮との関係を友好、かつ安定的なものとするとの考えである。それゆえ外務省は与野党議員の訪朝を評価していた。外務省としては短期的には日朝間の対話のパイプとして活用し得ると判断するとともに、長期的には閉鎖的な北朝鮮を開放的にする効果もあるとみていたのである。

実際、訪米した三木首相は、一九七五年八月五日、南北ベトナムの国連加盟に賛成すると述べた。南ベトナムは共産化されたとしても北ベトナムとは別の主体であると主張し、南北ベトナム加盟を韓国の加盟と結びつけている米国の立場に異論を提起した(122)。それに対しキッシンジャーは、南北ベトナム加盟について日本には支持は求めないとしつつ、韓国に対する支持を求めた上で、韓国が加盟できれば、米国は南北ベトナムを支持できる(123)と答えた。また宮澤外相は、北朝鮮を孤立させることは最も避けるべきことであると述べた(124)。インドシナ情勢の朝鮮半島への波及に対応するための短期的な政策だけではなく、より長期的な観点からの政策を模索していることも明らかにしていた。前述したように、宮澤外相が、サイゴン陥落後の混乱が収まれば緊張緩和の流れに戻るので外交方針を変える必要がない(125)として国会答弁に臨んでいたことを想起すると、緊張が緩和されて安定したという判断の上で、「共存」外交を導入しようとしたのであろう。

一九七五年九月二二日のキッシンジャーの国連演説後、日本は、米朝間の直接接触のための要請を本格化した。同月二七日、宮澤外相はキッシンジャー国務長官との会談で、米国がまず北朝鮮と話合いの場を持ち、その進展具合をみて韓国をそのなかに加える方式のほうが朝鮮問題を解決する近道になると提案した(126)。そこには、キッシンジャーの提案に対する中国の反応が消極的であり、実現可能性が低いとの判断があった。一〇月末、訪中後に東京に立ち寄ったキッシンジャーと会談した宮澤外相は、取材に応じ「キッシンジャー訪中によっても、四者会談については残念ながらあまり進展はなかった。……国連での朝鮮問題討議がどのような結果に落ち着くにせよ、四者会議の実現はむずかしいという雰囲気だった」[127]と明かした。この日の会談のために外務省が準備した「宮澤・キッシンジャー会談発言要領」には関係国会議を実現するための第一ステップとして「米朝予備会談」の必要性を米国に打診する内容が含まれていた。[128]

その後、日本の構想は、国連大使によって米国側に伝えられた。[129]それは次の二つのステップで成り立っていた。第一ステップでは、米国が直接北朝鮮と非公式接触を行い、国連軍司令部の解体と停戦協定の維持を決定する。そして第二ステップとして、米朝韓三国が公式会合を開くことである。もう一つの案は、ワルトハイム（Kurt Waldheim）国連事務総長の仲介を通じて米朝間の立場を調整し、国連軍司令部の解体と、停戦協定の維持について新しい案を国連に提示することであった。[130]

これに対し、米国は二つの問題点を指摘した。第一に、提示された二つの案がそれぞれ米朝直接交渉と国連事務総長を介した米朝間接交渉を主張している点、第二に、国連軍司令部の解体と米朝協議のタイミングが曖昧である点である。もし米国が日本案を受容した場合、国連軍司令部の解体を停戦協定の維持と連携させた政策が曖昧となるだけでなく、最初の接触で韓国が除外されてしまうという問題が起こり、北朝鮮が朝鮮半島における唯一な合法政府と主張する根拠を提供してしまう恐れがあると指摘したのである。

ところが、このような日本のイニシアティブは、外務省内で大きな論争を巻き起こした。国連局と国連大使が宮澤外相の意図に沿って国連における日本政府の立場を表明していたからである。しかし、アメリカ局は同提案に米国が反対するに決まっているとして、その推進に否定的だった。それゆえ、この問題は政府内で三木首相と宮澤外相を支える国連局と、対米外交を担当するアメリカ局との間の政策論争に発展したのである。西山昭駐韓日本大使も政府のイニシアティブに激怒し、その問題点を建議していた(131)。

米国はこのような日本の働きかけを牽制しようとした。日本による問題提起が日韓関係悪化の火種になる恐れがあるだけではなく、米国の政策再検討を困難にすると懸念していた(132)。もちろん、国務省内部でも米朝交渉案は検討されていた。しかし、それは第三〇回国連総会で韓国支持案である西側の決議案が通った場合の案に過ぎなかった。まずは、中国との共同行動を通して票決を避ける方針が取られた。

一〇月の第一委員会での朝鮮半島問題に関する討議結果から、一二月の総会票決で韓国支持案が通る可能性は大きくないとみられた。これを受け、米国は一二月の総会票決まで中国との協調を通じた票決を延期する方針を取った。中国との共同行動が失敗した場合には、第二ステップとして米朝交渉を想定していた。しかし、ここには一つ条件を設定していた。それは韓国支持案である西側の決議案が総会で採択されることである。その場合、次のステップとして、韓国政府との協議の上で北朝鮮との両者交渉に入ることを一つの選択肢として設定していた(133)。この西側の決議案のなかには、第一に国連軍司令部の解体を準備する。第二に、米国と韓国は国連軍司令官の代わりに停戦協定の履行と執行を担う「後継司令部（successors in command）」の設定を準備する。第三に、われわれ〔米韓両国〕は、国連軍司令部を無力化し、中国と北朝鮮の同意と停戦協定の維持を前提条件として一九七六年一月一日に代案措置を取る。第四に、それらの目的を達成するために、米国と韓国は中国と北朝鮮の代表といつでも会談する用意がある、という内容が盛り込まれていた。

振り返ってみれば、米朝間の直接接触の問題は、一九七四年三月、北朝鮮がそれまでの南北間平和体制構築の政策を変え、米朝間平和体制協定締結を持ち出して以来、米国国務省内で議論され続けたものである。北朝鮮は、ルーマニア、エジプトなどの第三国を介して、また国連本部でも接触を要請していた。しかし、米国は北朝鮮の要求に応えなかった。一九七四年四月一五日、ハビブ駐韓米国大使は、国連軍司令部の解体以前の米朝接触は困難であるとの見解をワシントンに伝えた。国連軍司令部の解体に悪影響を与え、問題をより複雑にする恐れがあったからである。この時ハビブ大使は、対韓軍事援助が削減される可能性があるなかで、北朝鮮の米朝平和協定提案を受け入れて接触すれば、米国のコミットメントに対する韓国の誤解を招きかねないことに注意を払うように進言した(134)。北朝鮮との接触で米朝平和協定が結ばれれば、北朝鮮は次のステップとして在韓米軍の全面的な撤退を主張してくることは明らかであった。そこで、ハビブ大使は、北朝鮮との実際的な接触を避けることや、北朝鮮と平和協定を結ぼうとしている印象を与えないように進言したのである。

しかし、一九七五年一二月に行われた第三〇回国連総会での票決では、西側の決議案だけではなく、共産側の決議案も同時に採択される運びとなった。これであらかじめ米国が設定していた、北朝鮮との直接交渉の前提条件が崩れてしまったのである。それ以降、国務省の構想は実行に移されることはなかった。

ところが、この時期、韓国は国連加盟とクロス承認問題を別ものとして扱っていた。国連に加盟したとしても中国やソ連が韓国を承認するのかについては否定的であったからである。国連加盟は、北朝鮮の外交攻勢に対抗するとともに、北朝鮮が第二の朝鮮戦争を引き起こした場合、国際社会でそれが内戦として扱われるのを防ぐことを目的としていた。国連に加盟したとしても中国やソ連が韓国と国交を正常化する可能性は希薄だと考えられたからである。したがって韓国は、日本が米朝直接交渉に乗り出すように米国を促していることに対して批判的だった。たとえば、一九七五年一〇月、朴大統領は日本が「平和破壊勢力」に加担しないことを願うとの発言を行い、日本の動きを牽制した。また、国会では日本外交に対する韓国外務部の対応の仕方が追及されていた。一〇月二二日の外務委員会で与党である新民主共和党の朴浚圭政策委員長は、日本が米国と北朝鮮の接触を促していることを取り上げ、外務部の対応を厳しく批判した。(135) また、翌年には日本が韓国支持案を支持しない可能性があることまで議論され、アジアや非同盟国家に対する影響が懸念されたのである。(136)

日本の意欲的な提案の目的は南北朝鮮の共存、すなわち分断体制の安定化にあったが、それが韓国側に受け入れられることはなかった。なぜならば、日本の提案は北朝鮮の対米平和協定要求と重なり、かつ韓国の当事者原則を損なうものとして理解されたからである。日韓両国の立場は分断体制の安定化を図るという目的においては重なっていたものの、その具体的な方法論において容易に収斂しなかったのである。それにもかかわらず、南北朝鮮の共存を実際の政策に結びつけるための代案が模索されたことは、この時期の危機対応における重要な特徴であった。

おわりに

インドシナ半島の共産化を受けた金日成主席の訪中により、朝鮮半島における緊張が高まったが、それに対する日韓の対応は容易に収斂しなかった。サイゴン陥落の原因について両国は異なる認識を持って危機対応に臨んだ。韓国は中国の黙認下で北朝鮮単独による戦争開始に備えていたのに対し、日本はサイゴン陥落後の状況を一時的なものとして捉え、緊張緩和を促す既存の外交方針を転換しようとはしなかった。むしろ南北の誤算と韓国内部の混乱と動揺に対する対応を重視した。そのため、第八回日韓定期閣僚会議において日韓両国は「韓国条項」の再確認をめぐって対立し、結局共同声明に韓国の安全保障に関する言及は盛り込まなかった。日本は「韓国条項」を確認して韓国との安保関係を強化するよりは、長期的な観点で朝鮮半島の安定化に貢献する南北平和共存の道を開くことに政策の重きを置いたのである。

日本政府の政策は第一に、金日成主席に「二つの朝鮮」を認めさせることであった。日本は朝鮮半島の安定は南北朝鮮の平和共存にかかっており、そのためには「クロス承認」方式よりは、南北朝鮮国連加盟方式が望ましいとみていた。米国が南北ベトナムの国連加盟を支持するように働きかけ、加盟が実現すれば、それが南北朝鮮の国連加盟に反対している金日成主席へ圧力となり、北朝鮮の政策転換を促すだろうと期待していた。第二に、米朝直接交渉を進めることであった。キッシンジャー国務長官が提案した多国間協議が、米韓の「二つの朝鮮論」と中朝の「一つの朝鮮論」という対立構図のなかで中国の協力を得ることができず、進展しなかったからである。日本は米朝直接協議を先行させ、後に韓国がその会議に加わることが状況を打開する有効な道であると判断したのである。

日本のイニシアティブは米朝直接交渉を主張していた北朝鮮の立場と類似しており、南北不可侵条約の締結を優先していた韓国の政策とは異なるものであった。それゆえ当事者原則に立ち、北朝鮮の米朝交渉要請を受け入れなかった韓国と米国は、日本のイニシアティブを牽制した。

こうして六〇年代末以降、「韓国条項」を基に論じられてきた日韓の安保協力は七〇年代初頭の冷戦変容期を経てサイゴン陥落後の危機対応の過程で、質的な変化を遂げるようになった。それまで日本が韓国の立場を支えることで達成されてきていた安保協力とは異なる領域、すなわち朝鮮半島の平和共存をめぐる両国協力のあり方が問われるようになったのである。それがより細心な利害調整を必要とする至難な作業であったことは言うまでもない。

（1） ヴィクター・D・チャ（倉田秀也訳）『米日韓　反目を超えた提携』（有斐閣、二〇〇三年）一五六〜一六五頁。

（2） Tae-Ryong Yoon, *Fragile Cooperation: Net Theory and Japan-Korea-U.S. Relations,* Ph. D. diss., Columbia University, 2006.

（3） チャとYoon、そして禹承芝は、それぞれの研究において第八回日韓定期閣僚会議の共同声明に触れていない。他の時期の日韓関係を説明する際に、日韓定期閣僚会議の共同声明を取り上げて日韓の協力と摩擦とを分析していることとは極めて対照的である。チャ『米日韓　反目を超えた提携』、Yoon, *Fragile Cooperation,* 禹承芝「冷戦期韓国―日本協力のパズル：不介入仮説対介入―連合政治仮説」『韓国政治学会会報』第三七集、三号、二〇〇三年。

（4） Memorandum from the Assistant Secretary of State for East Asian and Pacific Affairs（Habib）, the Deputy Assistant Secretary of State for East Asian and Pacific Affairs（Gleysteen）, the Director of the Policy Planning Staff（Lord）, and Richard H. Solomon of the National Security Council Staff to Secetary of State Kissinger, Subject: Your Tour d'Horizon with Huang Chen on Friday May 9, 1975, at 5:00 p.m., Washington, May 8 1975, *Foreign Relations of the United States*, 1969-1976, vol.18, China 1973-1976,（以下 *FRUS,* China 1973-1976）, vol.18, no.108.

（5） Memorandum of Conversation, Tour d'Horizon with Huang Chen, Washinton, May 9 1975, *FRUS,* China 1973-1976, no.109.

（6） 前掲注（4）。

（7） Memorandum from Habib, Gleysteen, Lord, Solemon to Kissinger, Subject: U.S.-PRC Relations and Approaches to the President's Peking Trip:Task for the Rest of 1975, Washington, July 3, 1975, *FRUS,* China 1973-1976, vol.18, no.112.

（8） Memorandum from Habib, Gleysteen, Lord, Solemon to Kissinger, July 3, 1975, National Security Adviser, NSC Staff for East Asia and Pacific Affairs, Covenience Files, Solomon Subject Files, Box 39, PRCLO（3）, May-July 1975, Gerald R. Ford Presidential Library.

（9） Memorandum of Conversation, June 19, 1973, Herny Kissiger Office files, Country files Far-East, Box 95, Richard M. Nixon Presidential Library.

（10） Memorandum of Conversation, September 26, 1973, Herny Kissinger Office files, Country files Far-East, Box 95, Richard M. Nixon Presidential Library.

（11） Building International Order, address by Secretary Kissinger before the 30th Regular Session of the U.N. General Assembly, September 23, 1975, *The Department of State Bulletin,* Volume LXX III, No.1894, October 13, 1975, pp.549-550.

(12) 外務省調査部企画局『第二〇回日米政策企画協議の記録』一九七五年三月二六日、二七日(外務省開示文書、請求番号2006-1048)一一～一二頁。

(13) Secretary Kissinger Interviewed for CBS "Moring News", September 23, 1975, *The Department of State Bulletin*, Volume LXXIII, no.1894, October 13, 1975, p.556.

(14) Memorandum of Conversation, September 28, 1975, *FRUS*, China 1973-1976, no.119.

(15) Memorandum of Conversation, Subject: The President's Visit Communique; Bilateral Relations; Indochina MIA; Korea; South Asia, Beijing, October 22, 1975, *FRUS*, China 1973-1976, no.125.

(16) Sino-Korean Relations, National Security Advisor, NSC East Asian and Pacific Affairs Staff: File, (1969) 1973-1976, People's Republic of China-Korea (2), Box 9, Gerald R. Ford Presidential Library.

(17) Report, Embassy of Hungary in North Korea to the Hungarian Foreign Ministry, July 30, 1975, XIX-J-1-j Korea, 1975, 83. Doboz, 81-10, 002835/8/1975 (Collection: North Korea in the Cold War, CWIHP Virtual Archive 〈http://www.wilsoncenter.org〉).

(18) Sino-Korean Relations, National Security advisor, NSC East Asian and Pacific Affairs Staff: File, (1969) 1973-1976, People's Republic of China-Korea (2), Box9, Gerald R. Ford Presidential Library.

(19) 中朝共同声明、韓国外務部情報文化局「金日成の中共訪問」、韓国外務部『金日成北韓主席中国訪問、一九七五・四・一八―二六、全三巻(V.2訪問結果大統領報告)』(分類番号725.31CP、登録番号8267)。

(20) Report from the GDR Embassy in the DPRK, Note concerning a Conversation between Ambassador Comrade Everhartz with the Head of Department II in the DPRK Foreign Ministry, Comrade Choe Sang-muk [Choe Sang Muk], on 7 May 1975 about the Visit by Comrade Kim Il Sung to the PR China, May 12 1975, East German Documents on Kim Il Sung's Trip to Beijing in April 1975, Document no.3, North Korea International Documentation Project.

(21) 金日成は中国訪問に続いて、ルーマニア(五月二二～二六日)、アルジェリア(五月二六日～六月二日)、ブルガリア(六月二～五日)、ユーゴスラビア(六月五～九日)を訪問した。Report, Embassy of Hungary in North Korea to the Hungarian Foreign Ministry, July 30, 1975, XIX-J-1-j Korea, 1975, 83. Doboz, 81-10, 002835/8/1975 (Collection: North Korea in the Cold War, CWIHP Virtual Archive 〈http://www.wilsoncenter.org〉).

（22） Letter from GDR Ambassador to Bulgarian Member of the Politburo and Secretary of SED Center Committee, June 18, 1975, PolAAA, MfAA, c294/78, Collection: North Korea in the Cold War, CWIHP Virtual Archive.
（23） Ibid.
（24） 高一『北朝鮮外交と東北アジア一九七〇―一九七三』（信山社、二〇一〇年）。
（25） Telegram from the Embassy in Seoul to the Department of State, Seoul 2689, April 18, 1975, Central Foreign Policy Files, RG59, Access to Archival Databases（以下 AAD）〈http://aad.archives.gov〉.
（26）「金日成中共訪問（報告-1）」、韓国外務部『金日成北韓主席中国訪問、一九七五・四・一八―二六、全三巻（V．2 訪問結果大統領報告）』（分類番号 725.31CP、登録番号 8267）九頁。
（27） 日本外務省『わが外交の近況、上巻』一九七六年版、第二〇号、六二～六三頁。
（28） Memorandum of Conversation, August 26, 1975, Box 9, Presidential Country Files for East Asia and the Pacific, Gerald R. Ford Presidential Library.
（29）「核使用は最終手段（徐・シュレジンジャー共同記者会見）」『朝鮮日報』一九七五年八月二八日。
（30） 朴正熙「国家安保と時局に関する特別談話（一九七五年四月二九日）」『朴正熙大統領演説文集第一二集』大統領秘書室、一九七五年一二月、一一四～一二四頁。
（31） 朴正熙「国家安全と公共秩序の守護のための大統領緊急措置（一九七五年五月一三日）」『朴正熙大統領演説文集第一二集』大統領秘書室、一九七五年一二月、一二七～一二九頁。
（32） 金正濂『アァ、朴正熙』（ソウル：中央M&B、一九九七年）三一一頁。
（33） 韓国外務部情報文化局「金日成中共訪問（一九七五・四・一八～四・二六）」『金日成北韓主席中国訪問』一二二頁。
（34） 同右、一二三頁。
（35） 同右、一二六～一二八頁。
（36） Telegram from the Embassy in Seoul to the Department of State, ROK Views of US Security Commitment, Seoul 2685, April 18, 1975, Presidential Country Files for East Asia and the Pacific, Box11, Gerald R. Ford Presidential Library.
（37） President Ford Review U.S. Relations with the Rest of the World-address before a Joint Session of the Congress, Bulletin, vol. LXX II,

No. 1870, April 28, 1975, pp.533-534.

（38） Memorandum for The President, Lesson of Vietnam, from Secretary Kissinger, May 12, 1975, Folder "Vietnam（23）", National Security Adviser, Presidential Country Files for East Asia and the Pacific, Gerald R. Ford Presidential Library.

（39） Secretary Kissinger Interviewed for U.S. News and World Report, *The Department of State Bulletin*, vol. LXX III, No. 1880, July 7, 1975, p.21.

（40） 「共同声明に対する各国の反応」『金日成北韓主席中国訪問』七六頁。

（41） 「米国務省分析」『金日成北韓主席中国訪問』五三～六一頁。

（42） Memorandum for Secretary Kissinger, from Habib, Subject: Kim Il-sung's visit to Peking, April 30, 1975, Policy planning staff, Director's Files, 1969-77（Winston Lord files）, Box 360, National Archives II.

（43） Telegram from Embassy of Seoul to SecState, Review of US Policies toward Korea, Seoul 2807, April 22, 1975, Presidential Country Files for East Asia and the Pacific, Box 11, Gerald R. Ford Presidential Library.

（44） Memorandum for Secretary Kissinger, from W. R. Smyser, Subject: Policy Review on Asia, May 7, 1975, NSSM226-Review of U.S. Policy toward the Korean Peninsula, Box 36, IFS, Gerald R. Ford Presidential Library.

（45） Briefing Memorandum, from Philip C. Habib and Winston Lord to The Secretary, Attached Document: Post-Vietnam Asia Policy, May 6, 1975, *Japan and The United States*, no.1933.

（46） Memorandum of Conversation, Study of US Policy in the Pacific, April 24, 1975, *Japan and The United States*, no.1933.

（47） Memorandum for Secretary Kissinger, Policy Review on Asia, from W.R. Smyser, May 7, 1975; Memorandum for President from Henry A. Kissinger, Subject; National Security Study Memorandum on Korea and Thailand, Box 36, IFS, Gerald R. Ford Presidential Library.

（48） NSSM-226: Review of US Policy toward the Korean Peninsula, May 27, 1975〈http://www.fordlibrarymuseum.gov/library/document/nsdmnssm/ nssm226a.htm〉.

（49） Memorandum for The Chairman, NSC Interdepartmental Group for East Asia, Department of State, Jeahne W. Davis, Subject: Review of U.S. Security Policy toward the Korean Peninsula:NSSM-226, Box 36, IFS, Gerald R. Ford Presidential Library.

（50） 安全保障問題における「脅威」と「リスク」の概念的定義については、Celeste A. Wallander and Robert O. Keohane, "Risk,

Threat, and Security Institutions", 1999, p. 26.

（51） Telegram from the Embassy in Seoul to the Department of State, Meeting with Park: Kim Il-sung visit to Peking, Seoul 3091, May 1, 1975, National Security Advisor, NSC East Asian and Pacific Affairs Staff: File,（1969）1973-1976, People's Republic of China-Korea（2）, Box 9, Gerald R. Ford Library.

（52）『第七五回国会衆議院本会議議事録二一号』一九七五年五月二一日。このような国会とマスコミの騒ぎに対し、国際政治学者である神谷不二は、韓国に対する米国のコミットメントの違いをあげ、戦争は起こらないとの論点を提供していた。神谷不二「朝鮮半島の現状」『国際時評』一九七五年八月号。

（53）日本外務省『わが外交の近況、上巻』一九七六年版、第二〇号、一七頁。

（54）宮城大蔵は、戦後アジアにおける革命や独立といった理念に活気付けられた時代が過ぎ去ったことを意味していたと評価した。宮城大蔵「戦後アジア国際政治史」、日本国際政治学会編『日本の国際政治学―歴史の中の国際政治』（有斐閣、二〇〇九年）一六五～一六九頁。

（55）「衆議院外務委員会議事録、第一七号」一九七五年五月二三日。

（56）「アジア情勢どうみるか」『日本経済新聞』一九七五年五月一二日。

（57）田中明彦『安全保障―戦後五〇年の模索』（読売新聞社、一九九七年）二五三～二六四頁。

（58）防衛を考える会事務局編『わが国の防衛を考える』（朝雲新聞社、一九七五年）。

（59）同右、二一頁。

（60）同右、二一～二二頁。

（61） Memorandum of Conversation, SecDef Meeting with Japanese Prime Minister, August 29, 1975, Presidential Country Files for East Asia and the Pacific, Box 7, Gerald R. Ford Presidential Library.

（62）『朝日新聞』一九七五年六月六日。

（63）アメリカ局安全保障課「日米防衛協力について（坂田・シュレシンジャー会談）」一九七五年八月二九日（外務省開示文書、請求番号2006-113）、四頁。

（64）「欧州721-306、送信：外務長官、受信：駐仏大使、フランス政府当局に対する協調要請事項」、韓国外務部『韓・中国（旧

中共）関係改善、一九七三』（分類番号 722.2CP、登録番号 5807）二六～二九頁。

（65）「FRW-955、送信：駐仏大使、受信：外務長官、仏亜州局長との面談（一九七三・一〇・三〇）」、同右文書綴、三一～三三頁。

（66）「金鍾泌国務総理―宮澤喜一外相会談録（一九七五・五・九）」、韓国外務部『金鍾泌国務総理日本訪問、一九七五・五・八―九』（分類番号 724.21JA、登録番号 8045）六〇～六一頁。

（67）Telegram from the Embassy in Tokyo to the Embassy in Seoul and the Department of State, ROK-JAPAN Relations after Kim Chong-pil's Visit, Tokyo 6443, May 15, 1975, National Security Adviser, NSC East Asian and Pacific Affairs Staff: Files, (1969) 1973-1976, Peoples Republic of China-Korea (2), Box 9, Gerald R. Ford Library.

（68）「韓日外相会談会議録（一九七五・七・二三）」、韓国外務部『宮澤喜一日本外相訪韓、一九七五・七・二三―二四』（分類番号 724.32JA、登録番号 8127）八四～八九頁。

（69）韓国外務部亜州局「韓・日外相会談討議事項（案）（一九七五・七・二三）」、同右文書綴、三九、一四九～一五〇頁。

（70）「大統領閣下の宮澤日本外相接見記録」、同右文書綴、一〇九～一一〇頁。

（71）「金鍾泌国務総理―宮澤喜一外相会談録（一九七五・五・九）」、同右文書綴、五七頁。

（72）「韓日外相会談会議録」、同右文書綴、九二―九三頁。

（73）「大統領閣下の宮澤日本外相接見記録」、韓国外務部『宮澤喜一日本外相訪韓、一九七五・七・二三―二四』（分類番号 724.32JA、登録番号 8127）一一四～一一六頁。

（74）チャ『米日韓　反目を超えた提携』一六三頁。木村光彦・安部桂司『戦後日朝関係の研究―対日工作と物資調達』（知泉書館、二〇〇八年）一〇五頁。

（75）『朝日新聞』一九七五年一月六日。

（76）村上貞雄「私が見た北朝鮮の内幕―『支払い遅延』の発生」『中央公論』一九九六年七月号、一〇二～一一三頁。

（77）「韓日外相会談会議録（一九七五・七・二三）」、韓国外務部『宮澤喜一日本外相訪韓、一九七五・七・二三―二四』（分類番号 724.32JA、登録番号 8127）九五～九六頁。

（78）『読売新聞』一九七五年七月二三日。

（79）『読売新聞』一九七五年七月八日。

（80） Telegram from Kissinger to Embassy Tokyo, Japanese Ambassador is Call on Secretary, July 8, 1975, Box 8, Presidential Country Files for East Asia and the Pacific, National Security Adviser, Gerald R. Ford Library.

（81） 同覚書で、日米両国は、事前協議の「例外的措置の取れる緊急事態」、すなわち北朝鮮が停戦協定に違反して再度韓国に対する攻撃を敢行する場合、国連軍司令部の指揮下に置かれている在日米軍基地からの自由行動を保障していた。Kenneth Rush, Memorandum for the Assistant to the President for National Security Affairs, Attached File Korea Minute in Subject: Use of U.S. Base in Japan in the Event of Aggression in Korea, April 27, 1974. Box 53 IFD（Institutional Files-NSDMs）, Gerald R. Ford Library.

（82） Memorandum for Secretary Kissinger from W. R. Smyser: Use of U.S.Bases in Japan in the Event of Aggression in Korea, June 7, 1974. Box 53 IFD（Institutional Files-NSDMs）, Gerald R. Ford Presidential Library.

（83） National Security Decision Memorandum 262: Use of U.S.Bases in Japan in the Event of Aggression against South Korea, July 29, 1974 〈http://www.nixonlibrary.gov/ virtuallibrary/ documents/nsdm/nsdm_262.pdf〉.

（84） Telegram from the Embassy in Seoul to the Department of State, Draft letter to UNSC on UNC, Seoul 4189, June 12, 1975, Access to Archival Databases（以下 AAD）〈http://aad.archives.gov〉.

（85） Memorandum for General Scowcroft, from Jay Taylor: Schlesinger's Visit to Tokyo, Box 7, Presidential Country Files for East Asia and the Pacific, Gerald R. Ford Presidetial Library.

（86） Memorandum for President from Henry A. Kissinger, Meeting with Japanese Prime Minister Takeo Miki, undated, Box 7, Presidential Country Files for East Asia and the Pacific, Gerald R. Ford Presidential Library.

（87） 外務省「三木総理・フォード大統領会談発言要領」一九七五年七月二〇日、六頁。

（88）「JAW-07743、送信：駐日大使、受信：外務長官、山崎敏夫アメリカ局長との面談（一九七五・七・二六）」、韓国外務部『三木武夫日本首相米国訪問、一九七五・八・五―六』（分類番号 722.12JA/US、登録番号 7943）二六〜二九頁。

（89） 日本外務省アメリカ局「日米首脳会談（一九七五・八・一九）」（外務省開示文書、請求番号 2006-1047）。

（90） Memorandum of Conversation, President's Second Meeting with Prime Minister Miki, August 6, 1975, *Japan and the United States: Diplomatic, Security and Economic Relations, Part III, 1961-2000* (Ann Arbor: Bell&Howell Information and Learning, 2010), no.179.

（91） その一方で、三木首相は、マスコミの報道とは違って、宇都宮議員を特使として北朝鮮に派遣していないと明言している。

Ibid.

（92）「フォード・三木共同声明に関する二次報告（一九七五・八・八）」、韓国外務部『三木武夫日本首相米国訪問、一九七五・八・五―六』（分類番号722.12JA/US、登録番号7943）一七〇～一七五頁。

（93）Telegram from the Embassy in Tokyo to the Department of State, Start of "Miki Diplomacy", Tokyo 10728, August 4, 1975, AAD.

（94）「米日両国間の七五・八・六共同声明に対する韓国政府発表案建議」、前掲注（92）文書綴、一一一頁。

（95）駐日韓国大使館「JAW-8196、送信：駐日大使、受信：外務長官、中江要介アジア局長代理との面談（一九七五・八・八）」、同右文書綴、一二九～一三一頁。

（96）駐日韓国大使館「JAW-8500、送信：駐日大使、受信：外務長官、山崎アメリカ局長との面談（一九七五・八・一八）」、同右文書綴、一九六～一九九頁。

（97）「WJA-07195、送信：駐日大使、受信：外務長官、第八回日韓定期閣僚会議コミュニケ韓国案に対する日本側のコメント（メモ）」、韓国外務部『韓・日本定期閣僚会議、第八次、ソウル、一九七五・九・一四―一五（V. 3会議結果）』三三～三五頁。

（98）「JAW-09334、送信：駐日大使、受信：外務長官、外務省アジア局長との面談（一九七五・九・一二）」、韓国外務部、同右文書綴、五一頁。

（99）「JAW-09420、送信：駐日大使、受信：外務長官、外務省アジア局長との面談（一九七五・九・一三）」、韓国外務部、同右文書綴、五六～五七頁。

（100）『韓国日報』一九七五年九月一六日。

（101）李東俊「米中和解と朝鮮問題、一九七一―七六年」『アジア研究』vol.55, no.4, October 2009, pp.1-19.

（102）Memorandum of Conversation, Secretary's Dinner for the Vice Foreign Minster of the People's Republic of China, November 12, 1973, *FRUS,* 1969-1976, vol. 18, China 1973-1976, vol. 18, no.57.

（103）National Security Decision Memorandum 251: Termination of the U.N. Command in Korea, March 29,1974〈http://www.nixonlibrary.gov/virtuallibrary/documents/nsdm/nsdm_251.pdf〉.

（104）Memorandum from Richard H. Solomon of the National Security Council Staff to Secretary of State Kissinger, The PRC and Termination of the U.N. Command in Korea, April 12, 1974, *FRUS,* 1969-1976, vol. 18, China 1973-1976, no.77.

(105) Memorandum from the President's Assistant for National Security Affairs (Kissinger) to President Nixon, March 2, 1973, *FRUS*, 1969-1976, vol. 18, China 1973-1976, no.18.

(106)「朝鮮における軍事休戦に関する一方国際連合軍司令部総司令官と他方朝鮮人民軍最高司令官及び中国人民志願軍司令との間の協定(一九五三年七月二七日)」、神谷不二編『朝鮮問題戦後資料、第一巻』(日本国際問題研究所、一九七六年)五〇八～五二二頁。

(107) Memorandum of Conversation, Presentation to PRCLO Official of the U.S. Position on Termination of the United Nations Command, June 13, 1974, Herny Kissinger Office Files, Country Files Far-East, Box 96, Richard M. Nixon Presidential Library.

(108) China's Response (July 31, 1974), Telegram Kissinger to Habib and Scali, PRC Reponse to Proposal on UNC, State 169715, August 3, 1974, Herny Kissinger Office Files, Country Files Far-East, Box 96, Richard M. Nixon Presidential Library.

(109)『労働新聞』一九七四年六月二八日。

(110) Memorandum of Conversation, Secretary's Dinner for the Vice Foreign Minsterof the People's Republic of China, October 2, 1974, *FRUS*, 1969-1976, vol. 18, China 1973-1976, no.87.

(111) Ibid.

(112) 外務省編『わが外交の近況』一九七五年下巻、資料編、第一九号、一三四頁。

(113) Telegram from the Department of State to Embassy in Seoul, Tokyo, CINCPAC, CINCUNC, USUN N Y, State 97867, April 27, 1975, AAD.

(114) ソウル新聞社編『駐韓米軍三〇年』(ソウル：杏林出版社、一九七九年)三七七～三七八頁。

(115) Telegram from the Embassy of USUN NY to the Department of State, the Embassy in Seoul and Tokyo, USUN 533, February 20, 1975, AAD.

(116) Telegram from Kissinger to the Embassy in Seoul and United Nations Command, State 100206, April 30, 1975, AAD.

(117) 欧米局北米二課「韓国安保外交の方向―中長期計画書(一九七二・一二・一三)」、韓国外務部『韓国の安保外交政策、一九七二』(分類番号 729.12、登録番号 5129)一四頁。

(118) 欧米局北米二課「韓国安保外交の方向―中長期計画書(一九七二・一二・一三)」三〇頁。

(119) Telegram from Embassy Seoul to Kissinger, Restructuring of UNC, Seoul 3159, May 3, 1975, AAD.

(120) Telegram from Ingersoll to Embassy in Seoul, Tokyo, USUN NY, CINCUNC, CINCPAC, Restructuring of UNC, State 122429, May 27, 1975, AAD.

(121) 外務省欧亜局『三木総理・フォード大統領会談発言要領（政治、文化・科学記述部分）』昭和五〇年七月二五日（外務省開示文書、請求番号 2006-135）。

(122) Memorandum of Conversation, Secretary's Luncheon for Prime Minster Miki, August 5, 1975, Prime Minster Miki of Japan, August 6-7, 1975（5）, NSC EAST ASIAN AND PACIFIC AFFAIRS STAFF: Files,（1969）1973-1976, Box 22, Gerald R. Ford Library.

(123) Memorandum of Conversation, President's First Meeting with Prime Minster Miki, August 5, 1975, *Japan and the United States: Diplomatic, Security and Economic Relations III, 1961-2000*（Ann Arbor: Bell&Howell Information and Learning, 2011）, no.178.

(124) Telegram from Embassy Tokyo to the Department of State, Tokyo 10728, Subject: Start of "Miki diplomacy", August 4, 1975, AAD.

(125)『衆議院外務委員会議事録』第一七号』一九七五年五月二三日。

(126)『朝日新聞』一九七五年九月二七日（夕）、二八日。

(127)『朝日新聞』一九七五年一〇月二四日。

(128) 北東アジア課「宮澤キッシンジャー会談発言要領（一九七五・一〇・一八）」、日本外務省『国連第三〇回総会／朝鮮問題』（管理番号 2012–2525）。

(129) Telegram from US mission USUN to the Department of State, USUN N5752, Japanese Proposal on Korean Issue, November 7, 1975, Policy Planning Staff, Director's Files, 1969-77（Winston Lord files）, Box 360, National Archives II.

(130) Memorandum for Kissinger from Habib and Buffum, Contacts with North Korea and the Korean Question in the UNGA, November 8, 1975, Policy Planning Staff, Director's Files, 1969-77（Winston Lord files）, Box 360, National Archives II.

(131) Telegram from Embassy in Seoul to the Department of State, Seoul 9013, Japanese Polcouns on ROK/ JAPANESE Relations, AAD.

(132) Memorandum, The Secretary's 8:00 A.M. Staff Meeting, November 13, 1975, *Japan and the United States*, no.1969.

(133) Ibid.

(134) Telegram from the Embassy in Seoul to Kissinger and US mission USUN New York, DPRK Observer Mission Request for Meeting with

Ambsassasor Scali, Seoul 2187, April 15, 1974, AAD.

(135) 『第九四回国会外務委員会議事録、第四号』大韓民国国会事務処、一九七五年一〇月二二日、六〜八頁。

(136) Telegram from the Embassy in Seoul to the Department of State, Korea in 30th UNGA, Seoul 8914, November 18, 1975, AAD.

終　章　冷戦期日韓安全保障関係の形成と展開

本書では日韓両国の安全保障関係を脅威認識のギャップ、政策的対立、それらの調整過程を通じて形成されたものとして設定した。安保懸案に対する両国の相互作用のなかで、政策調整を行い、協力可能な領域を見出していったことに焦点を当てた。日韓の安全保障関係は、一九六〇年代末、「分断体制の逆説」を背景に北朝鮮の「間接侵略」に対する対応を模索することから始まった。両国は新たな脅威を特定した上で、協力の接点を模索し、協力可能な領域を見出した。安保議論のなかで安保協力のあらゆる可能性が検討され、後に「安保経済協力」と呼ばれる協力形態が現れるようになったのである。そして七〇年代初頭の東アジア秩序変容に直面した日本と韓国は、相反する政治外交的上の立場、すなわち安全保障上の要請と緊張緩和の要請との間で利害対立を調整しながら、安保経済協力を深化させていった。この二つの利害対立は七五年のサイゴン陥落がもたらす「安保危機」への対応のなかで顕著に現れた。そして朝鮮半島における新たな地域秩序を模索する過程で、六〇年代末に形成された日韓安全保障関係は質的な変化を遂げるようになった。

一　分断体制下の「安保危機」と日韓関係

一九六〇年代に朝鮮半島における分断体制が定着したことによって全面的な武力衝突が抑制されたことは、朝鮮半島における安保危機の形態や、危機対応のあり方に影響を与えた。一九六八年の「安保危機」は、全面戦争ではないが、襲撃や後方浸透などの武力による「間接侵略」という新たな脅威によるものであった。韓国は米国との間で相互防衛条約の適用対象を「間接侵略」にまで拡大した上で、ゲリラ掃討作戦に当たる警察の装備強化の協力を日本に求めた。全面戦争の可能性は低く、仮に通常戦争が起きたとしても米国との相互防衛条約によって充分対応できるとし、武装ゲリラによる北朝鮮の挑発は警察装備の強化を通して対応するとの方針を伝え、日本に特別支援を要請したのである。

これに対し、日本の佐藤首相と外務省は、韓国が求める警備艇を、「武器輸出三原則」が禁じている軍隊用火器ではないとし、協力する方針を固めた。その決定の背景には、韓国が通常戦争を想定しておらず、国内の安全を確保するためにゲリラ活動に対処するという目的をもって協力を要請しているとの認識があった。

このように両国は北朝鮮の「間接侵略」に対抗するために、ゲリラ掃討作戦に当たる韓国の警察装備の増強に協力する方針を固めた。日韓が協議を通じて脅威を特定し、協力可能な領域を見出していたことは特筆すべきである。

最終的には韓国の国内経済問題や対日不信により、その協力は実現には至らなかったが、日本外務省が評価したように、この過程を通じて日韓の間には「地域的連帯感」が生まれた。日韓間で安全保障においても脅威を特定し協力可能な領域を見出す発想が形成されたのである。それを土台に、両国の間で経済協力の重要性が強調され、「安保経済協力」につながるようになった。

二　東アジアの秩序変動と日韓関係

一九六九年、日米の間で沖縄返還交渉が本格的に始まると、韓国は直接的な当事者ではなかったものの、沖縄の基地機能を維持するよう日米両国に強く要請した。沖縄返還が韓国だけでなく、アジア自由主義諸国全体の安全に大きな影響を与えると懸念していたからである。これに対して日本は、冷戦秩序に変化が現れ始めたとみなし、沖縄基地の役割は低下したと判断していた。そして基地機能の維持を求める韓国の介入が日本の交渉力を低下させ、日米交渉が複雑化することを警戒していた。そのため、韓国の要請を「核抜き」、「本土並み」返還を妨げる内政干渉として捉え、退けた。それだけでなく、一九六〇年の安保改定の際に、事前協議の例外事項として日米間で秘密裏に取り交わした「朝鮮議事録」（一九六〇年）を、新たに出す日米共同声明ないし総理の「一方的な声明」に置き換えようとした。つまり、日本政府は朝鮮半島有事に関する例外部分をなくし、真の事前協議制を確立しようとしたのである。

しかし、日本の事前協議代替案は、米国の反対にぶつかり、後退を余儀なくされた。米国は最小限韓国有事に対する米軍基地の自由使用を確保しようとしたからである。日本の代替案通りになれば、日本が拒否権を持ってしまうと懸念していたのである。結局米国の反対のために「朝鮮議事録」は維持される結果になった。日米共同声明では「韓国の安全は日本自身の安全にとって緊要」という、いわゆる「韓国条項」が謳われた。そして佐藤首相はナショナル・プレス・クラブでの演説で「事前協議に対して前向きに、かつ速やかに態度を決定する」と述べたが、それらは秘密取り決めに取って代わるものではなかった。

一方、韓国の協議要請が日本の否定的な反応を引き起こすと懸念した米国は、韓国に対して強硬な態度を止め、不満を自制するように促した。このように東アジアにおける安全保障の公共財を作ろうとする米国の政策調整により、沖縄の基地機能をめぐる日韓の対立は「韓国条項」に収斂した。これまでの研究では「韓国条項」を安全保障協力の産物として捉えてきたが、本書で明らかにしたように、それはむしろ安全保障上の要請と緊張緩和の要請という相反する政治外交上の立場の利害を調整するなかで生まれた妥協の産物だったのである。

その後一九七〇年から七一年にかけて、米国の在韓米軍削減は、日韓の安全保障協力のあり方が「安保経済協力」として定着する契機となった。韓国は米国と韓国軍の近代化問題を議論する一方で、日本側に二つの協力を要請した。第一に、輸出産業育成のための借款供与である。在韓米軍削減に起因する韓国の軍事費増加が経済発展への制約要因になることを避けるためであった。第二に、「四つのプロジェクト」と呼ばれる防衛産業育成事業への協力である。韓国は直接的な軍事援助ができない日本に対して、軍事援助をするつもりで「四つのプロジェクト」に協力することを求めたのである。

これに対し、日本政府内には、在韓米軍削減との関連性のために防衛産業育成に協力することへの抵抗が存在していた。韓国は同事業に対する協力を要請した当初から自国の安全保障との関連性を強く主張していたが、日本は米軍の肩代わりをさせられる可能性を懸念していたのである。ところで、日本が消極的な反応をみせた理由は別にもあった。それは、在韓米軍が全面撤退するのではなく、陸軍が一部削減されるだけであったため、対北抑止力にそれほど影響はないとみていたことである。それゆえ、純軍事的な影響よりは、むしろ心理的な側面、すなわち韓国が持つ安保懸念に配慮して措置を取る必要に注目していた。

両国の間で「四つのプロジェクト」をめぐる協議は進展をみせていた。七〇年七月、第四回日韓定期閣僚会議で協力に関する合意がなされ、その一年後の七一年八月に開かれた第五回日韓定期閣僚会議では資金供与の合意に至った。そして七三年一月二五日には、日本輸出入銀行から実際に資金供与が開始され、「四つのプロジェクト」は重化学産業育成の一部として実行された。これまでの研究では、日本の消極的な態度のために七一年一一月に同事業は頓挫したと分析されてきた。しかし、実際には「四つのプロジェクト」に日本との協議のなかで必要性が共有された伸銅工場を加えた「五大重工業事業」が実行に移されたのである。ここにおいて、日韓の安保経済協力が両国の安全保障協力を支える重要論理になっていたことを確認できる。それは、日本が軍事協力をできないことから兵器生産を前提にした重工業工場建設への協力を要請した韓国と、在韓米軍削減がもたらす韓国への影響を懸念して協力に応じた日本が見出した接点であった。

ところで、同時期は、米国がベトナム戦争終結に向け、東アジア冷戦の焦点であった米中対決の解消に着手した時期でもある。日本と韓国にとっては、東アジア地域秩序の変動にどのように対応していくかが問われていた。まず、日本は中国や北朝鮮との緊張緩和外交を展開するために外交のフリーハンドを確保しようとした。緊張緩和の要請から「韓国条項」の修正を試みたのである。しかし本書で明らかにしたように、「韓国条項」を修正しようとした政界の動きは、自主外交という政治的衝動、すなわち対中外交において米国に遅れを取ったことからくる「焦り」の表れだった。安全保障上の側面から非対称的な日米同盟への悪影響を恐れ、具体的な政策転換までは実現されなかった。結局日本の試みは、日本国内向けの政治的レトリックにとどまってしまった側面が強い。

事実、日米の間では米国が在日米軍基地の自由使用を要求し、日本が在韓米軍の継続駐留を要請する形で、「韓国条項」の重要性が確認されていた。佐藤首相は「韓国条項」に対する政策転換を否定し、また福田赳夫外相は、「台湾条項」は問題であるが、「韓国条項」は国会で議論されたこともなく、変化がないと明言した。安全保障上の考慮から「韓国条項」の差別化が図られた。さらに七二年八月の日米首脳会談で、ニクソン大統領が「日本の基地使用が制限されれば、在韓米軍撤退は仕方がない」としたのに対し、田中角栄首相は「日米安保条約下で制限なく使用できる」と応じたのである。そして、日中国交正常化後、日本は政府統一見解（七二年一一月八日）を通して「台湾条項」が事実上消滅したことを確認したが、そこに「韓国条項」に対する言及はなかった。また日本の外務当局者の間では対韓国政策は、どちらか一方を選択しなければならなかった対中政策とは異なるという認識が共有されていたことも注目に値する。

他方、韓国は「韓国条項」の軍事的な意味を重視しながらも、柔軟な態度を取って日本との政治・経済協力関係を維持することに重点をおいていた。また、戦争再発防止を目標に北朝鮮と対話を開始しただけでなく、朝鮮半島の平和体制構築を含む新たな枠組み作りを目標に中国との関係を改善しようとした。

日韓両国は、安全保障上の要請から「韓国条項」の意味を重要視し、政治・経済協力関係を深めるようになった。それは、東アジアの緊張緩和が進むにつれて北朝鮮による武力挑発が困難になり、南北間では政治・経済的側面が重要になるであろうという共通の認識に基づくものであった。南北「体制競争」において韓国が勝利するように協力を行うという観点で、日韓両国の経済協力は、その内容や規模が拡大されたのである。両国は、日本産業界の対韓投資を拡大させるために協力し合うと同時に、農業開発や経済基盤の助成など企業が参加できないインフラストラクチャー整備については引き続き政府ベースの借款で協力することを約束した。その背景には南北「体制競争」での勝利に貢献するという日本側の「戦略的な思考」があった。また、経済協力の推進を前提に行われた日韓定期閣僚会議の「政治フォーラム」化が模索された。主に経済協力問題を議論してきた経済協力会議から、国際経済、エネルギー問題などの幅広い分野について意見を交わす政治会談として格上げされたのである。

その一方で、日本は民間レベルでの経済交流が北朝鮮の体制に変革をもたらすと主張し、日朝交流を通じて朝鮮半島の緊張緩和に関与しようとした。また、日朝貿易の阻止を求める韓国に対して、韓国の戦力増強に協力し、日韓関係をもっと緊密にするためには北朝鮮とある程度融通を利かせて関係を維持することが有利であるとの立場を取り始めた。日本の朝鮮半島政策は明確な政策転換ではなく、安全保障上の要請からの韓国への配慮と、緊張緩和の要請からの北朝鮮への配慮を併せ持つ「重層性」を帯びるようになったのである。

三　新たな秩序への模索――平和体制の構築に向けて

東アジア地域秩序の変動は、一九七五年の「安保危機」への認識と対応のあり方に大きな影響を与えた。サイゴン陥落後、金日成主席の訪中によって緊張が高まったが、それに対する日韓両国の脅威認識と安全保障政策は容易に収斂しなかった。新しい情勢下で、韓国は北朝鮮単独による第二の朝鮮戦争勃発という外部からの脅威に対応しようとしたのに対し、日本は韓国の内部崩壊による混乱というリスクを避けるべきものとして認識していた。その原因は対中観のずれに求めることができる。日本は中国が北朝鮮の軍事行動を抑制していることから、北朝鮮による侵略の危険はないという立場を取っていた。それに対し、韓国は中国の黙認下で北朝鮮が単独で軍事行動を起こし、韓国の中部地方を占領した後、中国が停戦を呼びかける可能性を懸念していた。米中接近後の東アジアの冷戦構造の変化を背景に中国との国交正常化を実現した日本と、外交努力を傾けたにもかかわらず、中国との関係改善に失敗した韓国との脅威認識と安全保障政策のずれは容易に収斂しなかったのである。

その他に、ベトナム戦争終結をめぐる認識のずれも存在していた。韓国では南ベトナムの共産化の成功が北朝鮮の金日成主席を刺激する可能性が注目されたのに対して、日本では南ベトナムの事態を自壊として捉え、朝鮮半島に飛び火する可能性は低いとみていた。日朝経済交流の拡大も争点となったが、日本政府が北朝鮮との経済交流を中断するなどの政治的措置を取ることはなかった。南北平和共存の観点から北朝鮮との国交正常化を最終的な外交目標として設定していた日本は、北朝鮮との接触チャンネルの維持を重視していたからである。したがって、日本は韓国との関係を強化するよりは、南北平和共存の道を開いて、朝鮮半島の安定化に寄与しようとしたのである。

従来の研究は、危機の再燃により、東アジア情勢は六〇年代末の状態に回帰したとするが、それは過去への単純な回帰ではなく、安全保障関係の質的変化として捉えるべきである。それゆえに、日韓定期閣僚会議で再び「韓国条項」を含む安全保障問題が議論されることはなかった。韓国は、日韓両国が核を保有していない上に米国との同盟なしでは安全保障を確保できない状況にあることを強調し、安保協力の不可避性を主張した上で、危機対応の一環として「韓国条項」の再確認を要請したが、日本は韓国の要請を退けた。両国は第八回日韓定期閣僚会議の共同声明作成において対立したが、結局は韓国の安全保障について一言も触れず、緊張緩和を促進するという前回と変わらない文句を謳うにとどまったのである。「安保危機」への対応をめぐって協力可能な領域を見出すなかで形成された日韓の安全保障関係は、ここに至り、その質的な変化を遂げるようになったと言えよう。

「安保危機」への対応や安保経済協力を基盤としながら、朝鮮半島の分断体制の安定化を図るための協力という新しい協力関係の設定が求められるようになったからである。

日本政府の立場は以下の二つの政策として現れた。第一に、韓国と北朝鮮の国連加盟を支持した。南北ベトナムの同時加盟申請について、米国の反対が確実であったにもかかわらず、日本はベトナムの同時加盟を支持していた。なぜなら、南北ベトナムの同時加盟が実現すれば、南北朝鮮の同時加盟を拒否している金日成主席を説得できると考えたからである。それが「二つの朝鮮」が共存する基礎になるという期待があったのである。第二に、米朝の直接交渉案を提案した。この構想は、南北対話が中断され、米中の共同行動が不振に陥り、キッシンジャー国務長官が主張した多国間協議に進展がみられないなかで、提起されたものである。つまり、「米韓」対「中朝」の対立によって妥協を見出せない、行き詰まった状況を打開するためになされたものであり、韓国との会談を避けて米国との直接交渉を願う北朝鮮を会談の場に引き出すことを目的としていた。まずは、米朝協議を先行させ、協議が一定の軌道に乗れば、当事者である韓国、そして中国を参加させるという二段階からなる構想であった。北朝鮮を協議の場に引き出し、地域秩序のあり方を模索する場を形成する点では、停滞している状況を動かすだけの可能性を孕んでいたと言えよう。事実、冷戦終結後、北朝鮮の核問題解決と朝鮮半島における平和体制構築のために六者会合が開かれるようになったが、実質的には米朝協議が先行し、韓国を含む他の参加国が協議に加わる形で合意が成立した。

しかし、日本の米朝直接交渉案は北朝鮮の米朝協議要求と同列に扱われた。韓国と米国は日韓関係悪化の火種になる恐れがあるだけではなく、米国の朝鮮半島政策の再検討に困難が加わることを懸念していた。韓国の安全を確保した上で関係国の間で政治的合意に至ることは、容易なことではなかったのである。

本書が描き出した以上のような七〇年代の経験は、日韓の防衛協力だけでなく、北朝鮮問題への対応をはじめ、南北共存や平和統一を促進するために、より大きな観点で日韓が共同イニシアティブを発揮することの重要性を示唆している。現在行き詰まっている懸案問題の解決に向け、今後新たな外交を準備し、地域秩序の安定化を図ることが一層求められていると言えよう。

主要参考文献

一次資料

1．未公刊資料

（1）日本外務省文書

①外務省外交史料館所蔵

『日韓関係（日韓要人会談）』（管理番号 2010-3947）。

『日韓関係（第二回日韓定期閣僚会議）』（管理番号 2010-3949）。

『日韓関係（第三回日韓定期閣僚会議）』（管理番号 2010-3955）。

『日韓関係（第四回日韓定期閣僚会議［1］）』（管理番号 2010-3959）。

『日韓関係（第四回日韓定期閣僚会議［2］）』（管理番号 2010-3960）。

『日韓関係（第五回日韓定期閣僚会議［1］）』（管理番号 2010-3961）。

『日韓関係（第五回日韓定期閣僚会議［2］）』（管理番号 2010-3962）。

『日韓警察協力（本邦対韓国警察用装備協力）』（管理番号 2010-4101）。

『日朝経済案件』（管理番号 2010-4106）。

『日朝経済案件』（管理番号 2010-4107）。

『太平洋地域の安全保障』（管理番号 2010-4113）。

『沖縄関係20―沖縄返還』（管理番号 F0600-2010-00032，H22-12）。

『朝鮮問題』(管理番号 2010-5520)。

『一九六〇年一月の安保条約改定時の核持込みに関する「密約」に係る調査の関連文書』(管理番号 2010-6439)。

『いわゆる「密約」問題に関する調査、その他関連文書―一九六〇年一月の安保条約改定時の朝鮮半島有事の際の戦闘作戦行動に関する「密約」に係る調査の関連文書』(管理番号 2010-6440)。

『円借款/対韓国(第三次五カ年計画)』(管理番号 2011-0045)。

『円借款/対韓国』(管理番号 2011-0047)。

『朝鮮問題』(管理番号 2012-1786 ~ 1788)。

『朝鮮問題/国連第三〇回総会』(管理番号 2012-2523 ~ 2528)。

②外務省に対する情報公開法による開示請求文書

安全保障課「日米防衛協力について(坂田・シュレシンジャー会談)」一九七五年八月二九日、外務省開示文書(請求番号 2006-113)。

欧亜局「三木総理・フォード大統領会談発言要領(政治、文化・科学記述部分)」一九七五年七月二五日、外務省開示文書(請求番号 2006-135)。

「日米首脳会談(一九七五・八・一九)」、外務省開示文書(請求番号 2006-1047)。

調査部企画局「第二〇回日米政策企画協議の記録」一九七五年三月二六~二七日、外務省開示文書(請求番号 2006-1048)。

「第二一回日米政策企画協議報告(一九七〇・三・二~三)」一九七〇年三月七日、外務省開示文書(請求番号 2006-1143)。

安全保障課「アジアの長期的安全保障」一九六八年一月、外務省開示文書(請求番号 2006-1159)。

安全保障課「第三回日米安全保障協議議事録」一九六八年一月、外務省開示文書(請求番号 2006-1159)。

在米大使館「昭和四三年度在米公館長会議議事録」一九六八年六月、外務省開示文書(請求番号 2007-244)。

北東アジア課「韓国情勢」、日付なし、外務省開示文書(請求番号 2009-723)。

駐韓日本大使館「北鮮武装スパイ侵入事件説明資料について(一九六八・一・二六)」、外務省開示文書(請求番号 2009-753)。

「佐藤栄作首相の書簡（一九六八・一・二七）」、外務省開示文書（請求番号2009-753）。

「北朝による米艦拿捕事件について（一九六八・一・二四）」、電信二五一九号、三木大臣発、米、ソ、国連、英、韓、台湾、香港、ベトナム大使館宛、外務省開示文書（請求番号2009-754）。

「土屋防衛庁義彦防衛庁政務次官の韓国訪問について」政第二八八〇号、上川駐韓臨時代理大使発、外務大臣宛、一九七〇年七月一四日、外務省開示文書（請求番号2009-756）。

（2）韓国政府文書

①外務部外交史料館所蔵

『韓・日定期閣僚会議、第二次　ソウル　一九六八・八・二七～二九（V.2本会議綴）』（分類番号723.1JA、登録番号2561）。

『韓・日定期閣僚会議、第二次　ソウル　一九六八・八・二七～二九（V.5事案別実務者会議綴）』（分類番号723.1JA、登録番号2564）。

『Vance, Cyrus R. 米国大統領特使一・二一事態関連訪韓、一九六八・二・一二～一五、全二巻（V.1基本文書綴）』（分類番号724.42US、登録番号2596）。

『日・米間沖縄返還問題、一九六九（全二巻、V.1　一九六九・一～六月）』（分類番号722.12JA/US、登録番号2958）。

『日・米間沖縄返還問題、一九六九（全二巻、V.2　一九六九・七～一二月）』（分類番号722.12JA/US、登録番号2959）。

『韓・日定期閣僚会議、第三次　東京　一九六九・八・二六～二八　全五巻（V.3結果報告）』（分類番号723.1JA、登録番号3008）。

『ＡＰＡＴＯ構創設構想』（分類番号729.35、登録番号3107）。

『韓・日定期閣僚会議、第四次　ソウル　一九七〇・七・二一～二三　全五巻（V.3本会議綴）』（分類番号723.1JA、登録番号3507）。

『第四次　韓・日定期閣僚会議合意事項履行、一九七〇～七二』（分類番号723.1JA、登録番号4170）。

『韓・日定期閣僚会議、第五次　東京　一九七一・八・一〇～一一　全四巻（V.2結果報告）』（分類番号723.1JA、登録番号4172）。

『韓国安保に対する日本の見解、一九七二』（分類番号729.13JA、登録番号4319）。

『韓国の安保関係資料、一九六八〜七二』（分類番号 729.19、登録番号 4323）。

『田中角栄日本首相米国訪問、一九七二・八・三一〜九・一』（分類番号 722.12JA、登録番号 4893）。

『佐藤榮作日本首相米国訪問、一九七二』（分類番号 722.12JA1US、登録番号 4895）。

『韓日定期閣僚会議、第六次 V.3結果報告 一九七二』（分類番号 723.1JA、登録番号 4950）。

『木村俊夫日本首相特使訪韓、一九七二・一〇・一一』（分類番号 724.42JA、登録番号 4991）。

『北韓・日本間接触問題、一九七二』（分類番号 725.1JA、登録番号 5046）。

『日本・中国（旧中共）関係、一九七二』（分類番号 727.4JA/CP、登録番号 5106）。

『韓国安保外交の政策方向、一九七二』（分類番号 729.12、登録番号 5129）。

『韓国の対日外交政策、一九七三』（分類番号 721.1JA、登録番号 5741）。

『日本の対韓半島政策、一九七三』（分類番号 721.21JA 登録番号 5745）。

『韓・中国（旧中共）関係改善、一九七三』（分類番号 722.2CP、登録番号 5807）。

『駐韓米国大使および公使との面談録、一九七三』（分類番号 722.9US、登録番号 5863）。

『韓・日定期閣僚会議、第七次 V.1事前交渉 一九七三』（分類番号 723.1JA、登録番号 5865）。

『韓・日定期閣僚会議、第七次 V.2本会議』（分類番号 723.1JA、登録番号 5866）。

『韓・日定期閣僚会議、第七次 V.3結果報告』（分類番号 723.1JA、登録番号 5867）。

『日本の対北韓プラント輸出および輸銀（輸出入銀行）資金使用承認問題』（分類番号 725.6JA、登録番号 6048）。

『青瓦台安保情勢報告会議資料、一九七二〜七四年』（分類番号 729.19、登録番号 7123）。

『三木武夫日本首相米国訪問 一九七五・八・五〜六』（分類番号 722.12JA/US、登録番号 7943）。

『韓・日定期閣僚会議、第八次、ソウル、一九七五・九・一四〜一五、V.3経済関係実務者会議（東京、九・三〜九）』（分類番号 723.1JA、登録番号 8028）。

『韓・日定期閣僚会議、第八次、ソウル、一九七五・九・一四〜一五 V.3会議結果』（分類番号 723.1JA、登録番号 8029）。

『金鍾泌国務総理日本訪問　一九七五・五・八～九』（分類番号 724.21JA、登録番号 8045）。

『宮澤喜一日本外相訪韓　一九七五・七・二三～二四』（分類番号 724.32JA、登録番号 8127）。

『金日成北韓主席中国訪問　一九七五・四・一八～二六全三巻（V. 2 訪問結果大統領報告）』（分類番号 725.31CP、登録番号 8267）。

『韓国安保に対する日本の見解、一九七五』（分類番号 729.13JA、登録番号 8305）。

『韓国の国連加盟問題、一九七五（全四巻、V. 3 各国の立場および支持交渉）』（分類番号 731.12、登録番号 8372）。

②国家記録院所蔵

財務部『警察装備導入のための借款契約認可通報（一九六九年）』（管理番号 BA0147877）。

経済企画院対外経済局国際協力課『重工業計画進出現況、一九七一年』（管理番号 BA0142285）。

財務部経済協力局外資管理課『豊山金属工業借款関係綴』一九七二年（管理番号 BA0148229）。

財務部経済協力局外資管理課「借款先変更（二―一）一九七二―一九七八」一九七二年（管理番号 BA0889859）。

財務部経済協力局経済協力課『韓国特殊鋼借款関係綴（一九七二―一九七三）』一九七二年（管理番号 BA0148404）。

経済企画院「鋳物銑工場建設のための借款契約認可（浦項総合製鉄株式会社）」一九七二年一一月八日（管理番号 BA0139067）。

③大統領記録館

大統領秘書室「閣下指示事項」一九七二年八月二三日、韓国財務部経済協力局経済協力課『豊山金属関係綴外1件』一九七二年（管理番号 BA0148230）。

大統領秘書室「報告番号：第 318 号、重工業事業の推進現況報告（閣下関心事業2号）」一九七二年九月二〇日（管理番号 BA0148230）。

（3）米国政府文書

①National Archives II

RG59, Subject-Numeric File, 1970-1973

Policy Planning Staff, Director's Files, 1969-77（Winston Lord files）

Subject Files of the Assistant Secretary of State for East Asian and Pacific Affairs, 1961-73

Subject Files of the Office of Korean Affairs, 1966-74

②Lyndon B. Johnson Presidential Library

Subject and Country Files, 1965-1969

③Richard M. Nixon Presidential Library

National Security Council Institutional Files

Presidential Material Staff, 1969-1971

National Security Council Presidential/HAK MemCons

National Security Council Files

Herny Kissinger Office files, Country files Far-East

Alexander M. Haig Chronological File

④Gerald R. Ford Presidential Library

National Security Council Institutional Files

National Security Adviser

Presidential Country Files for East Asia and the Pacific

East Asian and Pacific Affairs Staff: File,（1969）1973-1976

Kissinger-Scowcroft West Wing Office Files, 1969-1977

⑤ウェブサイト

Gerald R. Ford Presidential Library and Museum〈http://www.fordlibrarymuseum.gov/〉

Richard M. Nixon Presidential Library and Museum〈http://www.nixonlibrary.gov/〉

The National Archives, Access to Archival Database（ADD）〈http://aad.archives.gov/〉

⑥沖縄県公文書館所蔵

琉球列島米国民政府（ＵＳＣＡＲ）高等弁務官室文書

（４）その他

Woodrow Wilson International Center, CWIHP Cold War International History Project〈http://www.wilsoncenter.org/〉

２．公刊資料

石井修・我部政明・宮里政玄監修『アメリカ合衆国対日政策文書集成　第一二期―日米外交防衛問題一九六八年』（柏書房、二〇〇三年）。

石井修・我部政明・宮里政玄監修『アメリカ合衆国対日政策文書集成　第一三期―日米外交防衛問題一九六九年・日本編』（柏書房、二〇〇三年）。

石井修・我部政明・宮里政玄監修『アメリカ合衆国対日政策文書集成　第一四期―一九六九年・沖縄編』（柏書房、二〇〇四年）。

石井修・我部政明・宮里政玄監修『アメリカ合衆国対日政策文書集成　第一五期―日米外交防衛問題一九七〇年』（柏書房、二〇〇四年）。

石井修・我部政明・宮里政玄監修『アメリカ合衆国対日政策文書集成　第一六期―日米外交防衛問題一九七一年』（柏書房、二〇〇五年）。

石井修・我部政明・宮里政玄監修『アメリカ合衆国対日政策文書集成　第一八期―日米外交防衛問題一九七二年・日本編』（柏書房、二〇〇六年）。

石井修監修『アメリカ合衆国対日政策文書集成、第二〇期―ニクソン大統領文書1―佐藤栄作・ニクソン会談関連文書ほか』（柏書房、二〇〇七年）。

石井修監修『アメリカ合衆国対日政策文書集成　第二一期―ニクソン大統領文書2―佐藤栄作政権期ホワイトハウス特別文書・中央文書』（柏書房、二〇〇七年）。

Foreign Relations of the United States, 1964-1968, vol.29, Part1 Korea（Washington D.C.: United States Government Printing Office, 2000）.

Foreign Relations of the United States, 1964-1968, vol.29, Part2 Japan（Washington D.C.: United States Government Printing Office, 2006）.

Foreign Relations of the United States, 1969-1976, vol.17, China 1969-1972（Washington D.C.: United States Government Printing Office, 2006）.

Foreign Relations of the United States, 1969-1976, vol.18, China 1973-1976（Washington D.C.: United States Government Printing Office, 2007）.

Foreign Relations of the United States, 1969-1976, vol.19, part1 Korea 1969-1972（Washington D.C.: United States Government Printing Office, 2010）.

Japan and the United States: Diplomatic, Security and Economic Relations, 1960-1976（Ann Arbor: ProQuest Information and Learning, 2001）.

Japan and the United States: Diplomatic, Security and Economic Relations, PartII, 1977-1992（Ann Arbor: ProQuest Information and Learning, 2004）.

Japan and the United States: Diplomatic, Security and Economic Relations, Part III, 1961-2000 (Ann Arbor: ProQuest Information and Learning, 2010).

3. 回顧録・日記

〈日本語〉

牛場信彦『外交の瞬間─私の履歴書』（日本経済新聞社、一九八四年）。

楠田實著・和田純・五百旗頭真編『楠田實日記─佐藤栄作総理主席秘書官の二〇〇〇日』（中央公論社、二〇〇一年）。

久保卓也遺稿・追悼集刊行会編『遺稿・追悼集　久保卓也』（久保卓也遺稿・追悼集刊行会、一九八一年）。

栗山尚一著・中島琢磨・服部龍二・江藤名保子編『外交証言録　沖縄返還・日中国交正常化・日米「密約」』（岩波書店、二〇一〇年）。

佐藤栄作『佐藤榮作日記』全六巻（朝日新聞社、一九九七年）。

東郷文彦『日米外交三十年─安保・沖縄とその後』（世界の動き社、一九八二年）。

中江要介著・若月秀和ほか編『アジア外交動と静─元中国大使中江要介オーラルヒストリー』（蒼天社出版、二〇一〇年）。

中江要介『日中外交の証言』（蒼天社出版、二〇〇八年）。

村上貞雄「私が見た北朝鮮の内幕─『支払い遅延』の発生」、『中央公論』一一一巻八号（中央公論社、一九九六年七月号）。

ヘンリー・A・キッシンジャー（斎藤弥三郎ほか訳）『キッシンジャー秘録　第二巻─激動のインドシナ』（小学館、一九七九年）。

ヘンリー・A・キッシンジャー（斎藤弥三郎ほか訳）『キッシンジャー秘録　第三巻─北京へ飛ぶ』（小学館、一九八〇年）。

U・アレクシス・ジョンソン（増田弘訳）『ジョンソン米大使の日本回想─二・二六事件から沖縄返還・ニクソンショックまで』（草思社、一九八九年）。

リチャード・ニクソン（松尾文夫・斎田一路訳）『ニクソン回顧録』全三巻（小学館、一九七八―一九七九年）。

アーミン・H・マイヤー（浅尾道子訳）『東京回想』（朝日新聞社、一九七六年）。

〈韓国語〉

金溶植『希望と挑戦』（ソウル：東亜日報社、二〇〇一年）。

金正濂『アァ！　朴正煕』（ソウル：中央M&B、一九九七年）。

金正濂『最貧国から先進国の門前まで―金正濂回顧録』（ソウル：ランダムハウス中央、二〇〇六年）。

呉源哲『朴正煕はどうやって経済強国を作ったか』（ソウル：東西文化社、二〇〇六年）。

4．オーラルヒストリー

The National Security Archive, US-Japan Project, Oral History Program 〈http://www2.gwu.edu/~nsarchiv〉

5．政府刊行物

日本外務省編『日本の安全保障を考える』（一九六九年）。

日本外務省編『わが外交の近況』各年度版。

日本国会会議録
韓国外務部『韓国外交三〇年―一九四八～一九七八』（一九七九年）。

國防軍史研究所編『建軍五〇年史』（ソウル、一九九八年）。

韓国国会議事録
金日成（金日成首相の著作集『南朝鮮革命と祖国の統一』翻訳委員会訳）『南朝鮮革命と祖国の統一』（東京：未來社、一九七〇年）。

朴正煕『朴正煕大統領演説文集第一二集』（大韓民国大統領秘書室、一九七五年）。

6．定期刊行物

『朝日新聞』『世界の動き』『毎日新聞』『日本経済新聞』『読売新聞』

『朝鮮日報』『東亜日報』

二次資料

1. 単行本

〈日本語〉


五十嵐武士『戦後日米関係の形成―講和・安保と冷戦後の視点に立って』(講談社、一九九五年)。

石井明ほか編『記録と考証　日中国交正常化・日中平和友好条約締結交渉』(岩波書店、二〇〇三年)。

李東俊『未完の平和―米中和解と朝鮮問題の変容　一九六九～一九七五年』(法政大学出版局、二〇一〇年)。

李庭植(小此木政夫・古田博司訳)『戦後日韓関係史』(中央公論社、一九八九年)。

李鍾元『東アジア冷戦と韓米日関係』(東京大学出版会、一九九六年)。

伊藤剛『同盟の認識と現実―デタント期の日米中トライアングル』(有信堂高文社、二〇〇二年)。

井上正也『日中国交正常化の政治史』(名古屋大学出版会、二〇一〇年)。

入江昭『新・日本の外交―地球化時代の日本の選択』(中央公論社、一九九一年)。

大嶽秀夫『日本の防衛と国内政治―デタントから軍拡へ』(三一書房、一九八三年)。

岡倉古志郎・牧瀬恒二編『資料沖縄問題』(労働旬報社、一九六九年)。

岡部達味『中国の対外戦略』(東京大学出版会、二〇〇二年)。

小此木政夫『朝鮮戦争―米国の介入過程』(中央公論社、一九八六年)。

小此木政夫・赤木完爾共編『冷戦期の国際政治』(慶應通信、一九八七年)。

小此木政夫編『ポスト冷戦の朝鮮半島』(日本国際問題研究所、一九九四年)。

小此木政夫編『危機の朝鮮半島』(慶應義塾大学出版会、二〇〇六年)。

我部政明『沖縄返還とは何だったのか―日米戦後交渉史の中で』(日本放送出版協会、二〇〇〇年)。

神谷不二編集代表『朝鮮問題戦後資料　第一巻―一九四五〜一九五三』(国際問題研究所、一九七六年)。

神谷不二『戦後史の中の日米関係』(新潮社、一九八九年)。

神谷不二『朝鮮半島論―What's happened in the Korean Peninsular』(ＰＨＰ研究所、一九九四年)。

神田豊隆『冷戦構造の変容と日本の対中外交―二つの秩序観 一九六〇―一九七二』(岩波書店、二〇一二年)。

木宮正史『国際政治のなかの韓国現代史』(山川出版社、二〇一二年)。

木村光彦・安部桂司『戦後日朝関係の研究―対日工作と物資調達』(知泉書館、二〇〇八年)。

高一『北朝鮮外交と東北アジア　一九七〇―一九七三』(信山社、二〇一〇年)。

河野康子『沖縄返還をめぐる政治と外交―日米関係史の文脈』(東京大学出版会、一九九四年)。

国際協力銀行編纂『日本輸出入銀行史』(国際協力銀行、二〇〇三年)。

坂元一哉『日米同盟の絆―安保条約と相互性の模索』(有斐閣、二〇〇七年)。

下斗米伸夫『アジア冷戦史』(中央公論新社、二〇〇四年)。

千田恒『佐藤内閣回想』(中央公論社、一九八七年)。

鐸木昌之・平岩俊司・倉田秀也編『朝鮮半島と国際政治―冷戦の展開と変容』(慶應義塾大学出版会、二〇〇五年)。

添谷芳秀『日本の「ミドルパワー」外交―戦後日本の選択と構想』(筑摩書房、二〇〇五年)。

外岡秀俊・本田優・三浦俊章『日米同盟半世紀―安保と密約』(朝日新聞社、二〇〇一年)。

田久保忠衛『ニクソンと対中国外交』(筑摩書房、一九九四年)。

田中明彦『安全保障―戦後50年の模索』(読売新聞社、一九九七年)。

土山實男『安全保障の国際政治学―焦りと傲り』(有斐閣、二〇〇四年)。

中島琢磨『沖縄返還と日米安保体制』(有斐閣、二〇一二年)。

中島信吾『戦後日本の防衛政策―「吉田路線」をめぐる政治・外交・軍事』(慶應義塾大学出版会、二〇〇六年)

日韓経済協会『日韓経済協会三〇年史―戦後日韓経済交流の軌跡』(日韓経済協会、一九九一年)。

日韓経済協会『日韓経済協会五〇年史―日韓経済交流発展の歩み』(日韓経済協会、二〇一〇年)。

波多野澄雄『歴史としての日米安保条約―機密外交記録が明かす「密約」の虚実』(岩波書店、二〇一〇年)。

平岩俊司『朝鮮民主主義人民共和国と中華人民共和国―「唇歯の関係」の構造と変容』(世識書房、二〇一〇年)。

防衛を考える会事務局編『わが国の防衛を考える』(朝雲新聞社、一九七五年)。

細谷千博・有賀貞・石井修・佐々木卓也編『日米関係資料集 一九四五―九七』(東京大学出版会、一九九九年)。

細谷雄一『国際秩序―18世紀ヨーロッパから21世紀アジアへ』(中公公論新社、二〇一二年)。

道下徳成『北朝鮮 瀬戸際外交の歴史―一九六六～二〇一二年』(ミネルヴァ書房、二〇一三年)。

村田晃嗣『大統領の挫折―カーター政権の在韓米軍撤退政策』(有斐閣、一九九八年)。

毛里和子・毛利興三郎訳『ニクソン訪中機密会談録』(名古屋大学出版会、二〇〇一年)。

毛里和子・増田弘監訳『周恩来キッシンジャー機密会談録』(岩波書店、二〇〇四年)。

山本剛士『日本の経済援助―その軌跡と現状』(社会思想社、一九八八年)。

山本吉宣編『アジア太平洋の安全保障とアメリカ』(彩流社、二〇〇五年)。

劉仙姫『朴正熙の対日・対米外交―冷戦変容期韓国の政策、一九六八～一九七三年』(ミネルヴァ書房、二〇一二年)。

吉田真吾『日米同盟の制度化―発展と深化の歴史過程』(名古屋大学出版会、二〇一二年)。

若月秀和『「全方位外交」の時代―冷戦変容期の日本とアジア・一九七一～八〇年』(日本経済評論社、二〇〇六年)。


〈韓国語〉


金容稙『資料でみた韓国の政治と外交―一九四五～一九七九』(ソウル：聖神女大出版会、二〇〇五年)。

金志炯『デタントと南北関係』(ソウル：ソンイン、二〇〇八年)。

木宮正史『朴正熙政府の選択―一九六〇年代輸出志向型工業化と冷戦体制』(ソウル：フマニタス、二〇〇八年)。

ソウル新聞社編『駐韓米軍三〇年一九四五〜一九七八』（ソウル：杏林出版社、一九七九年）。

辛貞和『日本の対北政策』（ソウル：オルム、二〇〇四年）。

趙成烈『韓半島平和体制』（ソウル：プルンナム、二〇〇七年）。

崔明海『中国・北韓同盟関係』（ソウル：オルム、二〇〇九年）。

洪錫律『分断のヒステリー—公開文書にみる米中関係と韓半島』（ソウル：創批、二〇一二年）。


〈英語〉

Burr, William. ed., *The Kissinger Transcripts: The Top-Secret Talks with Beijing & Moscow*（New Press, 1999）（ウィリアム・バー編（鈴木主税・浅岡政子訳）『キッシンジャー「最高機密」会話録』毎日新聞社、一九九九年）.
Buzan, Barry, *People, States, and Fear: An Agenda for International Security Studies in the Post-Cold War Era*（Harvester Wheatsheaf, 1991）.
Buzan, Barry, Ole Wæver, *Regions and Powers: The Structure of International Security*（Cambridge University Press, 2003）.
Cha, Victor D., *Alignment Despite Antagonism: The United States-Korea-Japan Security Triangle*（Stanford University Press, 1999）（ヴィクター・D・チャ（船橋洋一監訳、倉田秀也訳）『米日韓 反目を超えた提携』有斐閣、二〇〇三年）.
Crabb, Jr., Cecil V., *The Doctrines of American Foreign Policy: Their Meaning, Role, and Future*（Louisiana State University Press, 1982）.
Clark, Ian, Globalization and Fragmentation（Oxford University Press, 1997）.
Gaddis, John L., *We Now Know: Rethinking Cold War History*（Oxford University Press, 1997）（ジョン・ルイス・ギャディス（赤木完爾・齊藤祐介訳）『歴史としての冷戦—力と平和の追求』慶應義塾大学出版会、二〇〇四年）.
Green, Marshall, John H. Holdridge, Willam N. Stokes, *War and Peace with China: First-hand Experiences in the Foreign Service of the United States*（Dacor Press, 1994）.
Hellmann, Donald C., *Japan and East Asia: The New International Order*（Praeger, 1972）（D・C・ヘルマン（渡辺昭夫訳）『日本と東アジア—国際的サブシステムの形成』中央公論社、一九七三年）.

Ikenberry, John G., *After Victory: Institutions, Strategic Restraint, and the Rebuilding of Order after Major Wars*（Princeton University Press, 2001）（ジョン・G・アイケンベリー（鈴木康雄訳）『アフター・ヴィクトリー――戦後構築の論理と行動』ＮＴＴ出版、二〇〇四年）.
Ikenberry, John G. and Michael Mastanduno, eds., *International Relations Theory and the Asia-Pacific*（Columbia University Press, 2003）.
Kim, Hyung-A, *Korea's Development under Park Chung Hee: Rapid Industrialization, 1961-79*（Routledge Curzon, 2004）.
Kolodziej, Edward A., *Security and International Relations*（Cambridge University Press, 2005）.
Lake, Daivd A., *Hierarchy in International Relations*（Cornell University Press, 2009）.
Lerner, Mitchell B., *The Pueblo Incident: A Spy Ship and the Failure of American Foreign Policy*（University Press of Kansas , 2002）.
Mobley, Richard A., *Flash Point North Korea: The Pueblo and EC-121 Crises*（Naval Institute Press, 2003）.
Narushige, Michishita, *North Korea's Military-Diplomatic Campaigns, 1966-2008*（Routledge, 2010）.
Ross, Robert S., *Negotiating Cooperation: the United States and China, 1969-1989*（Stanford University Press, 1995）.
Ross, Robert S., *Chinese Security Policy: Structure, Power and Politics*（Routledge, 2009）.
Schaller, Michael., *Altered States: The United States and Japan since the Occupation*（Oxford University Press. 1997）（マイケル・シャラー（市川洋一訳）『「日米関係」とは何だったのか――占領期から冷戦終結後まで』草思社、二〇〇四年）.
Snyder, Glenn H., *Alliance Politics*（Cornell University Press, 1997）.
Walt, Stephen M., *The Origins of Alliances*（Cornell University Press, 1987）.
Wendt, Alexander, *Social Theory of International Politics*（Cambridge University Press, 1999）.

2. 論文

〈日本語〉

浅羽祐樹「書評論文　国際関係論と地域研究の狭間」『国際政治』第一五一号、二〇〇八年三月。
李鍾元「歴史から見た国際政治学」、日本国際政治学会編『日本の国際政治学　第四巻―歴史の中の国際政治』（有斐閣、二〇〇九年）。

五百旗頭真「はじめに」、日本政治学会編『年報政治学 危機の日本外交―七〇年代』（岩波書店、一九九七年）。

李東俊「米中和解と朝鮮問題、一九七一―七三年―在韓米軍と正統性をめぐる攻防と協力」『アジア研究』第五五巻、四号、二〇〇九年一〇月。

小此木政夫「工業化の政治力学」、服部民夫編『発展の構図―韓国の工業化』（アジア経済研究所、一九八七年）。

小此木政夫「南北朝鮮関係の推移と日本の対応―東京・ソウル・平壌関係の基本構造」『国際政治』第九二号（一九八九年一〇月）。

小此木政夫「朝鮮半島の冷戦終結」、小此木政夫編『ポスト冷戦の朝鮮半島』（日本国際問題研究所、一九九四年）。

小此木政夫「分断国家の二つの国家戦略」、萩原宜之編『講座現代アジア3―民主化と経済発展』（東京大学出版会、一九九四年）。

小此木政夫「新冷戦下の日米韓体制―日韓経済協力交渉と三国戦略協調の形成」、小此木政夫・文正仁編『市場・国家・国際体制』（慶應義塾大学出版会、二〇〇一年）。

小此木政夫「書評 ヴィクター・チャ著 船橋洋一監訳／倉田秀也訳『米日韓 反目を超えた提携』」『書斎の窓』第五二八号（有斐閣、二〇〇三年一〇月号）。

小此木政夫「日韓関係の新しい地平―『体制摩擦』から『意識共有』へ」、小此木政夫・張達重編『戦後日韓関係の展開』（慶應義塾大学出版会、二〇〇五年）。

小此木政夫「戦後日朝関係の展開―解釈的な検討」、日韓歴史共同研究委員会編『日韓歴史共同研究報告書』第三分科編下巻、日韓文化交流基金、二〇〇五年。

小此木政夫「アジア研究委員会 朝鮮独立問題と三八度線の設定」、アジア調査会『アジア時報』第四一巻九号（二〇一〇年九月）。

神谷不二「七〇年代日本の国際環境」『中央公論』第八四巻一〇号（中央公論社、一九六九年一〇月）。

木宮正史「一九六〇年代韓国における冷戦外交の三類型―日韓国交正常化、ベトナム派兵、ＡＳＰＡＣ」、小此木政夫・文正仁編『国家・市場・国際体制』（慶應義塾大学出版会、二〇〇一年）。

木宮正史「韓国外交のダイナミズム―特に一九七〇年代初頭の変化を中心に」、小此木政夫・張達重編『戦後日韓関係の展開』（慶應義塾大学出版会、二〇〇五年）。

倉田秀也「韓国『北方外交』の萌芽―朴正熙『平和統一外交宣言』の諸相」、日本国際政治学会編『国際政治』第九二号（一九八九年一〇月）。

倉田秀也「朴正熙『自主国防論』と日米『韓国条項』―『総力安保体制』の国際政治経済」、小此木政夫・文正仁編『市場・国家・国際体制』（慶應義塾大学出版会、二〇〇一年）。

倉田秀也「北朝鮮の『核問題』と盧武鉉政権―先制行動論・体制保障・多国間協議」『国際問題』第五一八号（二〇〇三年五月）。

倉田秀也「韓国の国防産業育成と日米韓関係―『韓国条項』後の安全保障関係の再調整」、小此木政夫・張達重編『戦後日韓関係の展開』（慶應義塾大学出版会、二〇〇五年）。

倉田秀也「米中接近と韓国―『大国間の協調』と軍事停戦体制」、増田弘編著『ニクソン訪中と冷戦構造の変容―米中接近の衝撃と周辺諸国』（慶應義塾大学出版会、二〇〇六年）。

国分良成「東アジアにおける冷戦とその終焉」、鴨武彦編『講座・世紀間の世界政治 第三巻 アジアの国際秩序―脱冷戦の影響』（日本評論社、一九九三年）。

高坂正堯「日本の外交論における理想主義と現実主義」国民講座・日本の安全保障編集委員会編『国民講座・日本の安全保障　第四巻』（原書房、一九六八年）。

鐸木昌之「朝鮮人民軍における唯一思想体系の確立―『軍閥官僚主義者』の粛清と非対称戦略の完成」、伊豆見元・張達重編『金正日体制の北朝鮮―政治・外交・経済・思想』（慶應義塾大学出版会、二〇〇四年）。

添谷芳秀「米中和解と日米関係」『法学研究』第六九巻八号（一九九六年八月）。

添谷芳秀「一九七〇年代の米中関係と日本外交」『年報政治学』（一九九七年）。

添谷芳秀「戦後日本外交史―自立をめぐる葛藤」、日本国際政治学会編『日本の国際政治学 第四巻―歴史の中の国際政治』（有斐閣、二〇〇九年）。

玉置敦彦「ジャパン・ハンズ―変容する日米関係と米政権日本専門家の視線、一九六五―六八年」『思想』第一〇一七号（二〇〇九年一月）。

崔慶原「沖縄返還と日韓安保摩擦—日韓安保関係の出発点」『法学政治学論究』第七二号（二〇〇七年三月）。

崔慶原「緊張緩和期における日韓協力関係の再調整—冷戦規範維持の中の政治・経済重視」『法学政治学論究』第八〇号（二〇〇九年）。

崔慶原「日韓安全保障関係の形成—分断体制化の『安保危機』への対応、一九六八年」、日本国際政治学会編『国際政治』第一七〇号（二〇一二年一〇月）。

崔慶原「在韓米軍の削減と日韓安保経済協力—『四つのプロジェクト』をめぐる協力を中心に」、松原孝俊編『九州大学発韓国学の展望—東アジア共通課題解決にチャレンジする』（花書院、二〇一三年）。

春名幹男「日米密約— 岸・佐藤の裏切り」『文藝春秋』第八六巻八号（二〇〇八年七月）。

中戸祐夫「日米韓安保トライアングル研究の最前線—理論的地域研究への模索」『宇都宮大学国際学部研究論集』第一九号（二〇〇五年三月）。

中島信吾「『同盟国日本』像の転換—ジョンソン政権の対日政策」、波多野澄雄編『池田・佐藤政権期の日本外交』（ミネルヴァ書房、二〇〇四年）。

中島琢磨「戦後日本の『自主防衛』論—中曽根康弘の防衛論を中心として」『法政研究』第七一巻四号（二〇〇五年三月）。

中島琢磨「佐藤政権期の日米安全保障関係—沖縄返還と『自由世界』における日本の責任分担問題」『国際政治』第一五一号（二〇〇八年三月）。

西野純也「朴正熙大統領『重化学工業化宣言』の政治力学—『工業構造改編論』の形成過程を中心に」、慶應義塾大学法学部編『慶應の政治学　国際政治』（慶應義塾大学法学部、二〇〇八年）。

藤原帰一「アジア冷戦の国際政治構造—中心・前哨・周辺」、東京大学社会科学研究所編『現代日本社会　第七巻　国際化』（東京大学出版会、一九九二年）。

宮城大蔵「戦後アジア国際政治史」、日本国際政治学会編『日本の国際政治学　第四巻—歴史の中の国際政治』（有斐閣、二〇〇九年）。

尹徳敏『日米沖縄返還交渉と韓国外交—沖縄返還にみる韓国の安全をめぐる日米韓の政策研究』慶應義塾大学法学研究科博士論文、一九九一年。

劉仙姫「転換期における日米韓関係─プエブロ事件から沖縄返還まで（一）、（二・完）」『法学論叢』（京都大学法学会、第一五八巻三号、第一五九巻一号、二〇〇五年一二月、二〇〇六年四月）。

劉仙姫「一九七〇年の駐韓米軍削減決定をめぐる日米韓関係（一）、（二・完）」『法学論叢』（京都大学法学会、第一五九巻四号、第一六〇巻二号、二〇〇六年七月、一一月）。


〈韓国語〉


朴善源「冷戦期韓米日関係に対する体系理論的分析」『韓国政治外交史論叢』第二三集、第一号、二〇〇一年。

朴泰均「一九六〇年代中半安保危機と第二経済論」『朴正熙時代研究の争点と課題』（ソウル：ソンイン、二〇〇五年）。

申旭熙「東アジアの冷戦─形成、結果、遺産」『世界政治』（ソウル大学国際問題研究所、二〇〇二年）。

申旭熙「デタント時期の韓米葛藤」『朴正熙時代研究の争点と課題』（ソウル：ソンイン、二〇〇五年）。

申旭熙「機会から膠着状態へ─デタント時期韓米関係と韓半島の国際政治」『韓国政治外交史論叢』第二六集二号、二〇〇六年。

禹承芝「冷戦期韓国─日本協力のパズル─不介入仮説対介入─連合政治仮説」『韓国政治学会会報』第三七集、三号、二〇〇三年。

禹承芝「朴正熙時期南北和解原因に関する研究」『朴正熙時代と韓国現代史』（ソウル：ソンイン、二〇〇六年）。

趙眞九「中ソ対立、ベトナム戦争と北韓の南朝鮮革命論、一九六四─六八」『亜細亜研究』第四六巻、四号、二〇〇三年。

洪錫律「一九六八年プエブロ号事件と南韓、北韓、米国の三角関係」『韓国史研究』第一一三巻、二〇〇一年。

洪錫律「一九七〇年代前半東北亜デタントと韓国統一問題」『歴史と現実』二〇〇一年冬号。

洪錫律「一九七〇年代前半北米関係─南北対話、米中関係改善との関連下で」『国際政治論叢』第四四集二号、二〇〇四年。


〈英語〉

Cha, Victor D., “Abandonment, Entrapment, and Neoclassical Realism in Asia: The United States, Japan, and Korea”, *International Studies Quarterly*, 44, 2000.

Gaddis, John Lewis, “History, Theory, and Common Ground”, *International Security*, vol.22, no.1, 1997.

Liang Pan, “Whither Japan’s Military Potential?: The Nixon Administration’s Stance on Japanese Defense Power”, *Diplomatic History*, vol.31, no.1, January 2007.

Lerner, Mitchell, “A Dangerous Miscalculation-New Evidence from Communist- Bloc Archives about North Korea and the Crises of 1968”, *Journal of Cold War Studies*, vol.6, no.1, Winter 2004.

Snyder, Glenn H., “The Security Dilemma in Alliance Politics”, *World Politics*, vol.36, no.4, July 1984.

Wallander Celeste A., and Robert O. Keohane, “Risk, Threat, and Security Institutions”, in Haftendorn, Keohane and Wallander, eds., *Imperfect Unions* (Oxford: Oxford University Press, 1999).

Walt, Stephen M., “Why Alliances Endure or Collapse?”, *Survival*, vol.39, no.1, Spring 1997.

Wendt, Alexander, “The Agent-Structure Problem in International Relations Theory”, *International Organization*, vol.41, 1987.

Yoon, Tae-Ryong, *Fragile Cooperation: Net Threat Theory and Japan-Korea-U.S. Relations*, Ph. D. diss., Columbia University, 2006.

あとがき

本書は、慶應義塾大学大学院法学研究科に提出した博士論文「日韓安全保障関係の形成―分断体制下の『安保危機』」(二〇一一年七月に学位取得)を修正・加筆したものである。朝鮮半島をめぐる国際関係の研究は、これまで米中関係といった大国関係に注目してきた。また日韓関係研究においては、両国の国交正常化に焦点が当てられてきており、正常化後の関係の展開については必ずしも十分な解明がなされてこなかった。そこで、筆者は日韓安全保障関係を切り口に研究を始め、日韓関係を通してみえてくる東アジア国際関係史を描こうとした。特に、米国との同盟関係を共通基盤とする両国が、六〇年代末から七〇年代の東アジア秩序変動期においてどのように協力可能な領域を見出していったのかに注目することで、国交正常化後の日韓関係研究に貢献できると思ったのである。

母国の大学院(修士課程)では、北朝鮮の外交関係を専攻した。その後、より大きな視点で北朝鮮の政治外交や朝鮮半島と日本の関係を研究しようと日本留学を決心した。日本における東アジア国際関係研究の中心といえる慶應義塾大学で諸先生方のご指導を受けながら、日韓米の安全保障関係に関する研究に本格的に臨んだ。幸運にも二〇〇九年民主党への政権交代後、六〇年代末から七〇年代の日韓関係に関する日本の外交文書が次々と公開された。それまで米国や韓国の外交文書に頼ってきた研究をより深め、新しい知見を見出すことができるようになった。

本書のもとになった論文の初出は以下のとおりである。いずれも出版に向けて修正・加筆した。本書を筆者の最新の見解として理解していただきたい。

・「沖縄返還と日韓安保摩擦―日韓安保関係の出発点」『法学政治学論究』第七二号（二〇〇七年）
・「緊張緩和期における日韓協力関係の再調整―冷戦規範維持の中の政治・経済重視」『法学政治学論究』第八〇号（二〇〇九年）
・「日韓安全保障関係の形成―分断体制下の『安保危機』への対応、一九六八年」日本国際政治学会編『国際政治』第一七〇号（二〇一二年）
・「在韓米軍の削減と日韓安保経済協力―『四つのプロジェクト』をめぐる協力を中心に」松原孝俊編『九州大学発韓国学の展望―東アジア共通課題解決にチャレンジする』（花書院、二〇一三年）

来日から今日に至るまで多くの方々にお世話になった。その方々の関心と支援なくしては、今の私を想像できない。何よりも指導教授の小此木政夫先生に厚くお礼を申し上げたい。日本における朝鮮半島研究の権威である小此木先生の門下に入り、近くで学ぶ機会を得たことは、筆者にとって大きな喜びであった。先生は研究論文執筆を芸術作品づくりに例えながら、学問との向き合い方をはじめ、丁寧に指導してくださった。本書の分析視座になっている朝鮮半島分断に対する視角は、小此木先生に教わったことがもとになっている。分断体制に関する先生の分析は、分断国出身の筆者にとっては大変刺激的なものであった。本書の出版が先生の多くの学恩に少しでも報いるものであればと願うばかりである。また、博士論文の執筆中には小此木政夫・西野純也先生の共同授業で報告しながら、問題意識を固めることができた。いつも温かい言葉で励ましていただいた小此木ゼミの諸先輩方にも感謝を申し上げたい。

赤木完爾先生、添谷芳秀先生には博士論文審査の労を取っていただいた。両先生の国際政治と日本外交の授業を受講しながら、東アジアの国際関係および日本の立ち位置について多くの示唆を得ることができた。なお戦後日本外交を「ミドルパワー」外交と定義される添谷先生は、筆者の日本外交に対する見方を変えてくださった。それを基盤に、日韓両国の安全保障協力の論理を見つけ出すことができた。

大学院では、多くの友人に恵まれた。特に研究対象は異なるものの、同じ七〇年代の国際関係を研究していることで付き合っていただいた手賀裕輔氏、吉田真吾氏、石田智範氏には記して感謝を申し上げたい。いつでも議論に応じてくれただけでなく、筆者が必要な史料があれば快く提供していただいた。また、米国に一緒に資料調査に出かけるなど、楽しい思い出ができた。

学位取得を前後して、国際政治学会、東アジア史研究会で報告する機会をいただき、諸先生から貴重なご助言を賜った。木宮正史先生（東京大学大学院）、李鍾元先生（早稲田大学大学院）、浅野豊美先生（中京大学）は、筆者の博士論文を読んでいただき、多くの有意義なコメントをしてくださった。ご教示に心により感謝を申し上げたい。

学位取得後、文部科学省の特別経費で実施されている九州大学韓国研究センターの「日韓海峡圏カレッジ」という日韓共同教育プログラムに携わる機会を得た。日韓関係を研究している人間として、日韓学生交流の現場で日韓関係の過去と現在、未来を眺めることのできる体験は大変貴重なものだった。国際共同教育プログラムを手掛けることは容易なことではなかったが、参加した学生たちが成長していく姿をみることは筆者にとって大きな喜びであった。よいチームワークで同プログラムを運営してくださっているカレッジオフィスの皆様にはいつも感謝している。そして、精力的に日韓学生交流を進めているセンター長の松原孝俊先生からは、その情熱を通して学ぶことが多かった。出版に至るまでいつも励ましていただいたことに感謝を申し上げたい。

留学生活という物質的にも精神的にも苦しい時期に、財団法人本庄国際奨学財団（二〇〇六・四〜二〇〇九・三）、そして公益財団法人野村財団（二〇〇九・四〜二〇一一・三）から奨学金をいただく幸運に恵まれた。博士課程での研究と論文執筆に専念できたのは財団の方々のおかげである。また、松下国際財団研究助成（二〇一一年度）「朝鮮半島と米中接近―一九七一〜七五年」、文部科学省科学研究費 若手研究（B）（二〇一三・四〜二〇一六・三）「日米韓トライアングルの脆弱性と戦略性―一九七〇年代の秩序変動期の検証」を受けるようになり、博士論文を修正・加筆するに当たって必要な資料を収集し、分析をより深めることができた。記して感謝したい。

二〇一三年には本書の一部となる研究が日本国際政治学会の第六回学会奨励賞を授与される栄誉を賜った。選定委員会の先生方、投稿論文に対して有益なコメントをしてくださった査読の先生方に改めてお礼申し上げたい。また本書の出版に際しては、平成二四年度後期慶應義塾学術出版基金の出版助成を受けた。編集をご担当くださった慶應義塾大学出版会の乗《よつのや》みどり氏に厚くお礼を申し上げたい。出版において何一つわからない筆者に多くの貴重な助言をしてくださった。

最後になったが、これまで学問の道を進む筆者をいかなる時にも支えてくれた妻と家族に心より感謝し、この本を捧げたい。

二〇一四年四月

崔　慶　原

ハ行

マ行

ヤ行

ラ行

英数字

タ行

ナ行

〈事　項〉

ア行

カ行

サ行

リチャードソン，エリオット・L（Richardson, Elliot L.） 83
柳根昌（リュウグンチャン） 110
レアード，メルヴィン（Laird, Melvin） 101
ロード，ウィンストン（Lord, Winston） 221
ロジャース，ウィリアム・P（Rogers, William P.） 75, 87, 102, 104–106, 109, 152, 166

ワ行

若泉敬 147
ワルトハイム，クルト（Waldheim, Kurt） 229

Richard L.)　38, 74, 88, 199, 202, 213, 214, 225
須之部三量　81

タ行

田中角栄　153, 154, 162, 168, 250
鄧小平（ダンシャオピン）　194, 197
崔圭夏（チェギュハ）　34, 40, 52, 76, 78, 79, 83, 86, 87, 113
喬冠華（チャオグァンファ）　153, 158, 192, 207, 221
周恩来（ヂョウオンライ）　136–139, 153, 156–158, 163, 220
太完善（テワンソン）　169
東郷文彦　74
トルドー，ピエール・エリオット（Trudeau, Pierre Elliott）　158

ナ行

ニクソン，リチャード・M（Nixon, Richard M.）　65, 67–69, 72, 99–103, 106, 133, 136–138, 140–142, 146, 148, 152, 154, 191, 192, 214, 250
西山昭　230
野田英二郎　45

ハ行

朴浚圭（パクジュンギュ）　232
朴正熙（パクジョンヒ）　27, 30, 34–37, 39, 41, 43, 50, 76, 77, 85–87, 89, 103, 108, 109, 112, 113, 121–123, 142, 143, 145, 151, 152, 157, 158, 162, 169, 170, 193, 194, 196, 197, 201, 202, 209–211, 215
パッカード，デイヴィッド（Packard, David）　102, 106
ハビブ，フィリップ・C（Habib, Philip C.）　143, 148, 199, 224, 231
咸秉春（ハムビョンチュン）　145, 224
韓敍（ハンシュイ）　221
バンディ，ウイリアム（Bundy, William P.）　26
黄鎮（ファンジェン）　189, 190
黄秉泰（ファンビョンテ）　107, 117, 118
フォード，ジェラルド・R（Ford, Gerald R.）　198, 201, 214–216, 218
福田赳夫　114, 149, 152, 250
ブレジネフ，レオニード・I（Brezhnev, L. I.）　24
法眼晋作　167
ポーター，ウィリアム・J（Porter, William J.）　26, 30, 33, 39, 41, 42, 78, 83–85, 87, 88
ボンスティール，チャールズ・H（Bonesteel, Charles H.）　26, 27, 31, 32
ポンピドゥ，ジョルジュ（Pompidou, Georges）　157

マ行

マイヤー，アーミン・H（Meyer, Armin H.）　69, 73, 74, 103, 147, 148
マクナマラ，ロバート・S（McNamara, Robert S.）　31
三木武夫　39, 43, 49, 51, 202, 205, 211, 212, 214–218, 226, 228, 230
宮澤喜一　202, 203, 205, 207–212, 215, 216, 218, 228–230

ヤ行

安川壮　111, 112, 149, 212

ラ行

ラスク，ディーン（Rusk, Dean）　30, 34, 38

索　引

〈人　名〉

ア行

カ行

サ行

崔　慶原（ちぇ　ぎょんうぉん）

九州大学アジア太平洋未来研究センター准教授。
1974年生まれ。韓国・東国大学校大学院北韓学科修士課程修了、
慶應義塾大学大学院法学研究科後期博士課程修了。博士（法学）。
主要業績：『九州大学発韓国学の展望』（共著、花書院、2013年）、「日韓安全保障関係の形成―分断体制下の『安保危機』への対応、1968年」『国際政治』（第170号、2012年、日本国際政治学会第6回奨励賞を受賞）など。

冷戦期日韓安全保障関係の形成

2014年5月30日　初版第1刷発行

著　者――――崔　慶原
発行者――――坂上　弘
発行所――――慶應義塾大学出版会株式会社
〒108-8346　東京都港区三田2-19-30
TEL〔編集部〕03-3451-0931
〔営業部〕03-3451-3584〈ご注文〉
〔　〃　〕03-3451-6926
FAX〔営業部〕03-3451-3122
振替　00190-8-155497
http://www.keio-up.co.jp/
装　丁――――後藤トシノブ
印刷・製本――萩原印刷株式会社
カバー印刷――株式会社太平印刷社

Printed in Japan ISBN 978-4-7664-2139-2

慶應義塾大学出版会

慶應義塾大学東アジア研究所叢書

朝鮮半島の秩序再編

小此木政夫・西野純也編著　朴槿恵、金正恩政権下の朝鮮半島はどこへ向かうのか？　南北朝鮮と周辺国による地域秩序の再編は今後どのような形になるのか。政権交代期の朝鮮半島をめぐるアジア秩序を解き明かすアクチュアルな一冊。　◎3,800円

慶應義塾大学東アジア研究所 現代韓国研究シリーズ

転換期の東アジアと北朝鮮問題

小此木政夫・文正仁・西野純也編著　2008年以降の朝鮮半島をめぐる関係各国の動向に焦点を当て、金正恩体制後の今後を展望するとともに、新しい地域秩序の構築をめぐる取り組みについて考察する。◎3,800円

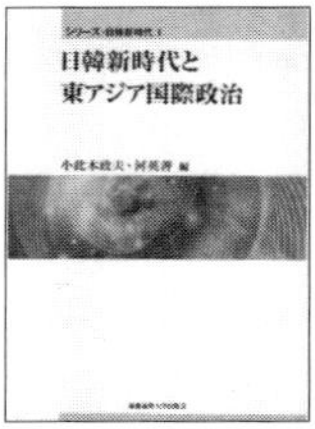

シリーズ・日韓新時代 1

日韓新時代と東アジア国際政治

小此木政夫・河英善編　日韓両国が国際社会において役割を果たし、また両国の平和、安全、繁栄に何がなされるべきか。北朝鮮の核問題、日韓安全保障協力、エネルギー環境分野の日韓協力など、国際政治的視点から多面的に考察する。　◎3,200円

表示価格は刊行時の本体価格(税別)です。